未来《あした》を拓《ひら》く人《ひと》

弁護士池永満が遺したもの

池永満弁護士追悼集編集委員会

木星舎

表紙カバー装画・久保井　摂

はじめに

池永満弁護士が旅立ったのは二〇一二年十二月一日のことでした。

様々な意味においてまさに「未来《あした》を拓く人」であった彼のいないこの世界で、この五年余りのときを、私たちは、それぞれの課題や日々の業務に追われ、慌ただしく過ごしてきました。昨年、本来なら没後間もなく出版すべきこの追悼集の企画が持ち上がった時、正直なところ、「池永先生は、本当にそれを望まれるだろうか」との疑念が私の胸に兆しました。どの場面においても、先達として遙か先を目指して道を切り拓き、弁護士という肩書きに囚われることなく、最後まで走り続けた人です。

先生は、ご自身でやりきられた。「奔流」という後継者育成の場もつくり、『新 患者の権利』（九州大学出版会、二〇一三年）の原稿を残して、全てを修さんをはじめとする後輩に託して、自身で幕を下ろされたのではないか。不肖私のような遺された者たちが、このような本をつくることを、果たして喜ばれるだろうか。

そんな思いがしたのです。

しかし、呼びかけに応えた編集委員が集った席で、誰に何について執筆を依頼しようかと意見を交わす中、極めて多彩な活動をされた方だけに、すべての仕事を把握している人がいないからこそ、その全容を、各目撃者の証言と、彼が切り拓いた課題が、今どのように引き継がれ、進展しているかをまとめることには大きな意義があると考えるようになりました。

私は現在、安保法制違憲福岡訴訟の事務局長を務めています。毎回の弁護団会議を主催し、法廷闘争に取り組みながら、ときおり、池永弁護士が存命であったなら、どう行動されただろうかという思いがよぎることがあります。私たちには、まだまだというよりもなお一層多くの取り組むべき課題があります。

追悼のため、ではなく、明日の取り組みを約束する標としてこの本をみなさまにお届けするとともに、池永満弁護士に捧げたいと思います。

二〇一八年四月

池永満弁護士追悼集編集委員会代表　弁護士　**名和田　茂生**

あしたをひらくひと　もくじ

2章　医療に心と人権を　患者の権利の確立をめざして

3章　後継者養成と弁護士会活動　こころざしのバトンをつなぐ

4章　奔る流れのように　池永弁護士のひととなり

5章　おくることば

執筆者一覧

はじめに	名和田法律事務所　弁護士	名和田　茂生
1章	市民とともに、被害者とともに —— 人権と民主主義をまもる	
	福岡東部法律事務所　弁護士	堀　良一
	元九州合同法律事務所　事務局長	木下　淑文
	らい予防法違憲国家賠償請求訴訟西日本弁護団代表　弁護士	德田　靖之
	中国人強制連行・強制労働福岡訴訟弁護団事務局長　弁護士	松岡　肇
	中国人残留孤児国家賠償請求福岡訴訟弁護団事務局長　弁護士	椛島　敏雅
	元エフコープ生活協同組合員理事	中馬　貴美香
	一〇一歳直方駅舎の再生を求めるネットワーク代表	樋口　清
	「原発なくそう！　九州玄海訴訟」弁護団幹事長　弁護士	東島　浩幸
2章	医療に心と人権を —— 患者の権利の確立をめざして	
	患者の権利法をつくる会常任世話人　弁護士	鈴木　利廣
	福岡県歯科保険医協会事務局長	岡﨑　誠
	医療事故防止・患者安全推進学会代表理事	隈本　邦彦
	岐阜大学医学教育開発研究センター長　バーチャルスキル部門教授	藤崎　和彦
	公益社団法人福岡医療団元理事長	江島　輝彦
	大分県立看護科学大学広域看護学講座准教授	平野　亙
	患者の権利法をつくる会事務局長　弁護士	小林　洋二
3章	後継者養成と弁護士会活動 —— こころざしのバトンをつなぐ	
	あおぞら法律事務所　弁護士	前田　豊
	平成二十一年度福岡県弁護士会副会長　弁護士	野田部　哲也
	不知火合同法律事務所　弁護士	永尾　廣久
	九州薬害ＨＩＶ訴訟弁護団事務局長　弁護士	浦田　秀徳
	大阪地方裁判所判事	山根　良実
	ＮＰＯ法人九州アドボカシーセンター理事　弁護士	井下　顕
4章	奔る流れのように —— 池永弁護士のひととなり	
	医療法人笠松会有吉病院院長	有吉　通泰
		池永　早苗
	元北九州第一法律事務所三浦久後援会選挙対策本部長　弁護士	吉野　高幸
	辻本法律事務所　弁護士	辻本　育子
	安保法制違憲訴訟福岡弁護団共同代表　弁護士	上田　國廣
	九州・山口医療問題研究会福岡県弁護団代表　弁護士	八尋　光秀
	弁護士法人奔流事務局	新原　美紀
	安部・北園法律事務所　弁護士	安部　尚志
	後藤好成法律事務所　弁護士	後藤　好成
5章	おくることば	
		津野　豊臣
	久留米大学客員教授・九州大学名誉教授	石川　捷治
	福岡大学法学部名誉教授	石村　善治
	〈座談会〉池永満先生を偲ぶ会	
あとがき	九州合同法律事務所　弁護士	久保井　摂

1章

市民とともに、被害者とともに

人権と民主主義をまもる

博多湾の自然を守る住民運動と池永先生

福岡東部法律事務所　弁護士　堀　良一

池永先生の電話

林田先生と二人で福岡東部法律事務所を開設してまもなくの一九八四（昭和五十九）年、秋口のころだった。「池永先生から電話です」と事務局の声。

受話器を取ると、やや甲高いあの声が聞こえてくる。

「十月十三日の夜は空いてる?」

池永先生以外の相手だったら、何の用件か尋ね、優先順位を見極めて返事をするのだが、相手が池永先生だとなんとなく圧倒されてしまって、スケジュールを横目にしながら、つい、「何とかなります」と答えてしまう。約束の夜に出かけると、注がれたビールを飲み干したところで、さっそく用件に入る。抵抗しても無駄であることは経験上よく分かっているから、直ちに了解。……思えば、こうして、わたしの人生のいくつかの分岐点が形成されていった。

例えば、司法研修所に入所する前の実務修習地を決めるときがそうだった。独身だったわたしは、北海道でカニを食いながら修習して、現地で弁護士登録してもいいかな、と漠然と思っていた。でも、この電話の末に福岡修習を選択することになった。今の事務所を作ったときもそうだ。弁護士登録後の三年間、大牟田で仕事をして、このまま残るか、田舎に帰るかどうしようかと思っていたときに、この電話がかかってきた。そして、わたしは林田先生といっしょに東区の地域事務所として今の事務所を作った。

このときの電話の用件は、博多湾埋立反対の住民運動を受け継がないかというものだった。池永先生から運動への熱い想いが語られ、わたしは黙ってうなずいた。とは言っても、もともと自然環境の問題や住民運動には興味があったので、いやいやという訳ではない。池永先生は、わたしの心をするどく見透かしながら、次々に言葉を投げかけてくる。池永先生の観察眼は、いつも抵抗を無意味にする大きな要素になっていた。

自然保護をめぐる時代状況と博多湾埋立反対の歴史的住民運動

池永先生は一九八〇年ころから博多湾埋立反対の住民運動に取り組んでいた。博多湾の自然環境を守り、そこに暮らす人々の住環境を守ろうという運動だ。

今でこそ、「自然に優しい」などのキャッチコピーが巷に氾濫し、自然保護は当たり前の価値観になったが、当時はまだ、国際的にも国内的にも、その価値をめぐって激しく論争されるような状況だった。

一九六〇年代、急速な環境破壊を前に、公害・環境問題が国際的に取り上げられるようになった。レイチェル・カーソンの『沈黙の春』（新潮社）がアメリカで出版されたのは一九六二年だ。この国でも、一九六七年に公害対策基本法が制定されている。しかしながら、この法律には悪名高い「経済調和条項」が盛り込まれ、経済の健全な発展との調和を図るとされて、公害防止、環境保全の枠組みの中での経済活動という視点が曖昧にされていたため、実効性を期待しうるものではなかった。

その間、国際的にはさらに議論が進み、一九七二（昭和四十七）年には、国連レベルで、初めて環境をテーマにした国連人間環境会議が開かれるまでになった。このような世界の動きと、国内の四大公害訴訟の投げかけた問題状況を踏まえ、一九七〇年のいわゆる公害国会においては、「経済調和条項」が関連法規から全て削除された。一九七二年には自然環境保全法が制定されている。

しかしながら、開発を優先させようとする企業や国、自治体の抵抗の中で、相変わらず地域住民の意向を聞くことなく、次々に自然は破壊され続けた。とりわけ博多湾埋立事業のような大規模開発行為との関係では「開発か保護か」、「地域の発展と野鳥とどっちが大切か」などと、開発や発展と環境保護が二元論のように扱われ、開発が合理化されていた。

こうした時代状況の中で、池永先生が取り組んだ博多湾埋立反対の住民運動は極めて先駆的で先進的で、かつ、歴史的な環境保全運動だった。

当時、福岡市が策定にかかる博多港港湾計画では、博多湾西部の百道《ももち》、小戸《おど》、姪浜にかけての西部埋立と、多々良《たたら》川河口の名島から海の中道の和白、雁ノ巣までの東部埋立を内容とする、博多湾沿岸を一変させる大規模埋立事業が計画されていた。池永先生が相手にしたのは、福岡市によるこの大規模埋立事業である。福岡市における住民運動としては、規模の大きさにおいても、質の深さにおいても、比類のない歴史的大運動だった。

池永先生が取り組んだ博多湾埋立反対運動の中核をなすのは、一九八一年の「まちづくり条例」制定運動である。「まちづくり条例」というのは環境影響評価条例すなわち環境アセスメント条例のことだ。その環境アセスメント条例を、条例制定直接請求で実現しようという運動だ。

先進的だった「まちづくり条例」

いま、私の手元に、『１９８１・夏・福岡　まちづくりと住民』（まちづくり条例をつくる会編）という冊子がある。「まちづくり条例」制定運動の記録である。池永先生の書かれた編集後記には、この冊子の出版は「総括活動としての出版活動」と位置づけられている。このあたりは、いかにも池永先生らしい。何事も、ただ漫然と取り組むのではなく、位置づけや意義を明確にして、きっちりとメリハリをつける人だった。

冊子のページをめくると、執筆者には、主婦や退職者、建築家、研究者、弁護士などと多彩な顔ぶれが並んでいる。池永先生の豊かな発想と、いきいきとした日々の行動の姿が行間のあちこちから垣間見えてくる。

国際的にみて、まちづくり条例制定運動が実現しようとした環境アセスメント制度が法制度に位置づけられたのは、この運動からさかのぼること十二年前の一九六九（昭和四十四）年にアメリカで制定された国家環境政策法（ＮＥＰＡ）においてである。その後、西欧諸国でも法制化され、日本でも当時、法制化の準備が進められていた。この国の環境アセスメント制度は、まちづくり制定運動から三年を経た一九八四年に閣議アセスとして実施されることになる。環境影響評価法として法律化されるのはこの運動から十六年後のことである。

当時、環境アセスメント条例を制定していた自治体は数えるほどしかなかった。「まちづくり条例」制定運動は、環境アセスメント制度を条例という法制度において、いちはやく実現しようとした点で、文字通り先駆的なものであった。

しかも、その内容はすぐれて先進的である。環境アセスメントではなく「開発アワセメント」と揶揄された、この運動から三年後の閣議アセスと比較すると、情報公開、住民参加、評価や予測の科学性の担保など、この制度の本質をなす中核部分の制度設計が質的に優れている。計画段階からのアセスメントを実施して開発行為の後戻りを可能にしていること、住民への計画解説資料の配付を義務付け、住民からの意見書に対しては公聴会の開催を義務付けて、情報公開と住民参加を実質的に保障していることなど、現行の環境影響評価法と比較しても、確実にその先を行っていて、今でも色あせない質の高さを有している。

組織と運動は池永先生の真骨頂

まちづくり条例制定運動は、署名運動の実践行動それ自体もすばらしい。

条例制定直接請求というのは、地方自治法に定められた直接民主制の手段だ。有権者総数の五十分の一以上の署名をもって代表者が地方自治体の長に請求すると、自治体の長は議会を招集して審議させなければならない。ところが、この直接請求の手続きは、福岡市のような百万都市で実行するには、気が遠くなるほどやっかいなものだ。

代表者は、市長に請求して代表者証明書を交付されなければならない。署名を集めることができるのは、その代表者から委任を受けた者（受任者）だけで、選挙管理委員会に届ける必要がある。署名簿には直接請求書のほか、代表者証明書の写し、代表者からの委任状が綴られていなければならないし、代表者の押印がいる。署名する人は、署名簿に住所、氏名、生年月日、署名日を記載して押印しなければならない。しかも、署名期間はわずか二カ月。こんな厳格な署名は集めるだけでも大変だ。署名簿の印刷、代表者印の押印、署名簿の配布、集約などの事務作業は膨大な量である。

「まちづくり条例をつくる会」に集った市民

先の冊子を見ると、三回の準備会を経て五月十六日に「まちづくり条例をつくる会」結成総会が開催されている。池永先生が作ったに違いない総会レジメには、弁護士や学者など法律専門家を含めた条例案検討委員会の設置や、市民的討論と代表者会議による条例案の決定手続き、有権者の五十分の一（約一万五〇〇〇人）の法定有効署名数を上回る十分の一（約七万五〇〇〇人）という目標の提起、受任者登録運動、署名運動、ニュースやパンフレット、討議資料の作成と宣伝、学習、カンパによる財政活動、各行政区・各地域レベルでの「つくる会」結成の組織方針など、池永先生らしいきめ細やかで周到な方針が記載されている。結成総会の発言席で、このレジメを片手に、やや甲高い早口で熱弁を振るう、まだ三十代だったはずの若き池永先生の姿が彷彿としてくる。会の構成、運営、財政を定めた申し合わせ事項も池永先生が書かれたものに違いない。池永先生は組織作りが大好きで、天才的に上手だった。

署名運動に取り組んだ主婦は、子どもに支えられながら運動したこと、その子どもが友達と署名ごっこをして遊んでいたことなど、苦労し、その苦労を誇りに思っている人にしか醸せない瑞々しい筆致で、その経験を明るくさわやかに綴っている。

最終の署名総数は七万二三七二筆。選管審査の結果、有効署名数は五万七七七八筆。有権者総数の五十分の一（一万四五七〇筆）を大きく上回るすばらしい成果を残して署名運動は幕を閉じている。

池永先生の住民運動が残したもの

埋立てに賛成する議員が多数を占める市議会においては、結局、直接請求されたまちづくり条例案は否決された。しかしながら、この運動が残したものは決して小さくない。地方紙の社説は、『まちづくり』は破れたが」というタイトルを掲げ、「環境破壊にブレーキをかけ、美しく豊かな環境づくりを進めるうえで最も大きな役割を果たすべきは地域の住民一人ひとりである。博多湾の自然を守り、地域環境を保全しようと立ち上がった住民運動はそのことを教えている」と結んでいる。そしてその後、博多湾をめぐる住民運動は脈々と、現在に至るまでその活動の火を燃やし続けている。活動の教訓は全国の住民運動を励まし続けている。

この運動が提起した「自然環境保全という枠組みのなかでの開発行為」という理念は、十年後の国連リオ地球サミット（国連環境開発会議）においてサステイナブル・ディベロップメント（sustainable development：持続可能な開発）という言葉で国際社会の基本原則として承認されている。それはこの運動が世界の環境保全運動の一翼を担い、連帯して実現した成果であった。

現在は、その理念に適合するかどうかという形で、各地の住民運動が展開されている。当時とは様変わりである。

今、改めて

『1981・夏・福岡　まちづくりと住民』というタイトルのこの冊子は、池永先生から運動を引き継いだわたしのバイブルだった。しかしながら、この冊子にあふれている運動の豊かさは、実現できていない。博多湾の運動においてもそうだったし、それ以外に取り組んだ運動においてもだ。

だから、この冊子を手にすると、改めて先生の大きさに、思わずため息をついてしまうのである。実を言うと、わたしには、池永先生が逝ってしまわれたという実感が未だにない。活動する分野が違うため、最後の十年間くらい、池永先生とゆっくり話をするのは年に一、二回程度だったからかもしれない。最後にお会いしたのは、奔流から独立した教え子の山本哲朗先生が開設した新事務所のお披露目会のときだ。

わたしが山本先生の事務所に着いたときには、すでに池永先生はテーブルの一番奥の席に座っていた。わたしが隣に座ると、ここはロケーションもいいし、家賃もリーズナブルだしなどと、うれしそうに、まるで自分の事務所のように自慢し始めた。それがひとしきり終わると、今度は闘病の様子について語り始めた。池永先生らしく、病気に打ち勝って、それを本にするんだと言われていた。残念ながら、その本は手にすることができなかったけれど、今でもわたしは、かつてそうだったように、思いがけないときに池永先生から電話がかかってきて、「十月十三日の夜は空いてる?」と、あのやや甲高い声で言われるのではないかという気がしてならない。

博多湾埋立反対と千代町再開発裁判

元九州合同法律事務所事務局長　木下　淑文

池永満氏が亡くなられて今年（二〇一七年）の十二月で五年を迎えます。このたび追悼集を出版することになり、私は博多湾埋立てと千代町再開発（裁判）を経験した者として、これらの問題と池永弁護士との関わりについて少し触れてみたいと思います。もとより三十年以上も前のことでもあり、当時の記憶もあいまいなことが多く、その後、池永弁護士が冊子としてまとめた『私のノート（その一）』（一九八七年七月十五日発行）を参考にさせていただきました。

博多湾埋立反対運動

三十歳で司法試験の受験勉強にピリオドをうった私は、当時東区の馬出《まいだし》に九州合同法律事務所を開設した池永弁護士に（学生時代の誼《よしみ》で）お世話になることになりました。九州合同法律事務所の事務員として約十年勤務しました。法律事務所の事務員の仕事（特に男性）といえば、当時はサラ金業者との対応と時々の強制執行の立ち合いなどが主な業務でした。それから、池永弁護士は直方の事件が比較的多く、車の運転手としてよく同行したことを今でも鮮明に覚えています。

しかし、当時の一番の思い出はやはり、福岡市東区を中心に広がっていた博多湾埋立反対に参加していた住民の人たちとの関わり合いです。

法律事務所・弁護士の仕事とどういう関係があるのかよく理解できないまま、池永弁護士と当時新進気鋭の若手の田中久敏（福岡第一法律事務所所属）弁護士を中心に夜遅くまで会議や署名の収集・整理、時には奈多団地などの地域の方々の処に出向き侃々諤々《かんかんがくがく》議論したことが思い出されます。私自身、住民運動の必要性は一定理解していたつもりでしたが、法律事務所の仕事として経営的に本当に成り立つのか、いつも疑問に感じていました（当時、おそらく田中弁護士への給与は支払われていなかったのではないかと察せられます）。池永弁護士は『私のノート（その一）』にこう書いています。

私は現在でも事務所が裁判所から離れていることにあまり不便を感じない弁護士です。ただ私は弁護士活動をしないで裁判所に行っていないのではありません。私の活動が正真正銘の弁護士活動に属するものであることは、一〇年前環境権を提唱し、今また健康権を宣言して、憲法的人権の擁護のため極めて重要な役割を果たしてきた団体こそ他ならぬ日弁連であることを指摘するだけで十分だと思います。

ここに書かれている文章はもっともであり、池永弁護士のその後の弁護士として活動を貫く信念だったと思います。しかし、「環境権」、「健康権」をいくら唱えても、それが事件と結びつかなければ弁護士は収入が得られないはずです。博多湾埋立反対の運動が直接裁判などのメシの種になるとも思えず、我々の給料は本当に出るのかなぁと心配する月も正直ありました。事実、博多湾埋立反対の運動に参加している主婦からも「先生、事務所がつぶれたら困るから、少しは仕事をしてね」と心配されたほどです。これも『私のノート（その一）』にエピソードとして紹介されています。

今振り返ってみれば、弁護士の仕事の魅力はそれでもなんとか食っていけるものだということです。それは池永満弁護士だったからかもしれませんし、当時、時代が弁護士にとって社会的、経済的に恵まれた環境だったのかもしれません（現在のように、弁護士にとって厳しい経営環境の下でも同様のことができたのか、天国の池永弁護士に訊いてみたいところですが）。大袈裟に言えば、地域や社会のため、あるいは弱者の立場で、私利私欲を捨てて懸命に奮闘すれば、誰かが必ず助けてくれるものだとの確信を池永弁護士自身が持っていたのではないかと思います。例えば金銭、離婚、相続、交通事故、医療、労働、経営、倒産、さらには刑事など弁護士が関わる事件、事故はこの社会には無限にあります。弁護士が地域の様々な活動に参加し信頼を得ることができれば、その弁護士に相談しようという人が必ずいるだろうと思います。

池永弁護士は、「事件（仕事）は地域に無数に転がっている」という弁護士としての哲学を持っていたからこそ、経営についてはそれほど心配していなかった（本当のことはわかりませんが、少なくとも私には池永弁護士が経営問題で悩んでいる場面に出会ったことは一度もありません）のではないかと思います。

博多湾埋立反対の活動で様々な住民団体の会議に参加する際、弁護士や大学教授などの専門家を地域の皆さんがいつも温かく受け入れてくれたことを今でも忘れることができません。

まちづくり条例直接請求運動へ

博多湾埋立反対の運動は、その後、まちづくり条例の直接請求へと発展しました。その過程では、住民団体やこの運動に関わった民主団体・労働組合の方々とかなり活発な意見交換（時には厳しい議論）がなされました。なぜ「直接請求」なのか、なぜ「街づくり」ではなく、ひらがなの「まちづくり」条例なのか、本当に短期間に署名は集まるのか、署名運動の収集人である受任者とはそもそも何なのか、それまで福岡市ではだれも経験したことがない市民運動である直接請求運動など実際やれるのか等々。

その中で、中心になったのは東区の住民団体、特に博多湾東部埋立対象地域の沿岸に居住する奈多団地、名島・城浜地区、香住ケ丘、和白、梅ヶ崎ハイツなどの皆さんでした。博多湾の自然な海と良好な環境を求めてせっかく住宅を購入したのに、博多湾の埋立開発計画等について福岡市当局や住宅供給公社はほとんど知らせてくれなかったというのが怒りの発端でした。

情報公開と環境保全、住民の皆さんの要求は、必然的にまちづくり条例の中身を形づくっていきました。これらの住民団体の要求や熱意を政策にまとめ、直接請求条例運動に結合させていったのが弁護士（法律家）や大学教授・自治体労働者などの専門家集団ではなかったのかと思います。その中で、池永弁護士の、理論家としてというよりも運動家・組織者としての役割が本当に大きかったと私は思います。

炎天下、一カ月の期間に七万二三七二名の署名を集めました（そのうち奈多団地の住民の皆さんだけで一万二〇〇〇余り集めました）。この署名を福岡市議会に突き付けましたが、残念ながら最後は議会で反対多数で否決されました。

しかし、このまちづくり直接請求運動は全政党にその環境政策を明確にするよう迫るとともに、福岡市における環境行政の不在を鋭く告発し、その後の開発行政の在り方に重要な視点をすえる第一歩となりました。

当時の「西日本新聞」は社説で、まちづくり条例運動は百万都市福岡における住民自治の発展という点で極めて注目すべき成果と特徴を生み出し、今後の展望を切り拓いたとして次のように述べています。

　環境破壊にブレーキをかけ、美しく豊かな環境づくりを進めるうえで最も大きな役割を果たすべきは地域の住民一人ひとりである。博多湾の自然を守り、地域環境を保全しようと立ち上がった住民運動はそのことを教えている。

（一九八一年十月七日付）

博多湾の東部埋立事業はその後、東部全面埋立方式から人工島方式へと事業計画が変更になりました。これも、貴重な渡り鳥の生息地である和白干潟を守ってほしいという「和白干潟を守る会」の皆さんの活動や、福岡市民の環境保全への関心の高まりに福岡市が押された結果であり、また全市民を対象とした意見発表会を開催せざるを得なくなったのも、まちづくり条例運動を通じて盛り上がった、博多湾の自然を守る市民の運動に福岡市がその対応を余儀なくされたとみることができると思います。

千代町再開発をめぐる問題について

千代町再開発反対運動は裁判にもなりました。その経緯については膨大な裁判資料もありますが、先程紹介した池永弁護士の『私のノート（その一）』にもその一部が記載されています。池永弁護士がこの問題に関わったのも、今考えれば納得できます。

当時、九州合同法律事務所は東区馬出から福岡県庁近くの博多区千代町に移転していました。その法律事務所が存在した千代地域のまちづくりに直接関わる事案だったことと、地元住民が暮らし、また営業していた場所から事実上退去を余儀なくされる「再開発」であったからです。

この千代町再開発は、福岡県庁の東公園への移転に伴って県庁の玄関口にあった千代商店街（現在の地下鉄の千代県庁口がある付近）をいかに県庁の玄関口にふさわしい高層ビルにして土地の有効利用を図っていくかという視点から、福岡市が都市再開発の手法を使って事業の実施に至ったものです。

再開発事業には第一種と第二種があり、千代町再開発事業は第一種再開発事業として行われたものです。第一種は、権利者が施工前に有していた土地や建物に関する権利は一切消滅し、新たに建築される再開発ビルの床面積に強制的に変換されるものです。

「土地が床に変わる」という権利変換の手法は、都市空間を合理的に使用する一面を持つものですが、反面それは対象地区に居住し、営業を営んできた多くの人々の従前の生活基盤を根底から破壊するものです。因みに、第二種は自然災害のおそれ等がある非常に危険な地域に、「申し訳ないけれど全体の公共の利益のために整備するから出ていってほしい、買い取らせてくれ」というもので、極めて公益性が高いものですが、第一種の事業はそこに住んでいる人々をそのまま再開発ビルに移すことで、「前と同じように生活ができ、営業ができるようにする、街並もきれいにするから了解してくれ」となるはずでした。

事実この千代町再開発事業も、当初（一九八〇年二月の時点）のアンケート調査の段階では土地・建物所有者五十二名のうち五三・五％（二十八名）の方がビルの床を確保したい、借家人の六三％が床を賃借し、入居を希望するという結果が出ていました。しかし、一九八五年の二月頃の時点では、福岡市当局の推定では再開発ビルへの入居希望者は、多くて十五〜十六店舗になっていました。その原因は、権利床の価格が共益費を含めて高額であり財政的な理由で入りたくても入れないこと、それまでは店舗兼住宅であったのに、再開発ビルに住宅は予定されておらず、別に住居を確保しなければならなかったためと考えられます。その結果、再開発ビルの権利床の実に九七・一三％を西部ガス本社が取得し、駐車場もほぼ一〇〇％同社が確保しました。第一種市街地再開発事業の本来のあるべき姿を鑑みて現実の結果を見ると、法律そのものに欠陥があったとしか思えません。

実は、(『私のノート（その一）』にも書かれていることですが）福岡市では千代町再開発事業以前にも同様の手法で西新地区と渡辺通一丁目地区で「再開発」事業が行われていました。この事業（特に渡辺通）では、苦労して融資を受けて再開発ビルに入った人たちが高い共益費、思いどおりの集客ができない中で閉店して、転業を余儀なくされるという事態が生じていました。西新では岩田屋、渡辺通ではホテルニューオータニと九電系の会社がキーテナントとして入居していました。再開発後の渡辺通サンセルコの人通りが少なくなって非常に淋しい状況が新聞等でも報道されていました。

池永弁護士をはじめ多くの弁護士がこの千代町再開発反対の裁判に関わりました。一九八五年五月十六日、事業計画の決定公告がされたので、転出を申し出なかった反対住民が同年七月五日、市街地再開発計画取り消し訴訟、同執行停止申立事件（原告八名）を提起しました。この訴訟では都市再開発法違憲論を前面に打ち出しています。裁判と並行して反対の集会なども現地で開かれ、私も参加しました。この集会は、何か大きな騒動でも起きるのではとマスコミにも大きく取り上げられました。この集会の準備の一つとして、広報ビラ（西部ガス本社ビルが、ブルドーザーを使って千代地区の住民を追い出す漫画入りのチラシ）を作成し、地域に配布したことを今でも鮮明に覚えています。

裁判を起こし執行停止を申し立て、反対運動を行っても残念ながら事業は止まりません。最後は県の収用委員会の強制的な方法まで使って反対の地権者を追い出し、再開発事業は強行されました。

この第一種市街地再開発の手法は数多くある都市再開発の方法の一つですが、裁判や事業実施後の現実の実態をみていかに非民主的で、違憲性の疑い（特に憲法二九条一項、二項違反）が濃いものであったか、法律そのものに問題があったと思われます。

同じく都市再開発の手法の一つである土地区画整理事業と比較するとはっきりします。

土地区画整理事業は「換地処分」という手法を採用します。この手法にも道路等の公共施設を住民負担で生み出す「減歩」を伴うなど多くの問題をかかえています。それでも従前の宅地と換地される宅地との間において「位置、地積、土質、水利、利用状況、環境等が照応するように定めなければならない」との照応の原則が明確に規定されています。この規定は少なくとも法律上は、換地後もほぼ従前どおりの生活や営業を維持、継続しうることが前提になっており、土地区画整理事業の憲法適合性の根拠の一つになっています。

しかも、土地区画整理事業を審議する委員の全員または五分の四以上を、地元地権者による選挙によって選出しなければならない、と事業に地元地権者の意向が反映される民主的な制度が担保されています。

一方、第一種再開発事業は、これまで述べてきたように、対象地区に居住し、営業してきた人々の従前の生活基盤を根底から破壊することを前提にしています。共同ビルの所有または占有を強制され、それに耐えられない人や希望しない人は、地区外に転出して離脱する以外に道は残されていません。

しかも、このようなドラスチックな再開発手法を採用するにもかかわらず、権利変換計画等を審議する市街地再開発審査会の審査委員は施行者である市長自らが任命することになっており、極めて非民主的で、地元地権者の意向が反映されることは、制度的に保障されていません。大企業や大資本のために何の罪もない地元地権者が立ち退きを強いられ運命を暗転させられる。しかも、公共の名のもとに市民の税金の一部を使って事業が実施される。こんな理不尽なことが許されていいのか。人権派弁護士池永満氏の福岡市や西部ガス本社への怒りは容易に想像できます。また、裁判の過程で福岡市の都市開発局部長の西部ガスへの入社が明らかになり、西部ガスと福岡市当局との人事面での癒着も裏付けられました。

現在（二〇一七年）、西部ガス本社ビルがキーテナントとして入居しているビル（「パピヨン24」というモダンなビル名がついています）は確かに福岡県庁の玄関口としてきれいに整備され、銀行なども入居しています。しかしかつてそこで生活し、営業してきた商店街としての人々の交流、ぬくもりは残念ながら感じられません。わずかに毎年七月になれば博多祇園の飾り山で活気ある風景が出現しますが、かつてここに新茶屋通りという商店街が存在していたことを、どれだけの人が知っているのだろうと、近くを通るときに少し感傷的になります。

福岡市（高島市政）は天神ビッグバン構想や、博多湾ウォーターフロント開発計画など現在も大規模再開発の政策をとり続けています。一五〇万（一〇〇万）都市・福岡の姿はいかにあるべきか、池永満弁護士が博多湾埋立反対や千代町再開発反対の運動・裁判で問いかけた課題が今なお今日的なものであることを示していると思います。

私自身、開発一般にはそれがたとえ大規模であろうと反対するわけではありませんが、「開発」の名のもとにその地でこれまで生活し、営業してきた人々、特に中小、零細事業者、個人商店などの犠牲の上で成り立つような事業は開発の名に値しないと断言します。池永満（九州合同）法律事務所の事務員として十年余り、博多湾や千代町再開発に関わってきた者として、この信念だけは今後も持ち続けたいと思います。

最後に

最後に、池永満氏を追悼するにあたって是非とも書いておきたいことがあります。

私がこの博多湾の埋立問題や、千代町再開発の裁判等の原稿を書く際に参考にした『私のノート（その一）』のように、池永弁護士は弁護士として関わった重要な社会的な課題については必ずその経過や意義、背景等について文章としてまとめ、冊子とし（時には一冊の本として）、時が経ってもその時に何のために活動をしたのかを常に検証できるようにしてきたということです。忙しい弁護士としての仕事の合間によく資料を整理し、文章としてまとめ上げる、そのバイタリティーは私たち凡人の想像や能力を超えるものです。寝る間を惜しんで作業をしたとしか考えられません。私から見ればまさに神のなせる技です。

そのような才能の持ち主であった池永弁護士と、法律事務所の事務員を退職した後も二十年以上にわたって身近に接することができたのは本当に光栄であったと思います。今はご子息の池永修氏が父親の魂を受け止めて立派に法律事務所（弁護士法人奔流）の業務を継承しています。

私の残りの人生は体力と気力が続く限り、今の私の本業である社会保険労務士の仕事を通じて少しでも社会の役に立っていきたいと思うとともに、池永修氏率いる弁護士法人奔流の弁護士、職員の皆さんの奮闘ぶりをそばから温かく見守っていきたいと考えています。

ハンセン病訴訟のはじまりと現在

らい予防法違憲国家賠償請求訴訟西日本弁護団代表　弁護士　徳田　靖之

出会い

私が池永満先生のことを最初に知ったのは、堀良一弁護士の『ぼくらの司法試験おもしろ受験記』（共栄書房、一九八九年）という司法受験勉強時代を描いた抱腹絶倒の物語を通じてである。登場人物の一人である「猫殺し」の古田邦夫弁護士の紹介で一気に読み終えて、強烈な印象として残ったのが「キツネ目の男」だった。その「正体」が、九州における、否、全国の医療事故訴訟の草分けというべき池永満先生のことと知ったのは、それからしばらくしてからのことである。

生まれ故郷で、それこそ「俺流」を通して、自分なりの弁護士生活を楽しんでいた私が目覚めたのは、薬害ＨＩＶ訴訟の原告の故草伏村生《くさぶせむらお》さんとの出会いだった。彼に導かれるようにして東京ＨＩＶ訴訟に九州から単独で参加した私は、大分県内のみならず、福岡、長崎、佐賀と感染被害者を訪ねて説得を重ね、聴き取りを繰り返すなかで、被害の甚大さ、とりわけ差別・偏見の故に沈黙を強いられるお一人おひとりの苦悩に接して、私自身が洗われていくという思いを感じたのだった。それは、一枚また一枚と皮がむけていくという感じで、自分が生まれ変わっていくことを自覚し続けるという経験だった。

「はぐれ猿」などと気取って一人でいることの方を好んだ私が大分県外の弁護士との接点を得ることになったのは、このＨＩＶ訴訟がきっかけであり、こうして私は、九州合同法律事務所の池永先生をはじめとする弁護士との面識を得ることになったのである。

島比呂志さんの手紙と池永先生

らい予防法違憲国家賠償請求訴訟（以下、ハンセン病国賠訴訟）は、島比呂志さんの手紙がきっかけとなって開始されるに至った。

その手紙は、平成七（一九九五）年九月一日付で九州弁護士会連合会（以下、九弁連という）に出されたものであり、その文中には、「ただ一つ気になるのは、人権に最も深い関係を持つはずの法曹界が、何らの見解も発表せず、傍観の姿勢を続けていることであります」と指摘され、「何らかの意思表示を」と求められていた。手紙は直ちに九弁連の人権委員会に付託された。その委員長が池永先生だった。委員として、この手紙を目にしたときの私の衝撃の大きさを言葉に表すことは難しい。

私は「らい予防法」という法律の存在を知っていたし、ハンセン病隔離政策によって多くの「患者」が長きにわたる苦難の人生を強いられてきたという事実も承知していたからだ。それにもかかわらず、「らい予防法」が廃止に向けて動き出している状況下において、私は何一つとして、ハンセン病問題に取り組むことをせず、関心を持とうとすらしてこなかった。

自分なりに基本的人権の擁護を弁護士の使命として自覚し、事件や講演等を通して人権の尊さを訴えてきたと自負していた私にとっては、自らの余りに長期にわたる不作為の科《とが》をこの手紙によって抉り出されたのだった。その衝撃の大きさの故に、私は、動き出せなかった。「今更何ができるというのか」、「今更何をしたところで許されるものではない」と考えてしまったのである。

しかしながら、池永先生は、直ちに行動に着手した。同年十月には、九弁連に「らい予防法廃止問題調査委員会」が設置され、翌年には、九州に所在する五つの国立ハンセン病療養所の入所者二二九九名に対するアンケート調査が実施されたのである。その回答数は一三九一名、回答率は六〇・五%に及んでいる。この貴重なアンケート調査を主導したのが池永先生であり、主査として実務を担ったのが八尋光秀弁護士である。このアンケートには、自由記載欄が設けられており、実に三三〇名の入所者がこの欄に記載をしていた。

これを目にした私が立ちすくんだのは、次のような意見に出会ったからだった。

「過去のことを言っても始まらないが、こんなアンケートを今頃見ると、考えることが多い。弁護士とは、弱い立場を助けて下さる方では……。今頃こんなこと遅すぎます。何故昭和二十八年の同じ様な患者運動の時、力を尽して下さらなかったのかと残念に思います」

「弁護士とは、弱い立場を助けて下さる方では……」という言葉に再び鞭打たれ、「今頃こんなこと遅すぎます」との指摘に、今に至って何かをしようとすることへの後ろめたさを感じてしまって、動けなかったのだった。

しかし、池永先生を中心とする九弁連の各委員は、このアンケート結果を踏まえて、さらに行動を展開した。それが、「らい予防法」廃止の直後、平成八年六月十五日に開催された九弁連主催の「らい予防法廃止問題に関するシンポジウムと音楽の夕べ」である。このシンポジウムでコーディネーターを務めた池永先生は、「今回のシンポは、市民と在園者がともに考えていく第一歩」であると説明したうえで、会場からの発言を積極的に呼びかけた。これに応えて発言したのが、菊池《きくち》恵楓園《けいふうえん》の志村康さんであり、「日弁連も九弁連も、国家賠償が必要な状態とか、憲法違反の状態ということで表現されておりますが、そうしたあいまいな表現になっている理由についておうかがいしたい」と迫ったのである。

池永先生に促されて発言した八尋弁護士は「国家賠償法に基づく請求がありうるし、国家補償という概念で憲法上の権利として直接補償を求めることができる」と回答し、国家賠償訴訟の可能性を呈示した。公然と国家賠償訴訟についての議論がなされたのは、このシンポジウムがまさに最初の機会となったのである。

しかし私は、このシンポジウムには、参加していない。

今更、自分に何ができるのかという問いに沈んでしまっていたのであり、らい予防法の廃止と時を同じくして和解に至った薬害ＨＩＶ訴訟に全力で取り組むことで、そうした自らの思いの虚しさを埋めようとしていたのである（したがって、以上のシンポジウムに関する記述は、九弁連人権擁護委員会編『緊急出版！　らい予防法の廃止を考える――九弁連調査とシンポジウムの記録』〈九州弁護士会連合会、一九九六年〉による）。

以上の経過から明らかなとおり、ハンセン病国賠訴訟への歩みは、島さんの手紙に始まり、アンケート調査を経ての九弁連シンポジウムで、その必要性が公に明らかにされたのである。後日に知らされたことであるが、島さんは当初「法曹の責任」と題する論稿を池永先生が主宰する「患者の権利法をつくる会」の「けんりほうニュース」に投稿したのであり、これを受けた池永先生が、九弁連あてに文書を出すようにと働きかけた結果があの島さんの手紙だったのである。

この「法曹の責任」という論稿には、「法曹界という砂漠は、一つのオアシスで潤うほど生易しい旱魃地帯ではない」という実に厳しい一文がある。これを目にしたうえで、九弁連への手紙を勧めた池永先生は、既にその時点において、自らが先頭に立ち、「法曹の責任」としてハンセン病問題を告発するという意図を明確にしていたということになる。その炯眼《けいがん》、まさに恐るべしである。

池永先生の留学と国賠訴訟の提起

九弁連が、九州大学との共催で、二回目のシンポジウムを開催したのは、平成十（一九九八）年二月である。「人権の回復を求めて――ハンセン病問題シンポジウム」と題されたこの企画に、シンポジストとして壇上に上がったのが私である。それまでの調査やシンポジウム等に全く関与してこなかった私に声をかけてきたのは、八尋弁護士である。前年つまり平成九年の秋のことだったと記憶している。「らい予防法」廃止後の被害回復のあり方を検討するシンポジウムであり、「薬害ＨＩＶ訴訟の経験を語ってもらえればいい」という説明を受けて断ることができなかった。何もしてこなかったという負い目が、せめて少しでもお役に立てればという気持ちを生んだのである。

訴訟提起後に判明したことだが、第一回のシンポジウム後、九州大学法学部内田博文教授を交えての、ハンセン病隔離政策における法的責任の所在についての勉強会を重ねていた八尋弁護士らは、各地の療養所に広がりつつある「訴訟を！」との声に対応すべく準備を進めていたのであり、その一環として計画されたのが、この第二回シンポジウムだったのである。その計画は、第一回シンポジウムの後から具体化されていたのであり、当然のことながら、その中心を担うのは池永先生と八尋弁護士であった。

ところが、池永先生は、平成九年一月からイギリスへ留学していたのである。

シンポジウムを開けば、菊池恵楓園から志村さんらが参加して、再び国賠訴訟の提起の可否について問われることになるのは確定的であるという状況の下で、八尋弁護士や伊黒忠昭弁護士、井上滋子弁護士らが、不在の池永先生に代わって私に「白羽の矢」を立てたというのが真相のようである。こうした事情を全く知らなかった私は、シンポジウムの場において、志村さんの問いかけを受けることになった。

「らい予防法は憲法違反である。組織もなく、力も金もない私たちが裁判を起こすとしたとき、手伝ってくれる弁護士はいるだろうか」と問われて、不作為の罪を意識し続けていた私がこれに応じないという選択肢はなかった。

「九州では、百人以上の弁護士が立ち上がるでしょう」

と答えた私は、その瞬間から、国賠訴訟の前面に立つこととなったのである。

ハンセン病問題の拡がり

以上のようにふり返ってみると、池永先生が、島さんの「法曹の責任」の論稿を「患者の権利法をつくる会」の範囲にとどめ、九弁連あてに手紙を出すよう勧めなかったら、ハンセン病国賠訴訟はありえなかったと言うことができる。そのうえで、この手紙を根拠に、九弁連を動かし、アンケート調査を実施し、その結果をシンポジウムで明らかにして、ハンセン病隔離政策の非道を法曹界において初めて公にした池永先生の存在がなかったら、ハンセン病国賠訴訟が九州の弁護士たちの総力を挙げての取り組みにもならなかったはずである。その意味で、池永先生こそが、この訴訟を可能にした導き人である。また、池永先生が留学していなかったら、私がこの訴訟の弁護団の代表として参加することもなかったように思われる。

ハンセン病国賠訴訟の二十年にわたる展開

このようにして始まったハンセン病国賠訴訟は、らい予防法による隔離政策の違憲性を指摘し、厚生大臣の行政責任のみならず国会議員の立法責任を認める熊本地裁判決（平成十三年五月十一日）を得ることができた。当初、十三名の原告によって熊本地裁に提訴された訴訟だったが、判決時点では、東京地裁、岡山地裁含めて七七九名の原告を擁する大闘争となっていた。しかも、熊本地裁判決によって闘いの輪はさらに拡がり、判決から一週間後には、三地裁合計九二三名の原告が追加提訴を行った。

原告らの被害の訴えは、圧倒的な世論の支持を受け、政府は控訴を断念、ハンセン病補償法（平成十三年六月二十二日）により、ハンセン病療養所に入所歴のあるすべての被害者に対して補償金を支払うこととなった。また、熊本地裁判決で確定した国の責任に基づき、在園保障、社会復帰・社会生活支援、謝罪・名誉回復、真相究明・再発防止などの課題に取り組むためのハンセン病問題対策協議会が設置された。

判決確定後も、熊本地裁では、判決及び補償法による解決の枠組から漏れた非入所者（入所歴のない元ハンセン病患者）及び遺族（入所歴のある患者の相続人）に関する訴訟は続いたが、この問題についても、平成十四年一月の基本合意により、訴訟上の和解の枠組ができた。

日本の絶対隔離政策の被害は、日本国内のみならず、戦前に日本の植民地であった韓国、台湾にも及んでいた。平成十六（二〇〇四）年には、ハンセン病補償法による補償を求めて、韓国の小鹿島更生園及び台湾楽生院の入所者たちが東京地裁に提訴、平成十七年十月二十五日の判決は、更生園の原告について請求棄却、楽生院の原告について請求認容と明暗が分かれたが、翌平成十八年二月のハンセン病補償法改正により、日本の植民地時代に入所したすべての元患者が補償対象とされることとなった。最終的に補償対象となったのは、小鹿島更生園入所者五九五名、台湾楽生院入所者二十九名である。

さらに平成二十八年二月には、これまでハンセン病隔離政策の被害者と認められてこなかったハンセン病患者の家族が、固有の被害を訴えて熊本地裁に提訴、同年三月の第二次提訴と併せて五六八名の原告を擁する集団訴訟となっている。また、ハンセン病差別に基づく冤罪事件である菊池事件につき、検察庁の職権による再審請求を行わない旨の決定を受け、その権限不行使を違法とする菊池国賠訴訟も平成二十九年八月に提訴された。池永先生が緒をつけたハンセン病問題への取り組みが、約二十年の月日を経て、ここまで拡がってきたのだ。

このハンセン病問題は、私にとっては、弁護士としての、と言うより、人間としての在り方を根本から問い直され続けているという意味で、私の宝物である。こうした機会を与えてくださった池永先生に感謝の思いを伝えることなく、先生が旅立たれたことが、何とも口惜しい。

熊本地裁の判決を伝える記事（「西日本新聞」夕刊、2001年5月11日）

市民とともに生きた法律家――中国人強制連行・強制労働事件を中心に

中国人強制連行・強制労働福岡訴訟弁護団事務局長　弁護士　松岡　肇

はじめに

池永先生のご冥福を心からお祈りいたします。

池永弁護士が二〇一二（平成二十四）年十二月に亡くなられたことを、私は東京で聞きました。残念ながら葬儀にも、偲ぶ会にも参加できませんでした。それで今回、先生の追悼集への寄稿を求められてすぐに応じることにしました。しかし、考えてみると私も歳のせいか、先生とのことをよく思い出せなくなっていることを思い知らされました。そのため、細かなことはともかく、出来るだけ私が知っていること、思い出したことを、今回送っていただいた先生の生い立ちや履歴表を参考にしてこの文章を綴っていきたいと思います。

先生との出会い

先生と初めてお会いしたのはいつだったかと考えました。先生は一九四六（昭和二十一）年の生まれで、私は一九三一年の生まれです。私が十五歳年上です。私は今年八十六歳になりますが、先生は五年前に六十六歳で亡くなられていますので、今生きておられたら七十一歳です。そして先生は一九七五年に二十九歳で司法試験に合格し修習生になっておられます。そして一九七七年に弁護士になり（二十九期、三十一歳、北九州第一法律事務所所属）、一九八〇年に独立して九州合同法律事務所を設立されました。三十四歳のときです。その頃、私はどうしていたかと考えました。

私は一九七二年に当時勤務していた福岡銀行を退職し、司法試験を受けるつもりで準備中でした。ここまで来て先生との出会いがわかりました。私は先生に九州大学での司法試験受験生の勉強会で教えてもらったのです。当時は、その年に司法試験に合格した人が、修習生になるまでの間（合格発表は六月、修習生は翌年の四月から）受験勉強の指導をしていました。先生が一九七五年に司法試験に合格されたとき、私は受験生として授業がある日曜日に九大に行っていたのです。指導の中身は覚えませんが、わかりやすい、鮮やかな教え方をされる人だと思ったことを覚えています。私は一九八〇年に五十歳で合格し（三十五期）、一九八三年に弁護士になりました。五十二歳のときです。ちょうど私が合格した時に、先生は独立して九州合同法律事務所を開設されたのです。私は先生より年上ですが、弁護士としては六年後輩です。

私は弁護士になって津田聰夫弁護士と共同で事務所を開き（津田・松岡法律事務所、その後、赤坂協同法律事務所）、一般事件のほか労働事件などを中心に仕事をしましたので、その時からは九州合同法律事務所との関係は密だったと思います。私は九大の経済学部を出て福岡銀行に勤め、銀行労働運動と全国の金融労働運動（地銀連・全銀連）や全国金融共闘などに関わってきました。その意味では池永弁護士と同じ方向を目指していたのです。

市民とともにある法律家として

池永先生は、履歴表で見ると、独立後間もなくから、単なる弁護士活動だけでなく様々な運動に取り組んでおられます。今度、履歴表を見てあらためて驚きました。先生が以前、参議院議員の政策担当秘書をしておられた（二十四歳）ことが力の根底にあったのだと思います。

履歴表を一寸見ただけでも、①まちづくり条例（環境アセスメント条例）制度直接請求運動（三十五歳）、②建築環境問題研究会結成（三十六歳）、③患者の権利宣言運動（三十八歳）、④日弁連法曹養成制度問題委員会（四十一歳、作業部会長）、⑤非核平和条例直接請求運動（四十四歳）、⑥九州弁護士会連合会人権擁護委員会委員長（五十歳）、⑦ＮＰＯ法人「患者の権利オンブズマン」創立、理事長（五十三歳）、⑧中国人強制連行・強制労働事件福岡訴訟弁護団（五十四歳）、⑨九弁連人権擁護委員会・中国残留孤児人権救済中立事件調査委員会責任者（五十七歳）、⑩中国残留孤児福岡訴訟第一陣訴訟弁護団（五十八歳）、⑪福岡県弁護士会会長（六十三歳）など、細かく見ればまだまだたくさんあります。驚くほどの幅の広さと運動の細かさです。

中国人強制連行・強制労働事件

私が池永弁護士と直接関わったのは、中国人強制連行・強制労働事件と中国残留孤児事件です。医療問題などでも一緒に関わったことはありますが、事件に直接協同し、議論を重ね、取り組みに当たったのはこの二つの事件です。ここではこの問題に関連して先生の思い出を語り、追悼に代えたいと思います。

その歴史

中国人強制連行・強制労働事件とは、太平洋戦争の終わりに近い一九四三（昭和十八）年四月から一九四五年五月までの二年間に、日本の戦時労働力不足を補うために、日本が占領していた中国から、約四万人の中国人男子を強制的に拉致《らち》連行して、北海道から九州まで、炭鉱や金属鉱山、土建業や港湾荷役などの一三五の重筋労働現場に投入して強制労働に従事させたというものです。

この政策は、岸信介商工大臣のもとで、一九四二年十一月に閣議決定で決まったものです。この政策のもとで実際に強制連行されたのは十一歳から七十八歳までの中国人です。年齢を見ただけで、文字通り手当たり次第の拉致連行だったことがわかります。この問題については、一九九〇年代に入って中国で裁判を求める動きが激しくなり、日本での裁判は一九九五年の花岡事件から始まりました。

福岡では二つの訴訟があり、第一陣訴訟は国と三井鉱山（現日本コークス工業）を被告とするもので（二〇〇〇年五月提訴、原告数十五名）、第二陣訴訟は、国と三菱鉱業（現三菱マテリアル）・三井鉱山を被告とするものです（二〇〇三年二月提訴、原告数四十五名）。いずれも炭坑で強制的に働かされた中国人労工を原告とするものです。

弁護団での役割・不法行為論

ここではこれ以上事件の詳しい内容には触れませんが、この裁判は極めて複雑で困難な問題がありました。五十年前の事件ですから、時効が問題になります。国際的事件ですから「ＩＬＯ第二十九号（強制労働に関する条約）」違反の問題や「国際人道法（ハーグ陸戦条約及び付属規則）」違反の問題があります。さらに

第一陣訴訟提訴前に中国人原告に聞き取り調査に現地に行った際、訪れた万里の長城で筆者（手前）と池永弁護士（2000 年 4 月）

「奴隷条約」や「人道に対する罪」違反の問題があります。その前に「事実の認定」は可能か、戦前の事件に不法行為の責任追及が出来るか、などきりがありません。

池永先生は、この中で特に困難な不法行為論を担当して、見事に追及の任を果たされました。先生には様々な書面の重要な部分を担当していただきました。弁護団会議でも積極的に意見を出し、準備書面の完成に努められました。

第一陣訴訟の提訴は二〇〇〇（平成十二）年五月十日ですが、提訴前には中国に行って中国人原告（中国人労工）の事情聴取を行い（勿論他の弁護士も一緒です）、提訴後は、国会と国会図書館を訪れ、数日にわたって国会議事録を検索し、憲政資料室でＧＨＱの押収文書のマイクロフィルム十八巻に目を通すなど積極的に活動して法律構成の基礎を作ることに貢献されました。

また、先生が書かれた意見書の一つ（最高裁への上告理由補充書）には、九州弁護士会連合会人権擁護に関する連絡協議会の一員として、鹿児島にある国立ハンセン病療養所星塚敬愛園を訪ねたときのことに触れられています。それは、ハンセン病の患者さんに会って、何故もっと早く来なかったかと思ったことを、中国人生存労工に会ったときに同じように感じたというものです。それまでの先生の幅広い活動がこの国際的裁判の書面に生かされたことが分かります。

エピソード「さきやまさん」のこと

先生の優れたところを言い出せばきりがありませんが、その先生にも、思いがけない思い込みや間違いがありました。その一つをご紹介しましょう。

先生が中国人労工から聞き取りをされた書面を見たとき、私は奇妙なことに気づきました。労工が何度も「さきやまさん」と言うのを聞いて、先生は、「さきやまさん」を人の名前と思って「崎山さん」と書いておられたのです。私はすぐに異議を述べましたが、なかなか承知されません。私は、この事件に関わる前に炭鉱夫じん肺訴訟に関わり、日本の元炭鉱労働者と何度も話し合っていたので、「さきやまさん」が何を意味するのかすぐに分かったのです。

炭坑に限らず、仕事の現場にはその現場独自の言葉、用語があります。板前さんには板前さん独自の用語があるように。炭坑で「さきやまさん」とは「先山」さんのことで、採掘現場でグループの先頭でつるはしを振るい、ドリルを使い、砕いた石炭や岩石を後ろにいる労働者（後山）に引き継ぐ人のことです。だが池永弁護士は、「中国人労工から話を聞いたのは自分だ。労工は懐かしそうに、あるいは恨みを込めて〝さきやまさん〟と言っていたので、あれは日本人労働者の名字に違いない」と言って、なかなか納得されなかったのです。

そこで私は、私の手元にある『筑豊　炭坑ことば』という本を持ってきました。それは炭坑言葉の辞典みたいなものです。そこには「さきやま（先山）」とあり、「仕事に熟練した、経験のある先達。後山を引き回して作業の主要部分を遂行し、後山を指導する」とあり、別に「あとやま（後山）」について「後向ともい

中国人強制連行・強制労働福岡高裁判決（2004 年 5 月 24 日）

う。先山の仕事を助ける補助的な役割であるが、後山には後山としての仕事が充分あった……」とありました。中国人労工は、後山として働かされ、日本人炭鉱夫がリーダー（先達）を「先山さん」と言うのを聞いて覚えていたのです。

池永弁護士はこの本を見てから、今度はすっきり納得されて話が弾んだ記憶があります。私にとっては一つの良い思い出です。

福岡訴訟、その後

福岡の第一陣訴訟は地裁で勝訴しましたが（二〇〇二年）、高裁で逆転敗訴（二〇〇四年）、最高裁でも敗訴（二〇〇七年）になりました。第二陣訴訟は、地裁で敗訴し（二〇〇六年）、最高裁でも敗訴でした（二〇一一年）。池永先生は、この全ての判決を知ってから永眠されたのです。

私は最高裁対策のために、東京の弁護団の求めで二〇〇六年に東京へ移籍・転居したため、これらの判決について池永弁護士と深い分析や検討・議論をしないままでした。極めて残念です。私たちは、池永弁護士ならどうされるかも考えて、その後ずっと国と加害企業に全面解決を呼びかけ交渉を続けてきました。

そして、二〇一六（平成二十八）年六月一日に、三菱マテリアルと中国人労工代表との間で和解が成立しました。我々弁護団が望む本当の全面解決の実現はまだまだこれからですが、池永弁護士のご霊前にこの結果を捧げたいと思います。

弁護団の組織を支えて

まだいろいろと思い出すことがありますが、この事件に関して、ぜひ言っておきたいことがあります。

福岡第一陣訴訟の弁護団長をされた立木豊地弁護士が、事件が高裁にかかった頃、福岡を引き払って長崎県の田舎に引っ越したいと言われたのです。私は、理由はともあれ、それでは団長を降りることになると言って引き留めましたが、うまくいきません。立木先生は、教職員組合を中心に弁護士活動をされていましたから、元教職員を中心に多くの支援者を結集しておられました。その立木先生に今団長を降りられては大変です。その時、池永弁護士にも相談したのです。

池永弁護士は早速、筑豊の多くの人と相談して、結局、直方に新しい事務所を作っていただいたらという方針を出され、立木先生はこれを受け入れて、福岡を引き払い、直方に移って事務所を構え、新しい顧問先や相談者を増やして事務所の経営をはかるとともに、強制連行事件弁護団の団長の任を引き続き果たしていただきました。このことは、立木弁護士はもちろんですが、私は弁護団事務局長として、池永先生に心から感謝しました。これは実は裏話で、ほとんどの人が知らないことですが、この追悼文では触れずにはおれない池永弁護士の大変な努力だったと思います。

中国残留孤児福岡訴訟

次は中国残留孤児の問題です。この問題について、福岡での取り組みについて東京の弁護士から私のところに相談がありました。当時、私は石炭じん肺訴訟やトンネルじん肺訴訟に関わり、全国の弁護士、特に東京の弁護士と深い交流があったからだと思います。私は福岡県内にいる残留孤児だった人を探して話し合い、弁護団を作って取り組むことになると考え、池永弁護士を含む数人の弁護士と話し合いをしました。

集まった弁護士は、残留孤児救済の問題に取り組むことに異議はないのですが、思いもよらない意見が出て議論が紛糾しました。池永弁護士が、単に弁護団を作るのではなく、福岡の弁護士会をあげて問題に取り組むべきで、そのため弁護士会の中に特別の委員会を作って、幅広い調査を行って問題に対処すべきだという意見を出されたのです。池永先生がそれまでに取り組まれた様々な経験がこのような構想を生んだのだと思います。様々な意見を交わした後、その構想に基づいて池永弁護士にこの件に関する取り組みをお任せしました。

そこで出来たのが、九弁連人権擁護委員会の「中国残留孤児人権救済申立事件調査委員会」です。池永先生は五十七歳でこの委員会の責任者になり調査活動に専念されました。つまり当初の構想が、福岡県弁護士会を超えて九州全体の弁護士会の事業としてこの問題が展開することになったのです。詳細は省きますが、こうした経過を踏まえて、二〇〇四（平成十六）年に中国残留孤児福岡訴訟が提訴されました。この福岡訴訟には、既に提訴していた鹿児島県を除いて、九州全域に住んでおられる残留孤児だった人が原告として参加することになりました。まさに池永先生の思いがこのような形で実現したのです。

この訴訟は、その後全国規模で和解が成立し、訴訟としては終了しました。こうして九州全体の解決に至った事情と経過を考えれば、あらためてこうした訴訟構造にもっていった池永先生の構想力に敬意を表さざるを得ません。

おわりに

その他、池永先生が主導されていた医療問題の研究会や相談会でも何かと経験と知識を得ました。どれも勉強になることばかりでした。私がここで池永先生から一番記憶に残る知識を得たのは、医療過誤問題に関わるとき、それが原告側であれ被告側であれ、その医師の出身校や関連医療機関の医師や研究者を証人や参考人にする場合には慎重な注意を払う必要があるというものです。

医師の間には外からは見えにくい絆や関係があって、充分客観的な意見を得ることが出来ないことがあるというのです。言われてみればその通りですが、私も案外そこまで考えずにそれまで事件に関わっていたかも知れません。深く考えさせられた思いがあります。

これ以上は述べませんが、いろいろな面で池永先生には助けられ、お世話になって過ごしたことを思い出しながら、あらためて先生のご冥福を祈り、感謝の思いを捧げて追悼の言葉といたします。

中国残留孤児たちの闘いと問題の現状

中国残留孤児国家賠償請求福岡訴訟弁護団事務局長　弁護士　**椛島　敏雅**

残留孤児発生の原因と背景

朝鮮を併合した戦前の大日本帝国は、さらに「満蒙は日本の生命線」であると称して、現在の中国東北部(いわゆる「旧満州」)を植民地にするために、一九三一(昭和六)年に満州事変を起こし、翌年、傀儡《かいらい》政権の「満州国」を「建国」し、現地人から取り上げた土地に、『王道楽土』の大地・満州へ」等の標語で日本国内から府県に割り当てて満蒙開拓団を募り、一九四五年の終戦までに二十七万人を移住させて、関東軍の盾、そして兵站《へいたん》を担わせるために満州や内蒙古等に入植させました(福岡出身の広田弘毅内閣は二十年間に五百万人移住させる計画を策定推進)。第二次世界大戦末期のソ連の参戦と満州への侵攻と、既に撤退していた関東軍不在の中の逃避行で、大半の開拓団員家族が犠牲になる悲劇の中、運よく生き残った幼年日本人が中国残留婦人(終戦時十三歳以上)であり、残留孤児(十二歳以下)の方々です。

この人たちに対し、日本政府は一九五九年、未帰還者特別措置法を制定して、戦時死亡宣告制度で中国残留邦人の戸籍を抹消しており、一九七二年、日中国交回復後も多くの孤児らからの帰国の要望等を無視して帰国させず、民間ボランティアや新聞社の強い批判を受けて、やっと重い腰を上げて帰国事業を始めたもの の（一九八七年頃は帰国者最多）、親族に身元引受けをさせて孤児の帰国後の生活を押し付け（後に批判を受けて親族でない人も特別身元引受人とした）、おざなりの「日本語教育」を施し、後は放置し、何らの自立支援も行わない等の対応をしたために、七〇％を超える残留孤児の皆さんが生活保護受給の生活で、しかも日本文化と日本語を理解できないためにケースワーカーから「監視されている」という意識を持ちながら不自由な生活を強いられていました。

九弁連での残留孤児問題の取り組み

人権擁護を使命とする弁護士の中で、九州で最初に中国残留孤児の相談を受けたのは池永満弁護士でした。二〇〇二（平成十四）年七月、九州地区中国帰国者の会の代表木村琴江さんは、「日本政府の責任を追及して、残留孤児たちが人間らしく安心して暮らせるようにしてほしい」と池永弁護士を頼って相談しています。相談を受けた池永さんは、「歴史的な経過と抱えている人権侵害の大きさ」に照らし弁護士会が組織的に取り組むべき課題であるという認識を示し、九州弁護士会連合会（九弁連）の人権擁護委員会への人権救済の申立てを教示助言し、同年十一月、孤児らによって、「普通の日本の市民として生きていく権利の保障を求める」人権救済の申立てがなされました。

池永弁護士は同委員会のメンバーであった井下顕弁護士や前田恒善弁護士他の委員で構成する調査チームを立ち上げ、人権救済の前提となる残留孤児らの生活実態調査を行っています。これは人権擁護と社会正義

福岡地方裁判所へと行進する第一次原告団（2004 年 12 月。中国残留孤児福岡訴訟ホームページより）

の実現を目的とする弁護士会での最初の残留孤児の生活実態調査でした。

九弁連は人権擁護委員会での実態調査を踏まえて、二〇〇三年十一月に九弁連大会で「中国帰国者に関する実効性ある施策を求める決議」を採択しました。この大会決議を受けて二〇〇四年六月、小泉内閣総理大臣と坂口厚生労働大臣に対して、「孤児らの人権回復のための個々具体的な諸施策を検討実施するよう求める」勧告書が九弁連理事会で採択され、翌月九弁連理事長名で執行しています。また、同年七月、福岡国際ホールで多数の市民が参加して、九弁連主催の「『中国残留孤児』帰国者は今　我是誰」と題するシンポジウムが開催され、帰国者による京劇の披露もあり、マスコミ報道もなされ成功裏に終わり、この問題の解決を社会に強く訴えました。

全国の残留孤児訴訟

木村琴江さんが池永弁護士に相談した頃、全国の残留孤児たちも各地の弁護士に同様の相談と要請を行っています。そこで取られた手段はすべて訴訟でした。最初に訴訟提起した東京では、小野寺利孝弁護士の呼びかけで、国を被告とする国家賠償請求の弁護団が結成され、二〇〇二（平成十四）年十二月二十日に、国の残留孤児に対する早期帰国実現義務違反と帰国後の自立支援義務違反の結果、孤児が有していた「普通の日本人として日本人らしく生きる権利」が侵害されたとして、国家賠償請求訴訟が提起されています。

その後、同様の訴訟が二〇〇三年八月鹿児島、九月名古屋、京都、広島、十月徳島、高知、十一月札幌、十二月大阪、二〇〇四年三月神戸、四月岡山、長野、十二月福岡、二〇〇五年五月仙台、六月山形と順次、各地裁に提訴されました。

福岡での国家賠償請求の提訴は弁護士会への人権救済申立てが先行したので、東京から二年遅れての提訴でしたが、人権擁護を任務とする弁護士会の影響力と組織力と財力を活用しての実態調査と、これを基にした人権侵害是正の勧告書の採択はその後大きな力を発揮し、福岡訴訟では損害論の主張立証に活用しました。しかし、他でこれを活用したのは、唯一勝訴した神戸弁護団だけでした。残留孤児救済の全面解決のために弁護士会の人権擁護委員会に対する人権救済の申立てを先行させた池永弁護士の判断は、今考えると卓見だったと思っています。

池永満先生と私

池永満弁護士は、私が一九八四（昭和五十九）年から務めた自由法曹団福岡佐賀支部の事務局長をしていたときの幹事長でした。このときの活動の中心は、国家機密法案との闘いでした。中曽根内閣のときに突然出てきた国家機密法案を廃案にするために、池永幹事長の強力な指導の下、団支部は全力を挙げて、県内の各団体や学者や個人に呼び掛けて対策の各界連絡会議を立ち上げて、一万人学習会を提案して、チラシやニユースレターを作成し、全員参加の積極的な運動を展開しました。団員は国民の知る権利と言論表現の自由が侵され、戦後の民主主義と平和憲法が破壊されるという危機感からほぼ全員が運動に参加し、全国的な運動の高まりもあって、廃案に追い込みました。

因みにこの国家機密法の現代版である特定秘密保護法は、第二次安倍政権の二〇一三（平成二十五）年十二月、大多数の国民の反対を押し切って強行成立させられました。続いて戦争法である安保法制法、日常不断に国民を監視できる共謀罪法が相次いで強行されたのは先日のことです。

国家機密法案との闘いをともにして以来、私は池永弁護士から弁護士活動で様々な助言や援助を受けてきました。私が残留孤児国家賠償請求福岡訴訟の弁護団事務局長を引き受けたのは、池永弁護士の強力な後押しがあったからです。

福岡地方裁判所に向かう第一次原告団（2005 年 9 月。中国残留孤児福岡訴訟ホームページより）

福岡訴訟の提訴

人権救済の勧告だけでは、木村琴江さん他の残留孤児らが救済されることにはならないので、池永弁護士は二〇〇四（平成十六）年七月、私に福岡訴訟の弁護団事務局長を引き受けるよう要請されました。私への要請と同時に、池永弁護士は同年七月の福岡訴訟原告団説明会の会場設定から、通訳の手配、説明会の進行、九弁連理事長名で全九州の弁護士全員に訴訟提起への寄付と弁護団員募集の呼びかけを主導され、そのお陰で私はスムーズに弁護団事務局長を引き受けることができました。

福岡弁護団は二〇〇八年十二月八日、鹿児島を除く九州各県に居住している残留孤児三十二名を原告とする第一次訴訟を提訴しました（その後第五次まで一三七名の原告）。馬奈木昭雄弁護士が団長、池永弁護士と北九州の安部千春弁護士に副団長を引き受けてもらい、私が事務局長、中国旅行に参加した若手弁護士の他、井下顕、近藤恭典、吉村真吾、佐川民らの若手弁護士と宮崎の中島多津雄、大分の德田靖之、熊本の板井俊介、長崎の中村照美、横山巖、佐賀の力久尚子、東京の清水洋、孤児らの頼りになる長老格弁護士の出雲敏夫、木梨吉茂、吉野高幸、松岡肇を含む多彩な常任弁護団を結成できました。これも池永弁護士が当時の九弁連理事長に強力に働きかけてくれたからですが、池永事務所からは新人の野中貞祐弁護士を常任に派遣してもらいました。

各訴訟の結果

残留孤児に対する国の早期帰国実現義務違反と、帰国後の自立支援義務違反の結果、中国残留孤児の「普通の日本人として日本人らしく生きる権利」の侵害が争われた十五地裁での国家賠償請求訴訟の内、新支援法成立までに判決を受けたのは八地裁で、うち神戸訴訟だけが勝訴し、大阪、東京、徳島、名古屋、広島、高知、札幌の七地裁では敗訴でした。しかし、神戸地裁の勝利によって、一気にマスコミや国会で政治的解決の機運が強まり、二〇〇七年十一月二十八日、残留孤児に対する新支援法が全会一致で成立しました。これによって、孤児らの老後の生活の安心が図られることになり、訴訟での目的を達成することができました。

新支援法成立後、二〇〇七年十二月五日、福田康夫総理大臣は首相官邸で全国の孤児の代表たちと面談し、「気付くのが遅れて申し訳ない」と陳謝しました。福岡からは孤児の代表として、木村琴江さんと川添緋紗子さん、弁護団から岩橋英世弁護士が参加しました。こうして、福岡訴訟は同年十二月二十七日、「厚生労働省としても、総理の発言に基づき、この支援策を誠実に実行してまいります」と指定代理人が法廷で陳述したことを口頭弁論調書に記載することを条件に訴えを取り下げました。

唯一勝訴した神戸訴訟は、原告六十五名の内十七名に対する国の帰国妨害による損害賠償義務を認め、原告全員に対する自立支援義務違反を認める格調の高い判決であり、新支援法の成立に大きな力になりました。この神戸訴訟の弁護団だけが私に、九弁連の人権救済の実態調査報告書と人権救済勧告書を損害論立証に提出したいので送ってほしいと要請して来られましたので、すぐ弁護士会から取り寄せて送りました。

これは、馬奈木団長が私たち弁護団員に、「一に事実、二にも事実、三にも四にも五にも事実」と言われていたことを神戸弁護団が実践したこと、具体的には各原告孤児に対する国の帰国妨害の一つ一つの事実と孤児らの困窮している生活状況の細かい事実を徹底的に明らかにした成果だろうと私は思っています。

ところで福岡訴訟は、責任論について「片道切符」で植民地支配のために危険極まりない満州に送り出した積極的加害行為と、筑豊じん肺訴訟最高裁判決で勝ち取っていた権限不行使の国の責任に基づいて、孤児らを帰国させる国の権限不行使の責任及び自立支援義務違反と、損害論について憲法が保障する各人権規定の侵害を具体的に主張していたので、神戸訴訟の勝訴もあり、われわれも勝てるという気になっていたことを付言しておきます。

残留孤児支援の新支援策の内容

二〇〇八（平成二十）年四月から始まった新支援策の概要は、①国民年金を満額支給する（約七万円で収入認定しない）、②国民年金に加えて孤児が自由に使える生活支援金を給付する（具体的には生活保護に準じた額）、③住居、医療は現物給付する、④各地に公費で支援相談員を置き無料の自立支援相談活動を行う、⑤二世、三世に対する就労支援事業を行う、⑥国による残留孤児問題の啓発活動を行う等です。

また、各孤児が帰国後に支払ってきた国民年金保険料は全額返還し、その返還金は収入認定の対象としない。②の支援給付金を超える収入があった場合は、その「所得額」の七割だけを収入認定する。二世、三世とも同居できる。自家用車も保有できる、等の内容です。こうして中国残留孤児の皆さんは長い苦難の末、ようやく経済的には安心した人間らしい生活が送れるようになりました。この新支援策は、二〇〇九年五月時点の累計で五九一二名（四六五三世帯）の残留孤児等に適応されています。

残留孤児問題の現状

馬奈木団長は、この新支援策について、「今回の法律改正によって、本当に日本政府が原告や家族に対して行った不法不正義で人倫にも反した行為を十分に反省し、二度とこのような行為を繰り返さないという決意のもとに、その救済に総力を挙げて取り組むことを約束していると言えるのか。今回の支援策で残留孤児に対する一定の金銭的支援は進んだが、現在もなお、孤児たちは放置され見捨てられている、と言わざるを得ない状況が多くある。今回の支援策は、その問題の解決になり得る契機を含んでいる。厚労省、各自治体の適切な対応が強く望まれる」と総括されました。

新支援策による経済的支援の対象は残留孤児一世だけに限定されており、また、帰国の遅れによる日本語の不自由は日常の社会生活に支障をきたしています。高齢化による健康不安をかかえているため、特に医療支援通訳は重要です。また、一世は高齢化が進むにつれ、老人ホームで孤立するという状況が生じています。さらに、二世三世に対する支援については、圧倒的多数の私費帰国者は全く対象になっていないばかりか、一世よりもいっそう日本語が不自由で、安定した職に就けないままの生活を余儀なくされています。また、二世も高齢化が進んでおり、就労、日本語習得、通訳等の支援が必要ですが、一世以上に老後の生活不安をかかえています。更に二世、三世に対する経済的支援を実現するためには法律改正が必要ですが、厚労省の態度には冷たいものがあります。

このような中にあって、九弁連人権擁護委員会は中原昌孝弁護士を中心に現在も残留孤児二世、三世に対する支援策の拡充を求める活動を継続しています。

闘い終えて――残留孤児の養親が住む中国東北部へお礼の旅

二〇〇九（平成二十一）年七月十五日から十九日まで、福岡訴訟を闘った馬奈木昭雄、出雲敏夫、安部千春、伊黒忠昭、田中謙二、髙峰真、野中貞祐、平山博久、溝口史子、力久尚子、泉武臣、通訳の高島ゆり、支援の日中友好協会福岡県連副会長の原博道、私の十四名は、中国の大地で残留孤児を育ててくださった養親に、残留孤児の皆さんに代わってお礼をするために中国東北部へ旅行しました。

広大な中国東北部の大地をマイクロバスで移動しながら、広々とした農地や経済成長著しい中国の今を問近に感じながら、残留孤児の養親が住まわれている吉林省長春市の「中日友好楼」に行き、馬奈木団長が長い間のご苦労と孤児を育てていただいたことに対してお礼と感謝の言葉を述べられ、感謝の贈り物を渡されました。

その前後、私たちは、大日本帝国が侵略した遺跡の旧満州国政府跡（現在は吉林大学の一部）、旧満州国皇帝宮殿、元関東軍本部、ハルピンの旧日本軍七三一部隊跡、ペストやコレラ等生物兵器の培養場跡、大連市内の旧満鉄本社、大連港、旧大和ホテル等を訪ね、彼の地で震えるような怒りを覚えるとともに、日本を再び戦争する国にしてはならないという決意を新たにしてきました。

この旅行には池永先生に是非とも参加してもらいたかったのですが、当時、福岡県弁護士会の会長職が忙しくて、残念ながら、養父母を訪ねる旅への参加は叶いませんでした。

この問題への取り組みを強力に後押ししてくださった池永満先生に、心からの感謝とお礼を申し上げる次第です。

エフコープ「レゾネイト問題」

元エフコープ生活協同組合員理事　中馬　貴美香

はじめに――「レゾネイト問題」とは

池永先生が亡くなられて五年が経とうとしています。先生に誘われ「患者の権利オンブズマン」の市民相談員となった私ですが、その出会いから考えると、こんな御縁があるなどとは微塵も思っていませんでした。しかし、池永先生に出会い、市民相談員となり、様々なことを学ばせていただきました。

先生との出会いは、私がエフコープ生活協同組合（以下、エフコープ）で組合員理事を務めていたときです。しかし、その出会いはあまり楽しいものではありませんでした。その頃、エフコープは負の遺産であった「レゾネイト問題」に関して、大きな混乱を引き起こしていました。組合員理事であった私は、その解決の方向性が分からなくなるばかりの状況でした。そのような中、レゾネイトからの清算・撤退を進める「レゾネイト経営再生委員会」の委員に加わり、委員長であった池永先生と直接関わることになったのです。

「レゾネイト問題」について、エフコープホームページでは次のとおり説明されています。

一九八五（昭和六十）年にエフコープは、「自然と人とのよりよき関係」をテーマとした「くじゅう高原ファーム計画」に参加を決定。その後、総代会や理事会へ十分な情報提供がなされないまま、「会員制高級リゾートホテル構想」という生協としては適切でない事業が一部の役員によって推進されました。その結果、組合員の大切な財産である出資金を莫大につぎ込むだけでなく、取引先に対しても「会員権販売」という負担を強いることになりました。また、問題発覚後の事後処理でも過ちを繰り返し、多額の費用をつぎ込むなど、理事会の運営および理事会内チェック機能や情報提供の不十分さが問題となりました。

「責任評価委員会」委員長として

私は二〇〇一（平成十三）年六月にエフコープの組合員理事となりました。その前後から、このレゾネイトについて組合員の中で疑問が湧きあがり、次第にその波は大きくなっていきました。そして、二〇〇三年六月の通常総代会では、第一号議案（事業報告及び決算報告）の否決という前代未聞の事態が起こったのです。

その時には、レゾネイトの件とあわせ供給未収金不突合も問題となり、「調査委員会」ができました。その「調査報告書」をもとに「責任評価委員会」が、二〇〇四年十二月に「答申」を出しました。この「責任評価委員会」には顧問弁護士であった池永先生に加わっていただいていました。そして、二〇〇五年二月臨時総代会において、「答申」の承認と関連事業としての「レゾネイトホテル事業」については「清算・撤退」することが決議され、その作業に関しては、信頼を失っていた理事会ではなく、理事会権限を代行する執行機関として「レゾネイト経営再生委員会」が設置されることになったのです。そして、弁護士枠の委員として池永先生にお願いし、互選で委員長となられました。

こうして始まったレゾネイト経営再生委員会でしたが、この委員会自体が理事会にとっては受け入れ難いものでした。委員会発足当初、理事会と委員会の間で執行権限について激しい論争となりました。本来、生協法上も、定款上も、総代会議決に基づく執行機関である理事会とは別の執行委員会が存在すること自体が異例のものでした。当然、相手方であるレゾネイト側も、生活協同組合における執行権限は理事会にあるとして、清算・撤退は進みませんでした。私もまだ「レゾネイト経営再生委員会」の委員ではなく、「経営再生委員会にそこまでの権限は無い。エフコープの中に理事会と別の執行機関があるという二重構造はおかしい」と思っていました。

しかし、池永先生は全く引きません。責任評価委員会答申で述べられている「レゾネイト経営再生委員会は総代会が決定した基本方針に基づき、レゾネイトの経営再生（清算を含む）を進めるため、エフコープを代表し必要事項を執行する委員会である」との立場を堅持し、「レゾネイト問題に限り、通常であれば理事会が行うことができる権限は、全て包括的に『レゾネイト経営再生員会』に委任されているものであって、そのような包括的委任自体も理事会が決定したものではなく、最高議決機関である総代会が決定したものだ」として、強引に進めていったのです。

確かに生活協同組合の最高議決機関は総代会です。また、過去の理事会とレゾネイトとの関係、自分たち理事会に対する組合員の反発、怒り、思いを考えると、取るべき道はそれ以外なく、納得がいかないまでも有無を言えない状況でした。その都度、理事会や常勤理事会との協議が行われましたが、報告はあっても、委員会・池永先生が独善的に進めていくという印象でした。私も池永先生の強引さに怒りを覚えていましたが、何も言えませんでした。

しかし、委員会が進めた活動の中で、それまで表に出ていなかった一九九六年再建支援決議における「経営権委譲」の実態が浮かび上がってきたのです。それまではレゾネイトの親会社として、社会的責任に雁字《がんじ》搦《がら》めになって、理事会はレゾネイトの自立化を果たすことができていませんでした。調査委員会でも分からなかった「経営権委譲」が行われていたことが明らかになったのです。これも偏《ひとえ》に池永先生の頑固さの成果でしょうか。生活協同組合は組合員のための組織である。その最高議決機関が決めた委員会として、その目的のためには必要なことを貫く。池永先生、そして委員会はその方針で、理事会と対立しながらも委員会の立場を堅持して作業を進めていったのです。

ただ、後に作成した「活動総括報告書」の中で、池永先生が「一番苦しかったのは委員会における二年目の課題を設定する中で、思いがけず理事会との間で委員会の権限論争が始まったこと、それを押し切って委員会方針を実施していかざるを得なかったとき」と書かれているのを読み、先生も悩まれていたのだと人間的な面を見たようで少し嬉しくなりました。

「経営再生委員会」の同志として

私は、前理事委員の退任により、二〇〇七（平成十九）年六月から委員会に加わりました。その時はまだ、レゾネイト経営再生委員会の位置づけ、役割に理解が進んでいませんでしたので、初めて委員会に参加した時の緊張を今でも覚えています。ピリピリと張り詰めた空気の中で、まず、記録のためのカセットテープにスイッチが入れられ、池永先生の言葉を中心に進められます。一言意見を言うことも、分からないことを尋ねるだけでも緊張したものです。何しろ私は理事会側です。レゾネイト問題に疑問を持ち委員となっていた三人の組合員委員とは反対の立場でしたので、ますます固くなってしまいました。しかし、池永先生は全ての情報を出し、また、素人の私たちをあらゆる場面に同席させてくださいました。

裁判では、レゾネイト問題に関する弁論期日傍聴やレゾネイト株主との懇談会、大分での株主総会、レゾネイトの不動産鑑定場面など全てに参加を促し、オープンに進められる先生の方針に必死でついて行きました。準備書面なども当然という感じで出されるので、慣れない法律用語に苦労しました。しかし、素人だから分からないだろうではなく、それぞれの委員一人ひとりを認め、納得がいくまで議論し、全員一致で方針を決め進められました（私が委員となる前に一度だけ例外があったようです）。

レゾネイトからの清算・撤退という目的と、「全ては組合員のため」という信念のもとに繰り広げられる委員会。そして、池永先生が次々と繰り出す新しい方針。先生は相手方の対応が委員会の思惑通りに進まなくても一瞬の躊躇もなく次の手段を提案されるなど、先にあらゆる可能性を含めて考えられていたようでした。

民事訴訟の進め方など知らないことばかりでしたが、先生は私たちにもその内容が理解できるように進めてくださいました。そして、次第に、池永先生でなければレゾネイト問題を解決することはできないのではないかと考えるようになりました。レゾネイト問題を解決するには、この「レゾネイト経営再生委員会」に託すしかないと腹を括ってからは、理事会委員（副委員長）として必死に役割を務めることに徹していきました。

しかし、先生は本当に次々に課題を与えてくださいます。答申では、委員会は総代会に対して直接責任を負う、総代会が開催される都度その業務状況を報告して必要な方針決定を得る、となっていました。そのため、総代会では池永先生が報告されました。秋と春の県下数会場で行う総代会議には委員が手分けして報告しました。また、裁判が進む中、レゾネイト清算・撤退作業について組合員に知らせる必要があると、「組合員説明会」をその都度四会場（全二十回）で行いました。

池永先生のスケジュールに合わせながら、午前中は博多、午後から移動して小倉で開催するなど大変な思いもしました。その他、ホームページを開設し、組合員・市民にも議事録を含めレゾネイトとの裁判の内容や進行状況などを公開する、記者会見を開く、などと次々に提案され、なるほど必要だと委員一丸となって進めていきました。常に、その時々で可能な限り情報を開示し、組合員・総代の意向を確認しながら進めていくことに徹した委員会でした。この姿勢は、理事であった私にとって改めて生活協同組合の本質を考える機会となりました。組合員主体の組織、組合員自身による民主的運営とは何か、そのための情報提供のあり方などを学び実感するものでした。組合員が約四十八万人となり、大きな組織になっても生活協同組合の本質は変わらないはずです。

私個人としては、この総代会議、組合員説明会は厳しいものでした。法律用語や会計処理の数字など難しい言葉が多く、説明して理解してもらうことも大変でした。参加者の入れ替わりもあり、質問の内容が多岐にわたることもありました。でも何と言っても理事である私に対して、厳しい言葉が投げかけられることも多かったのです。しかし、「レゾネイト経営再生委員会」は目的のために一丸となり、組合員の思いに沿って作業を進めているという自負がありましたので、堂々と対応することができました。

解決にとどまらず再発防止へ

このような経過の中、裁判は和解協議が整わず、二〇〇八（平成二十）年八月、福岡地裁で判決が言い渡されました。その後も全面解決に向けて、相手方関係者との公式、非公式の協議を進め、二〇〇九年三月、満四年に及んだレゾネイトからの清算・撤退作業が完了しました。池永先生無くしては成し得なかった作業だと思います。

二〇〇九年六月の通常総代会、第九号議案「レゾネイト経営再生委員会・最終報告書」で圧倒的多数の賛成により承認を得ることができました。この報告書の中には、「経営再生委員会からの提案――二度とレゾネイト問題を繰り返さないために」という内容があります。委員会の目的はレゾネイトからの清算・撤退ですので、それ以上のことは本来含まれていません。しかし、先生はレゾネイト問題の深刻さから、責任追及を含む再発防止策として、総代会、理事会、常勤理事会議のそれぞれの意思決定を行うに際しての情報提供とその流れについて、組合員を主人公とする生活協同組合にふさわしいあり方、二度とレゾネイト問題を繰り返さないシステムを確立することなどを提案されました。

その後、この特別な委員会の経過を残すために「活動総括報告書」を作成しました。その中に「終わりにあたり（各委員のコメント）」があります。池永先生のコメントは先に少し述べましたが、各委員からの池永先生への言葉として、「委員が目的に向かい一丸となって進むことができましたのは、まずは委員会の目的がはっきりしていたこと。そして、幾多の困難な場面でも常に後戻りすること無く、今ある事実から何をすべきかを考え、あらゆる場面をシミュレーションしていく。そして何より、池永先生のゆるぎない『生協とは何か！』という信念によるものでした」、「多角的な選択肢を提案」、「本職が忙しいにもかかわらず、見事なフットワークで委員をリード」、「専門的な知識と強力なリーダーシップ、行動力」などの言葉に委員会での先生の姿が表れています。

「患者の権利オンブズマン」へのいざない

こうして委員会は無事任務を終了し、二〇〇九（平成二十一）年七月に解散となりました。最後に先生が労いのため、皆をホテルのバーに誘ってくださいました。この時のお酒の席が次の先生との御縁につながったのです。理事を退任した私に、「患者の権利オンブズマン」のボランティアへのお誘いがありました。酔いに任せ調子よく応えていたら、後日、ボランティア応募へのお礼と研修の案内が届いたのです。

これも、やはり池永先生ですね。確約したわけではなかったのに、物事は既に進んでいるのです。しかし、「患者の権利オンブズマン」の活動は私に新しい世界を開いてくれました。患者の権利という新しい知識や考え方、ボランティアでありながらも、その責任において切磋琢磨していく仲間の存在など生きがいにもなっていったのです。「自己決定権」という言葉は患者としてだけではなく、一人の人間としての権利だとそれからの私を変えてくれました。先生から直接学ぶ機会が少なかったことだけが残念です。

おわりに

この追悼文を書くにあたり、あの頃の厳しい先生を思い出しました。本職の弁護士活動、二〇〇九年度は福岡県弁護士会会長に就任されましたので、多忙きわまりない時期だったと思います。委員会は八十回に及び、三週に一度のペースでした。裁判とレゾネイト株主との交渉など非公式も含め本当に大変な作業だったと思います。池永先生からのメールは真夜中の二～三時でしたので、いつ休まれているのだろうと思っていました。後になって知りましたが、発病もされていました。いつも抱えて来られる水筒が気になっていましたが、奥様からの特別の飲み物が入っていたようです。

頭が切れて強引で、気難しく恐い印象の先生でした。でも、「患者の権利オンブズマン」に参加し、ボランティアの私たちや、何より相談者に向けられる優しさなどを垣間見て、「レゾネイト経営再生委員会」の時の先生とは全く違う先生を知ることができました。しかし、信念の人、新しく開拓していく人、物事を動かしていく実行力とパワーの人、頭の良さなど、やはり、すごい人だったなと思います。何故か、あの、ニコッとした笑顔で言われると「はい、がんばります」と答えてしまうのです。

本当にありがとうございました。ご冥福をお祈り申し上げます。

参考：「レゾネイト経営再生委員会　活動総括報告書」二〇〇九年七月九日、エフコープ生活協同組合レゾネイト経営再生委員会

池永さんと闘った直方駅舎保存運動

一〇一歳直方駅舎の再生を求めるネットワーク代表　樋口　清

池永さんとの出会い

二〇一一（平成二十三）年中に駅舎解体を計画していた直方市に対して、その保存と活用を求めていた私たち直方文化遺産研究会は、同年一月から広く市内外に呼びかけ、署名運動を展開しました。約三カ月という短期間で全国から二万六千余筆の署名を集約しました。この取り組みの最中に、市内を歩いて回って署名を取っている弁護士さんがいるとの情報があり、そのご本人と弁護士法人奔流法律事務所直方オフィスでお会いすることができました。池永さんとの出会いです。

池永さんは、父君がかつて直方駅長を務められており、また地元鞍手高校の出身でもあり、古里の駅舎には強い愛着をお持ちでした。駅舎が二〇一一年には取り壊されてしまうと思い、年賀状用に駅舎を背景に家族で記念写真を撮ったのだとおっしゃっていました。そして「駅舎が残るのなら、できる限りのことを一緒にやりましょう」と言われ意気投合しました。

この出会いを端緒に「一〇一歳直方駅舎の再生を求めるネットワーク」（略称「直方駅ネット一〇一」）を結成、署名活動から始まる市民運動が本格的に動き出したのです。

署名提出

もともと駅舎の解体は、駅前整備都市計画事業として二〇〇六（平成十八）年に決定されたものですが、駅舎解体自体は市民に公表されていませんでした。したがって多くの市民は、私たちの保存運動で解体計画を具体的に知ったといえます。三カ月という短期間で、二万六千余筆の署名を集約できたのは、そうした市民の驚きと、保存を願う思いの強さの表れといえるでしょう。池永さんの指示を受けて、署名の集計作業等は「直方駅ネット一〇一」事務局として、法律事務所直方オフィスが、献身的に請負ってくださいました。

二〇一一年三月二十二日、五月十二日、二回に分けて直方市長に署名を提出しています。市長には、一度立ち止まって市民の声に耳を傾けることを訴えました。池永さんも、専門家による駅舎調査の必要性を要望されました。しかし、市長は既に決まったことだからと、既定方針に固執するのみで、駅舎の歴史的、文化的価値についてもまったく無関心でした。こうした誠意なき対応にはあきれ、失望させられました。

住民監査請求

当時、池永さんは既に闘病中でした。万全な体調でなかったにもかかわらず、精力的に会合に参加され、法律家としての多彩な経験から、駅舎保存に向けた多様な取り組みを提起していただきました。

既定方針のまま解体計画を実行予定の直方市に対して、まず直方市職員措置請求書（住民監査請求）の提出を決定しました（請求市民十二名）。書面は池永さん自身の手によるものでした。解体に関する費用が不当な公金支出にあたるという請求趣旨です。

加えてＪＲ九州への署名提出（コピー提出）、及び学術調査要請を行いました。ＪＲは直方市の決定に委ねており、直方市が保存活用を受け入れ検討する場合、ＪＲは協議に参加したいとの回答を得ました。同じく直方市にも学術調査の実施を文書で要請しました。また、市会議員全員に文化財的価値を訴え、学術調査に向けた行動を要請しました。しかし、直方市は解体を前提にした記録保存調査実施を盾にして、学術調査には応じませんでした。

そこでかつて直方駅舎の価値を評価する報告をされていた九州大学の藤原惠洋先生の賛同を得て、五月二十六日、駅舎の見学と屋根裏への立入り調査を約三時間実施していただきました。その結果、「正確に評価するためにはより入念な調査が必要だが初代博多駅の部材が使われている可能性が極めて高い」との評価がなされました。この時点での「直方駅ネット一〇一」の主要メンバーは的野功、牛嶋英俊（両氏は池永さんと鞍手高校同期）、川野文彦、中村幸代、石田貴宏さん、そして、法律事務所直方オフィスから渡邉敦史弁護士に加わっていただいておりました。

六月一日に住民監査請求の意見陳述を行いました。池永さんは、市が行った市民意識調査やパブリックコメントに駅舎保存の声が多く寄せられていたにもかかわらず、そうした意見は無視されており、市の対応が無責任で不誠実であること、加えて藤原先生に急ぎ作成していただいた「旧直方駅舎建物緊急調査レポート」を提出し、歴史的文化財としての調査もせずに取り壊しを実行するのは許しがたい暴挙であると訴えました。また、牛嶋さんは古いまち並みを活かした「直方レトロタウン構想」とレトロな駅舎を解体する市政

「直方駅舎保存」を訴える市民集会

の矛盾を指摘しました。私は駅舎解体が、九割の市民の理解と支持を得ているという市側の言い分は、二万六千余筆の署名数からも根拠のないものであること、そして駅舎を、単に老朽化し使いものにならないものとして、その歴史的、文化的価値についての調査は一度も行われていない不当性を訴えました。

七月十五日、違法、もしくは不当な支出とは認められないとして、住民監査請求は棄却されました。この国では、監査委員はほぼ行政関係者が務めており、直方市の場合も、元助役と現市議会議員がその任に当たっていました。市の不当性を認めることは、自らのかつての言動を否定することとなり、当局の不当性を認める判断はなされないのが常です。第三者による公平な監査実施の声が全国から起こっている所以です。

仮処分申立

切迫した事態の中で、なんとか駅舎解体を踏み止まらせたいという思いから、六月十五日、福岡地裁に駅舎取り壊し工事差し止め仮処分申立てを行いました（債権者市民十名）。池永さんの要請で、弁護士法人奔流宗像オフィスの山本哲朗弁護士にも「直方駅ネット一〇一」に加わっていただきました。裁判費用等は全国の賛助会員等のカンパ資金で充当、弁護士費用等は、池永さん曰く「いい経験といい勉強になるから」と無償のボランティアで山本、渡邉弁護士にご指導いただくことになり、感謝の気持ちでいっぱいでした。

仮処分申立てはＴＶ等マスコミでも大きく報道され、記者会見では池永さんとともに、申立て理由とその不当性を訴えました。申立て書面において、私たちは「景観利益」という概念を争点としました。直方駅舎が醸す歴史的文化的環境、市民の生活環境として良好で豊かな景観は保護に値するとしたのです。こうした発想を提起された池永さんの創造力には深く敬服し、我が意を得たりの思いでした。

しかし、仮処分申立ては、八月十二日に却下されました。福岡地裁は、駅舎解体が都市計画事業として認可を受けていること、駅舎はＪＲの私物であり、増築、改装が加えられ、建物として、風景として、景観利益は認められないとしたのです。決定後の会合では皆、許しがたい不当な決定だと声をあげました。池永さんの闘いの道筋もすでに決まっていました。全会一致で、高裁で争う「即時抗告」を決定したのです。

市民集会

私たちの仲間意識は一層堅固なものとなり、裁判闘争と並行して、市民参加の多様な催しを計画し、直方駅の価値を発信し続けました。以下、時系列により列挙します。

六月八日　「直方駅舎の価値を考える市民シンポジウム」・・参加一二〇名

パネリスト　土田充義さん（鹿児島大学名誉教授）

　　　　中村享一さん（建築家）
　　　　頴原《えばら》澄子さん（九州産業大学講師）
　　　　池永　満さん（直方駅舎の再生を求めるネットワーク）
　　進　行　牛嶋英俊さん（福岡県文化財保護指導委員）

六月一九日「直方駅舎見学会」・・参加七〇名
　　解　説　藤原恵洋さん（九州大学教授）

七月一八日「直方駅舎の保存・活用を求める市民集会」・・参加約一五〇名
　　集会アピール採択後、市内をパレード、参加者が駅舎を取り囲む人間の輪を作り、駅舎保存のシュプレヒコールをあげた

七月三〇日「住民監査請求報告会」・・参加三〇名

八月一八日「直方駅舎の保存と有効活用を考える市民フォーラム」・・参加約八〇名（後日冊子化）
　　司　会　池永　満さん
　　進　行　牛嶋英俊さん
　　助　言　藤原恵洋さん
　　発　表　樋口清、的野功、藤原英雄、花田啓子、石田貴宏、川野文彦さん

一〇月二日「直方駅舎の保存・活用を求める〈人間の絆〉市民集会」・・参加約六〇名
　　集会アピール採択後、市内をパレード、参加者が駅舎を取り囲む人間の絆でシュプレヒコール

いずれの取り組みも、池永さんの発想を中心に実現したものです。その構想力には驚嘆の思いでした。

しかし、直方市は住民監査請求却下、仮処分却下で「一定の区切り」がついたとして、九月十四日の市議会で近く解体に着手することを表明しました。こうした緊迫した情況の中、私たちは再三「緊急申入書」等々を提出し、市側の対応を求め続けましたが、誠意ある回答はまったくありませんでした。

法廷闘争――住民訴訟・即時抗告

なんとしても駅舎保存を実現したい私たちは八月九日、福岡地裁に住民訴訟を提出。記者会見では池永、山本さんが直方市側の公金の不当な支出の根拠として都市計画法違反、文化財保護法違反、地方自治法及び地方財政法違反について説明。私は、駅舎の価値も明らかにせずに解体しようとする不当性と、駅舎への市民の思いの強さを訴えました。ＴＶ、新聞各紙には大きく報道されました。

また、前述の通り、仮処分却下を受けて八月二十九日、福岡高裁へ即時抗告を提出しました。却下決定では、直方駅舎はＪＲの一私物としての古い建物であって、市民の守るべき景観利益には該当しないというものでしたが、私たちは即時抗告でも景観利益を争点に据え、歴史的、文化的建築が数多く残る直方市街地の玄関であり、石炭で栄えた町の象徴である建築を破壊することは、生活者としての市民の景観利益の侵害にあたると主張しました。こうした二つの裁判を並行させ、駅舎保存の闘いを展開したのです。

六月以降、池永さんは入退院を繰り返すようになりました。そうした中でも諸々の行動を提起され、共に闘っていきました。法廷に出廷できないことも多くなりましたが、居酒屋などで気さくにお付き合いいただいたこともありました。七月の退院時には余命二、三カ月と言われたとさらりと話され、その精神力の強さ

旧直方駅舎

に驚嘆したものです。また学生時代、大学に米軍ジェット機が墜落、その轟音に驚き、大学に駆けつけたこと、大学紛争の時代、学生運動に没頭し走り回ったこと、卒業後は国会議員の秘書になっていたが、国会の赤ジュータンにはどうしても馴染めず弁護士を志したこと、奥田革新県政実現のため事務局で運動したことなど、共感する話を数々お聞きすることもできました。

直方駅舎解体

十月三日、直方市は駅舎解体に着手しました。盛り上がっていた市民の反対の声や、裁判係争中であることを無視した行動でした。この日から、的野さんと私は、毎日脚立やカメラを持参、朝から駅前で監視行動を続けました。駅舎は周囲を高い柵で覆われ、市民が近づくことも見ることもできない異常な状態でした。

十月十四日、福岡高裁で即時抗告審尋が行われました。この時点では、駅舎本体の解体にはまだ至っていませんでした。裁判長は、市側代理人（弁護士）に解体状況について質問をしました。この時点で市側代理人は、丁寧に調査記録しながら解体していくと答えていました。最後に裁判長から、判断は十一月になること、参考人意見（証拠）等は十月中に提出するよう告げられ、閉廷しました。

また、十月十八日、住民訴訟第一回期日で福岡地裁に出廷しました。この時点でも、駅舎本体はまだ健在でした。横の跨線橋《こせんきょう》から見下ろすと内部の片付けが行われていました。現場指揮者は今週中に、天井、壁スレートなどをはがし、本体解体はずっと後になると話してくれました。

法廷では、私が意見陳述を行いました。また山本さんから、駅舎本体の木組みが露になった今が絶好の機会だとして、本体解体前の駅舎の学術調査が提起されました。裁判長は、市側と話し合ってほしいと言い閉廷し、その後、しばらく解体工事は中断しました。

しかし、市側は、藤原先生の意見書（証拠）調査が決定し、その申し入れを市側に行った翌日、二十七日から重機二基で急に解体を再開。藤原調査の前日、二十八日午後からは、急遽、作業員を大量動員し、重機で本体の材をへし折っていくという極めて乱暴な壊し方を強行しました。審尋での代理人（弁護士）の言「丁寧に調査記録しながらゆっくり解体する」とはまったく異なるやり方に憤りを覚えました。現場から市役所担当者にも直接電話し、明日の調査を知りながらの、狡猾な調査妨害行為に強く抗議しました。

二十九日の藤原先生の調査時、駅舎本体はほとんど姿を留めておらず、無残な瓦礫と化していました。この日を、古里直方の貴重な文化遺産を破壊し尽くす、蛮行が行われた日として記憶しています。

池永さんとの別れ

直ちに、福岡高裁に解体経緯や方法の不当性を報告し、直方市への抗議声明を発表しましたが、対象駅舎消滅のため、十一月十四日、抗告は却下となりました。

私たちは、住民訴訟を全力で闘っていくことを仲間と意思統一し、その期日を重ねていきました。

十二月六日、第二回期日で福岡地裁に出廷しました。入退院を繰り返していた池永さんの出廷はこの日が最後でした。その後も病床の池永さんの助言を受けながら山本、渡邉両弁護士を中心に期日出廷と証拠書面の提出を続け、市側の不当性を追及していきました。

そうした住民訴訟の途上、二〇一二（平成二十四）年十二月一日、池永さんの訃報に接することになりました。闘病中にもかかわらず、最期に至るまで、直方駅舎への強い思いから、精力的に運動をリードし、支えていただいた偉大な存在を失った喪失感はあまりに大きく、悲しく耐えがたいものでした。

住民訴訟判決

的野さんは、いみじくも「直方駅舎と原発は池永の遺言だ」と言いましたが、私たちは、その遺志を皆で受け継ぎ、裁判を闘い続けました。私たちが追及した駅舎解体の不当性の大きな柱は以下の三点です。

○　直方市が駅舎の歴史的、文化的価値を明らかにすることなく、単に老朽化した建物として解体を急いだこと

○　圧倒的多数の市民の声を一切無視し続け、解体ありきの姿勢を変えなかったこと

○　直方レトロタウン構想を標榜しながら、石炭で栄えたまちの、レトロの象徴ともいえる駅舎の解体を行ったこと

また、主たる提出証拠は、

○　「旧直方駅建物緊急調査レポート」により、駅舎は、初代博多駅の一部を移築した可能性が高いにもかかわらず、直方市は、学者による再調査前日に急ぎ取り壊すなど、文化的価値が明らかになることを

妨害したこと

○　市は二〇〇六（平成十八）年決定の都市計画では、駅舎解体計画を公表せず、またその縦覧では同一人物の筆跡による計画賛同の意見書を多数集約し、それをもって、駅舎解体が市民の賛同を得ていると工作したこと

○　ＪＲ九州社長の唐池氏は、ＴＶ番組で、駅舎について、市民の熱心な動きがあるので保存する方向にあると発言。直方市は、ＪＲ九州との解体補償計画を見直すことを含め、都市計画変更の必要性があったこと。また駅舎解体の主体はＪＲ九州であるとしたこと

○　保存を願う二万六千余筆の署名や、市民運動に表れた市民の声、パブリックコメント、市長への手紙等で示された、圧倒的な保存の動きを受け止め、真摯に対応する必要があったこと

等々でした。

しかし、二〇一三（平成二十五）年十一月二十六日、福岡地裁は私たちの請求を棄却しました。当日は原告団、山本、渡邉弁護士と出廷し、法廷には池永さんの遺影を抱き、駆け付けてくださった早苗夫人の姿もありました。

判決骨子は次のようなものでした。

○　駅舎は歴史的価値や芸術性が認められ、有形文化財となりうるべきものであり、公金支出には問題があった

○　直方市は資料保存や一部部材保存を行っており、駅舎保存に向けた最低限の努力義務は果たしている

○　駅舎が初代博多駅の移築とまでは認められず、駅舎解体工事の主体はＪＲ九州であり、直方市が調査

を妨害したとはいえない
○　意見書作成を市が指示したとまではいえず、手続きとしてはすべて不公正であるとはいえない
○　直方市が都市計画（駅舎解体）を変更しなければならない特別、特殊な事情は認められない

住民訴訟の問題点

裁判闘争を通して最も残念であった点は、私たちが訴えを起こす基盤となった民意について、司法が極めて鈍感であったことです。判決文では、駅舎の歴史的価値や芸術性を認め、公金支出の問題点は指摘していますが、駅舎の歴史的、文化的価値を認め、保存運動を起こした市民の声や民意には全く触れていません。また、そうした民意を一切無視し続けた、行政のありようについての記述も見られませんでした。

一方で、私たちが明らかにした証拠の精査よりも、行政の手順や手続きなど形式的側面を重視し、市が「最低限の義務を果たしている」とか「著しく違法であるとはいえない」などと行政有利な判断に導く手法が見られました。

控訴断念

私たちは、駅舎が既に解体されてしまった現在、「損害賠償」としてしか争えない点、また裁判がまちの活性化とは直結しなくなった現実等を考慮し、裁判の継続が広く文化財保護の在り方に警鐘を鳴らすものであるとしても、残念ながら、現実的には控訴は厳しいという判断に至りました。ただ判決で示されたように、文化財として保存されるべきであった駅舎を、強行解体した直方市の行為は、将来にわたって歴史に汚点を

残すものであり、今後は民意を尊重した行政を進める責務を負っているといえます。

駅舎復元

池永さんとともに結成した「一〇一歳直方駅舎の再生を求めるネットワーク」は今も健在です。判決後、私たちは残された一部駅舎部材の有効活用を求めて直方市へ公開質問状を提出し、具体的提言を行いました。提言では、直方の文化的シンボルとして旧駅舎部材を用いて駅舎を復元し、観光案内所、文化交流多目的ホール等々、まちの活性化の目玉としての活用を図ること、また復元場所は「直方レトロ」の起点、即ち、まちの玄関として直方駅前を最適としています。

現在、直方市は私たちの提言に前向きに対応しており、とりわけ新市長着任後は、文化の復興を前面に打ち出したまちづくりを提起、推進し、私たちとの対話を重ね、駅舎復元を具体化しています。

終わりに

直方駅舎保存運動で、池永さんと同じ時を刻み、その指導をいただき、闘いを続け、充実した時間を共有できたことに深く感謝しています。古里直方への強い思いから、裁判では原告の一人として参加いただき、駅舎保存を通して、古里の未来への具体的道筋を提示していただきました。私たちはその遺志を継承し、歴史と文化に立脚した、古里直方のまちづくりに関わり続けていくことで、池永さんの思いに応えていきたいと思っています。

三・一一後の脱原発訴訟を中心に

「原発なくそう！　九州玄海訴訟」弁護団幹事長　弁護士　**東島　浩幸**

はじめに

二〇一二（平成二十四）年以降、佐賀地裁で、玄海原発のすべての稼働差し止めを求める「原発なくそう！　九州玄海訴訟」が闘われています。この訴訟は、国と九州電力を被告として、玄海原発のすべての稼働の差し止め等を求める訴訟です。その訴訟は、福島第一原発事故の甚大かつ取り返しのつかない被害を背景に、圧倒的な世論を力に変えて原発推進政策そのものをも変えることを目標にしています。

福島第一原発事故まで脱原発への動きをしなかった私たちの反省を含みつつ、同事故までの訴訟が勝てなかった要因を、①司法も含めた「安全神話」への浸り、②圧倒的少数者による闘い（相互の連帯も乏しく、「安全神話」が蔓延する中では「変わり者」との評価にもなりうる）と考えました。

そのような中で、①強大な影響力のある原子力推進政策を進める国をも被告とすること、②福島第一原発事故の被害を徹底的に明らかにすること、③「被害」をもとに多くの人々の連帯を作り出し、「一万人原告」

の訴訟とすること、④科学技術論を中心的争点とはしないこと、⑤全国的連帯を作り出すこと、などの基本方針を立てて闘っています。

その訴訟を形成する段階で、池永満先生は結集の言い出しっぺとしてリーダーシップを発揮され、二〇一一年十一月に結成した弁護団では、共同代表の一人となりました（他の共同代表は、板井優弁護士、河西龍太郎弁護士）。しかし、池永先生は、二〇一二年一月三十日の提訴前夜集会及び、翌日三十一日の第一次提訴（一七〇四名）までお元気で出席されていましたが、その後の第一回口頭弁論以降の口頭弁論には、闘病のため、ほとんど出席することが叶いませんでした。いままでにない大きな脱原発訴訟の仕掛人でありながらその行く末を見届けられず、無念だったことと思います。

福島第一原発事故前での池永満先生の思い出

私が池永先生の素晴らしい見識として鮮やかに思い出すのは、九弁連人権擁護委員会での「中国残留邦人（孤児・婦人）に対する人権侵害救済申立て」の件でした。イギリス留学から帰ってこられた池永先生が、「中国残留邦人の多くが日本語に不自由しているが、それは日本語の教育を充実させ、同化させれば事足りるのか。中国語を母国語とし、中国文化を背負ったという人生を尊重することにはならないのではないか。中国語と中国文化をもって日本で不安なく生きていけることが必要だし、それが『多文化共生』ではないか。『多文化共生』という観点を入れるべきだ」と主張されました。これがきっかけとなって、九弁連での人権救済勧告は、日弁連でのそれとも異なり、多文化共生の観点（具体的には、中国語での選挙公報、総合病院・公務所での中国語での通訳サービス等）を盛り込んだものとなりました。

二〇〇九（平成二十一）年度には、池永先生と私はともに単位弁護士会会長として会って話す機会もしばしば持つようになりました。それが縁で、退任後、池永先生から誘われて、行政訴訟のすそ野を広げる「ぎょうべんネット九州」という団体の活動を一緒にすることとなりました。

これに関連した活動として、当時、鹿児島県阿久根市長が議会も開かずに専決処分を乱発するという前代未聞のことが起きていたため、池永先生と私は、他に二十数名の賛同者を得て、阿久根市長を刑事告発しました。この件は、結局は不起訴となりましたが、何度も阿久根に通い、分厚い資料を分析したりしました。

その当時、すでに病気が発覚していた池永先生は相当無理をしておられたと思いますが、「この件で問題なのは地方自治法の不備ではない。トップがアドバルーンを上げて上位下達のみであとは反対意見も聞かないというのが、憲法のいう『住民自治』になっていないことだ」と本質を語っておられたことを思い出します。

三・一一事故が起こった！

次々に明らかになる福島第一原発事故の被害の甚大さには日々驚きでした。三・一一事故前において、九州の弁護士のほぼ全員が原発の危険性を問題視せず、何も対策を講じていませんでした。「原発は安全だ」と国民の圧倒的多数が考えていたところに、その安全神話を崩壊させる三・一一事故が起きたわけですが、私などはどうなっていくのだろうと思いながらも行動を起こしてはいませんでした。

二〇一一（平成二十三）年七月になって、池永先生から「三・一一事故によって原発をこれ以上やってはいけないことがはっきりしたのだから、この情勢に合わせて強大な原告団を作って地元の弁護士が関与をして、玄海原発の差し止めをする新たな訴訟をするべきではないか」と連絡がありました。私自身、三・一一事故より相当前に、市民から「原発訴訟をやってもらえませんか」と打診されたこともありましたが、その時は、精緻な科学技術論の訴訟などできないと断りました。しかし、三・一一事故を踏まえて原発と一緒に生きていけるのかという思いや、子どもらの世代への責任を考え、とにかく原発をなくす法的手段を採るべきとの結論に至りました。

「原発なくそう！　九州玄海訴訟」市民集会で聴衆に呼びかける

池永先生と話し合い、「強大な弁護団」というイメージから、①様々な立場の九州の多数の弁護士を結集する観点、②国相手の訴訟、公害訴訟等を手掛けてきた弁護士を結集する観点などを追求しました。池永先生の提案で、九州各県の弁護士会会長経験者（二〇〇九年度）を一人ずつ、訴訟委任状のトップに据え、「オール九州」ということをはっきりさせようということになりました。その呼びかけに、一人を除く六名が代理人となりました。また、九州の公害環境問題の歴戦の強者たる弁護士を多く結集しようとの思いから、「よみがえれ！　有明訴訟」の弁護団員をはじめとする弁護士たちにも、地元佐賀県弁護士会の各会員にも声を掛けました。

全国的な連帯と協力の観点から、池永先生とも相談して、七月十六日の脱原発弁護団全国連絡会の準備会に、私と福岡第一法律事務所の近藤恭典弁護士、当時、弁護士法人奔流に在籍していた前田牧弁護士が出席しました。

弁護団準備会の結成へ

同年七月二十六日、池永先生（ぎょうべんネット九州幹事長）、堀良一先生（「よみがえれ！ 有明訴訟」弁護団事務局長）及び私の連名で、各弁護団、佐賀県弁護士会会員等に豊島耕一氏（佐賀大学教授・物理学）を講師とする「脱原発に関する学習会」の案内を出しました。三・一一事故に驚きながらも、ほとんどの弁護士は原発の何たるかも理解していない状態からのスタートだったからです。

八月二十一日の学習会では、佐賀、福岡、熊本、長崎、宮崎から二十一名の弁護士が参加し、脱原発の取り組みについて、池永先生の試案メモをもとに議論し、ⓐ訴訟規模について最低四桁の原告団を作ること、ⓑ世論で包囲すること、ⓒ福島の被害の実相と事故原因を明らかにすること、ⓓ科学論争にとどまらず、国の原子力政策を問うものとすること、などが合意されました。ただ、

○　老朽化による具体的な危険性が明らかな玄海原発の一号機のみを対象とするのか、それ以外の二〜四号機まですべてを問題とするのか
○　被告は九州電力のみか、国をも被告とするのか
○　訴訟の請求の趣旨の内容や法律構成
○　一号機〜四号機の危険性をどのようにとらえていくのか

など、議論されるべき課題が多くあることが確認されました。

そして、同日に弁護団準備会を結成し、池永先生を筆頭に私も含めて八名の世話人が選任されました。

また、訴訟の呼びかけ人として、社会的影響力のある学者・研究者の方になっていただくことに決めました。その結果、長谷川照氏（佐賀大学前学長、原子核理論）、原田正純氏（熊本学園大学元教授、医師）、宮本憲一氏（元滋賀大学学長、環境経済学）をはじめ多くの著名な研究者が呼びかけ人となりました。

「原発なくそう！　九州玄海訴訟」市民運動

燎原の火のように――「原発なくそう！　九州玄海訴訟」

弁護団準備会は三回の合宿で、佐賀県で運動の中心となっていく市民らとの懇談などを重ねていきました。そういった動きの中で、二〇一一（平成二十三）年十月二十三日、佐賀市内にて二百人規模の「原発なくそう！　市民集会――九州玄海訴訟に向けて」を開催し、原告候補者らも交えたスタートとなりました。福島の被害を中心に据えるという意味で、「子どもたちを放射線から守る福島ネットワーク」の代表の方に、福島の被害の現状報告をしていただいたりしました。

その後も、唐津など各地において同様の市民集会やミニ集会を開いて、原告を募集していきました。

そして、第一次提訴の前夜（二〇一二年一月三十日）、佐賀市内にて三百数十人を集めて「原発なくそう！　九州玄海訴訟」提訴前夜フェスティバルが開かれました。そこにはフクシマの被害者のためにという連帯意識があり、様々な考えの市民が「原発をなくす」の一点で繋がり、被害（の可能性）をなくそうという思いで結集することから、市民のアイディアをふんだんに取り入れたフェスティバルとなりました。歌とギターのコンサートなども行われ、また、市民に広める統一的デザイン（原子力発電のドアから再生可能エネルギーのドアへ子どもたちが行進していくデザインで、子どもたちの表情が原子力から自然再生エネルギーへ近づくにつれて明るくなっていくもの）を使ってシンボルにするなど市民のアイディアをふんだんに使って、訴訟と運動が連動する形を作っていきました。

「原発なくそう！」シンボルマーク

　このようにして、燎原の火のごとく、弁護団への加入（約一五〇名、実働四十名）、原告への加入（第一次提訴で一七〇四名）が拡がりました。その中で、①福島事故は原発推進政策のなれの果てで必然的な結末であるのだから、国の責任を追及すべく、国をも被告とすることとし、②小さな闘いの構えでは後で大きくすることはできないといった理由から「一万人原告」構想までたどり着き、③また、「現在において安全な原発と危険な原発の二種類の原発があるわけではない」、「フクシマを二度と繰り返さないのであればすべての原発から決別するべき」との考えから、一号機～四号機までのすべてを訴訟の対象とすることとしたのです。

　多くの弁護士、市民が結集する仕掛けを作り、みんなの英知が結集できるようにした池永先生の役割を思い出し、この闘いが勝利するよう奮闘しているところです。

2章

医療に心と人権を

患者の権利の確立をめざして

患者の権利運動を中心として――池永さんと私

患者の権利法をつくる会常任世話人　弁護士　**鈴木　利廣**

池永さんとの出会い

池永さんは私より就学年齢が一年先輩、司法研修所では一期後輩、つまり池永さんと私は同世代になります。

私たち首都圏弁護士が日本初の患者側弁護士集団・医療問題弁護団を創立した一九七七（昭和五十二）年九月という時期は、私が弁護士二年目、池永さんが弁護士一年目でした。

私は前年五月（弁護士一カ月）、新人弁護士として偶然にも青年法律家協会弁護士学者合同部会（青法協弁学部会）の東京地区（当時東京支部は未だ発足していなかった）の研究会「医療過誤訴訟の実務」（講師・渡辺良夫他）に参加し、結果的にその後の中心的活動分野「医療と人権」に足を踏み入れたところでした。しかし、その後五年程は若手弁護士として、医療事故対策以外の活動（例えば、子どもの人権、神田川水害訴訟、人ちがい監置裁判等々）にも足を踏み入れていました。私が「医療と人権」分野を専門とすることに腹をくくり始めたのは、一九八〇年、日本弁護士連合会人権擁護大会（岡山）での健康権宣言の準備段階からのように思います。

池永さんとの出会いは、あまり印象的な記憶はありませんが、一九七八年二月に開催された青法協人権研究交流集会医療分科会（東京八王子）か、一九七九年十一月に開催された第一回医療問題研究会弁護団全国交流集会（名古屋、全国交流集会）のどちらかだったように思います。池永さんが中心となって医療問題研究会（のちの九州・山口医療問題研究会）を結成した一九八〇年九月の一、二年前で、そのころから池永さんは、全国的な患者側弁護士集団づくりに合流したのではないでしょうか。医療問題研究会創立直後の日弁連人権大会や第二回全国交流集会（大阪）では、間違いなくお会いしていたと思います。

池永さんの活動における作風について

池永さんの作風を考えるうえで、当時の二つのエピソードがあります。

一つ目のエピソードは、医療事故事案における診療記録の入手方法です。医療問題弁護団では、改ざん防止目的をかかげて民事訴訟法上の証拠保全手続きの実務的開拓を行っていました（東京弁護士会「医療過誤訴訟の手引」一九八〇年参照）。

ところが、池永さんは、原則は医療機関に対し誠実な申し入れを行うことで、医療機関からの任意の開示を推進すべきとの考え方でした。改ざん防止が証拠保全によって達せられることは少なく、紛争化した状況では、すでに改ざんはされている可能性が高い、との認識でした。

一方で、訴訟記録の開示は、それ以降の改ざんを防止することはできても、根本的な改ざん防止にはならず、他方でスタート時に権力的な証拠保全で紛争解決を始めることよりも、対話方式で始めることの重要性を説いていたのです。

二つ目のエピソードは医療問題研究会のメンバー構成についてです。首都圏をはじめ、他の地区では「研究会」と名乗ろうが、「弁護団」と名乗ろうが、弁護士集団でした。ところが池永さんが組織した研究会は、弁護士のみならず医療者をも構成員とするものでした。

医療事故の被害救済と再発防止を目的に弁護士だけで構成するのではなく、医療者と共に活動すべきとの考えなのです。

「患者の権利宣言」から「患者の権利法」へ

このような池永さんと共にした初めての行動が、「患者の権利宣言案」（一九八四年十月発表、十二月全国集会〈東京〉での全国的提案）を提案した患者の権利宣言起草委員会でした。医療被害を原点として、その再発防止を目的とする人権宣言案づくりでした。「患者の権利宣言案」は、その後数年間全国各地で検討され、各地集会で「案」をとりのぞいた「患者の権利宣言」として採択されました。

なお、当初の発表を「案」としたことについては、記憶ははっきりしませんが、運動の広がりを意識した池永さんの発案だったようにも思います。

この運動は医療界にも広がり、①全国保険医団体連合会「開業医宣言」（一九八九年）、②日本医師会「説明と同意に関する報告」（一九九〇年）、③日本生協連医療部会「患者の権利章典」（一九九一年）へと発展していきました。とりわけ①、③への働きかけについては池永さんの力が大きかったように思います。

　このような状況を踏まえ、池永さんは患者の権利の法制化運動を考え、市民団体として「患者の権利法をつくる会」（一九九一年結成。以下「つくる会」）を呼びかけ、「患者の権利法要綱案」づくりの先頭に立ったのです。

　ここでも池永さんの作風が発揮されました。一つは、法律の骨格に患者の権利を明示するだけでなく、国等の責務条項や権利擁護システムを含む医療制度のあり方に言及した点です。これが今日の医療基本法の骨格につながっています。もう一つは、市民団体の組織として事務局を置き、その責任者・事務局長は自分が引き受けるが、会に代表等の役員を置かず、全国各地からの「世話人」で活動をまわしていくという考え方です。私も常任世話人を引き受けました。

「患者の権利法をつくる会」結成総会で聴衆に呼びかける

　この「つくる会」はその後、主に池永さんの発想と提案で、一九九九年までの八年間、出版*、シンポジウム開催、海外視察の報告等によって、患者の権利の考え方を広め、医療政策（改正医療法）にも反映されることになりました。

　一九九二年の医療法改正では、付則にインフォームド・コンセントの検討と措置が入り、一九九三年に「インフォームド・コンセントの在り方に関する検討会」（座長・柳田邦男）が組織され、一九九五年に報告書「元気の出るインフォームド・コンセントを

欧州視察

目指して」が公表され、一九九七年の医療法改正で医療提供の概念（第一条の二）と医療関係者の責務（第一条の四）の中に患者の権利保障の考え方が不充分ながら反映されました。

池永さんが「つくる会」で取り組んだ二つ目の課題が医療記録開示の法制化です。一九九五年に「医療記録開示法要綱案」を公表し、一九九九年には「医療記録法要綱案」として改定したのです。

なお、この考え方は個人情報保護法の施行（二〇〇五年四月）に先立つ厚生労働省「診療情報の提供等に関する指針」（二〇〇三年九月）、「医療・介護関係事業者における個人情報の適切な取り扱いのためのガイドライン」（二〇〇四年十二月）によってルール化されることになりました。

三つ目の課題は「医療被害防止・補償法要綱案の骨子」（二〇〇一年）の作成でした。この骨子原案については池永さんのご指示で私が起案させていただきました。

「患者の権利オンブズマン」の創設

池永さんが中心で起草した「患者の権利法要綱案」では、医療被害の救済を受ける権利及び苦情調査申立権に基づく患者の権利擁護システム（権利支援担当者、権利審査会）の法制化が規定されていました。権利審査会制度の解説の中には欧州におけるオンブズマン制度が紹介されています。

池永さんは、五十歳の節目に留学を考え、一九九七（平成九）年に英国エセックス大学に留学、ＷＨＯ患者の権利に関するヨーロッパ会議の宣言（一九九四年）を日本に紹介し、帰国後の一九九九年、市民団体として「患者の権利オンブズマン」を設立し、患者の苦情対応の活動を開始しました。私は池永さんから患者の権利オンブズマン全国連絡会の共同代表を要請され、共に考える機会をいただきました。

英国留学、エセックスにて

その後の池永さんの患者の権利運動は、このオンブズマンと「患者の権利法をつくる会」（その後、事務局長は小林洋二氏に交代）の両方に軸足を置いたものになりました。

医療基本法構想について

「患者の権利法をつくる会」の「患者の権利法要綱案」は、前述したごとく、患者の権利法制化にとどまらず、そこから医療制度のあり方に問題を提起したものです。そして、この問題提起は二〇〇九年以降の「つくる会」では医療基本法構想へと発展することになりました。

患者の権利法から医療基本法への発展について池永さんが心配を抱いていることを知った私は、病をかかえた池永さんと福岡・

東京で二度意見交換をし、池永さんの理解を得ました。

医療制度のあり方（目的、理念、方策）を定める医療基本法構想が患者の権利保障を土台にした法律案であること、医療基本法という親法の下に患者の権利を患者の権利法として更に充実させることを課題とすること、つまり患者の権利法を医療基本法へと政策転換するわけではないことについての説明で、池永さんの理解を得たわけです。

医療被害集団訴訟とのかかわり

私は、①薬害エイズ東京訴訟（一九八九年提訴）、②ハンセン病東日本訴訟（一九九九年提訴）、③薬害肝炎東京訴訟（二〇〇二年提訴）と三つの集団訴訟にかかわりましたが、①、②については池永さんの陰の協力が大きな影響を与えました。

薬害エイズ訴訟は一九九五年に結審し、解決に向けた運動の全国展開を開始しましたが、その際に九州地区での弁護団結成（福岡、熊本）に動いてくれたのが池永さんでした。

また、ハンセン病問題については、一九九六年のらい予防法廃止前に患者の権利法をつくる会事務局長の池永さんに対する「法曹の責任」を問題提起した島比呂志氏の手紙を、池永さんは「けんりほうニュース」（一九九五年七月号）に掲載し、更に九州弁護士会連合会（九弁連）につないだのです。これが九弁連シンポとなり、志村康氏らによる国家賠償請求訴訟の提案につながり、一九九八年の西日本訴訟提起、翌年の東日本訴訟、瀬戸内訴訟につながることになりました。これらの国賠訴訟、とりわけ西日本訴訟の熊本地裁判決（二〇〇一年五月十一日）が、「ハンセン病問題に関する検証会議の提言に基づく再発防止検討会」報告書（二〇〇九年）を生み、その中で「患者の権利擁護を中心とする医療の基本法」制定が提言されたわけです。

これら二つの訴訟では池永さんは前面に立たずに、しかし大きな役割を果たしたのです。以上、駆け足でふり返ってみると、池永さんの弁護士活動三十六年間の中でかなりの時代を同志として協働してきたように思います。

池永さんの社会改革の志を、次の世代の弁護士たちに語り継ぐのが、残された私達の役割かも知れません。

＊「患者の権利法をつくる会」編の出版物
①『患者の権利法をつくる』明石書店、一九九二年
②資料集『国会論戦――インフォームド・コンセント』一九九二年
③『あなたが医療の主人公――患者の権利・国際比較』大月書店、一九九二年
④『カルテ開示――自分の医療記録を見るために』明石書店、一九九七年

患者の権利と保険医（医師・歯科医師）の権利

福岡県歯科保険医協会事務局長　岡崎　誠

最初にお会いしたのはいったい何時だったか？　先ずは調べないと気がすまない性質なので三十二年も前の資料を探しまくりました。

確かに記憶にはあるのですが、それが何時ということまでは流石《さすが》に寄る年波、覚えてはおりません。それに「患者の権利オンブズマン」結成に至るまでシンポジウムの経緯やら、思い出すことが様々で、断片的になってしまっている記憶を繋ぎ合わせるのがもはやムリということなのかもしれません。

なにせ三十二年前のことですので、印象は鮮明なのですが、記憶と記録が詳細に残っておらず申し訳ないのですが、ご容赦いただきたいと思います。

福岡県歯科保険医協会からのアプローチ

一九八五年当時は、福岡県歯科保険医協会もまだ会員七百名を超えたばかりの頃（現在〈二〇一七年〉は一九一〇名、全国保険医団体連合会〈四十七保険医協会・医会、四歯科保険医協会〉＝保団連・十万五〇〇〇人、医師六万五〇〇〇人、歯科医師四万人）で、私自身も歯科保険医協会の業務に携わるようになって七カ月が経った頃でした。

当時の健康保険法を読み漁って、「審査し支払う」、「指導を受くべし」の意をどう捉えて、権利と義務の改善にどう取り組めばよいか模索をしていた時代でした。

当時は、各県ごとのローカルルールに基づいた「診療報酬明細書（レセプト）の審査ルール」が存在し、協会として初めて「審査アンケート」を実施する準備をしており、また当時各地で起きていたいくつかの「保険医取り消し事件」の捉え方等、協会の役員会で、医療機関への審査、指導・監査に詳しい弁護士さんはいないだろうか、と議論となり、「九州・山口医療問題研究会」というものがあるということで連絡を取り合ったのが一九八四（昭和五十九）年暮れのことでした。それで一九八五年一月二十九日の夜、「審査問題懇談会」として、診療報酬の審査支払制度や「カルテは誰のものか」など医療問題全般にわたって二時間余の意見交換会を実施したのが池永弁護士との初めての出会いでした。

「九州・山口医療問題研究会」のメンバーとの懇談ということで、出席をされていたのが池永満弁護士をはじめ、上田國廣、八尋光秀、村井正昭、稲村晴夫、松岡肇、木﨑博、辻本育子の各弁護士のうち六名（二名の方が所用にて欠席）の方々だったようです。当会からは亡くなられた古賀猛会長ら七名の役員と当方を含めた事務局三名だったかと思います。

指導・監査における法的問題点の解明へ

この「審査問題懇談会」がきっかけで、その年（一九八五年四月二十日）の当会第八回定期総会での記念講演において、池永弁護士に「指導・監査における法的問題点」というテーマで講演いただくことになりました。以下、当時の新聞記事から抜粋して紹介させていただきます。

当時は、全国的に医療システムの問題を法的にひも解くなどということは緒についたばかりでしたが、池永先生は、冒頭、「医療をよくしていくためにどのようにしたらよいかを考えている一人として整理をさせていただいた」として、「一、審査、指導・監査の法的根拠」「二、通達等による〈指導〉と〈監査〉の区別と目的」「三、〈療養担当規則〉〈点数表〉等をどうみるか」「四、通達行政、医療破壊政策と闘うために」の四項目にわたって講演されました。

その中で、審査改善の運動を進めるにあたって重要な観点として、

「健康保険法に基づく療養の給付というのは、国民の健康権を全うするために療養担当規則が本当に国民・患者の最善の医療を受ける権利、健康や生命を維持するため憲法上の権利を満たすものになっているのかどうかという観点が必要であって、もし、療養担当規則が国民の健康権を全うするという立場から見ておかしいとなれば、療養担当規則自体が違憲の中味となる」として、

「療養担当規則や健康保険法が、憲法に適合しているのかどうかの原点に立ち戻って審査の問題、健康保険法の仕組みを考えていく必要がある」、「私たち法律家からすれば憲法の健康権と国民の健康権という点からどうなのかという見直しで、先生方からすれば本当に歯科医療に尽くしていくためにはどうなのかという点での見直しが必要になってくる」と論究され、「医療の現場であれば患者の基本的人権、患者の健康を守るために医療はどうあるべきなのかという原点に立脚してこそ初めて医療破壊を進めている行政と対決し、本当に団結して太刀打ちできるのではなかろうかという気がしているわけです。最後に、先生方が地域社会

の中で一段と奮闘されますことを願って私の話をおわりにしたいと思います」と講演を締めくくられています。

テープ起こしをして、原稿用紙に手書きで書いて、それに朱字で修正やら補筆をしていただいた原稿をやり取りして、という過程を経て出来上がったのが「福岡県保険医新聞 歯科版」一九八五年六月・七月号の紙面でした。その後、新聞だけではもったいないとの当会役員の発案で冊子にし、全会員と全国の保険医協会・医会に配布したのが「福岡県保険医新聞 歯科版」記事と総会記念講演録の冊子です。

個別指導への弁護士同席・立ち会いの取り組み

これが時を経て二〇〇七（平成十九）年に、厚生労働省指導監査室との懇談で「録音、弁護士同席・立ち会い」を再確認したのをきっかけに、保険医・保険医療機関への「個別指導」の場での弁護士同席、立ち会いについて池永弁護士をはじめ三名の弁護士さんとの勉強会を開催。指導官から「患者を食いものにしとらんか！」の侮辱的な言辞を浴びせられ、それがトラウマとなり一年間悩み続け「診療制限」した事例や、「歯科医師としてのプライドを傷つけられ保険医としての人権は守られず、萎縮した診療に追い込まれ、歯科医師になったことさえ後悔した」という声を受けて、弁護士同席・立ち会いに結実しました。

その手法は、「患者の権利オンブズマン」が実施してきた「同行支援」の形でシステム化をはかること、一方的に指定される個別指導日程に対応するために「登録弁護士」の配置、代理人委任状の作成や同席希望者との事前打合せ等を定式化するとともに会員への広報を進め、弁護士同席・立ち会いの定着に繋がってきました。

「個別指導を行政手法の聖域にして、保険医統制の手段に利用されることは、保険医個人にとってはもちろん、医療を受ける患者さんにとっても不幸なことであり、被指導者を責め立てるような個別指導のあり方は、行政手続法や保険医の人権保護上もあってはならない。個別指導の透明性確保や可視化を目指すべきでは」という助言もいまに生きています。

このようなアドバイスとフォローによって会員に寄り添いながら、健康保険で良い歯科医療を提供するという歯科保険医協会の基盤を作り上げることに寄与していただいたと痛感しています。

保団連「開業医宣言」と患者の権利宣言

この件は、九州合同法律事務所ホームページ「成り立ちと理念」の、「患者の権利宣言」運動の項でも触れられています。

やがて、志を同じくする全国の弁護士の間で「患者の権利宣言」に向けての動きが始まり、医療問題研究会の主要メンバーも参加して、一九八四年十月十四日に名古屋で「患者の権利宣言案」が採択されました。あえて「案」という形にしようと提案したのは、これまた池永満弁護士。名古屋での集会で確定させるのではなく、それぞれが地元に持ち帰り、地域で議論する機会をつくって、患者の権利を浸透させていこうというものでした。

これを受けて、医療問題研究会では市民や医療関係者にアンケートや聴き取りを実施しました。この取り組みが、全国保険医団体連合会による「開業医宣言」につながります。

「開業医宣言」を巡っては、「患者の権利」に対抗するものとして「対抗軸」を打ち出すべきではないかという議論や、開業医を中心とした団体が「患者に寄り添う医療」実現をどのように表現すべきかといった議論が闘わされました。その辺りは『戦後開業医運動の歴史　一九四五〜一九九五』（全国保険医団体連合会編、労働旬報社、一九九五年）に詳細に記述がされています。

> 開業医宣言（案）を何度提案しても意見が一致せず、行き悩んでいたとき桐島会長がいま何故「開業医宣言」が必要なのかを諄々《じゅんじゅん》と説き、不退転の決意を示したものである。当時、一部に強力な反対があったが、最終的にはそれらも納得し、一九八九年一月第二七回定期総会に案として提案、成立した。

1985 年「月間保団連」3 月号に掲載された「患者の権利宣言をめぐって」対談時の平井正也氏（左）と池永満

出来上がるまでの経緯は、文字通り「難産」というべきものでした。

そのような中で、起案者として奮闘いただいた、当時の保団連副会長の平井正也先生（大阪府保険医協会理事長）と池永満弁護士との「月刊保団連」一九八五年三月号での歴史的な対談がありました。この歴史的な対談は、一九九四年十月二十日に発刊された『患者の権利』（池永満著、九州大学出版会）の第一章「患者の権利宣言案をめぐって＝平井正也氏との対談」として、冒頭に掲載されています。

一九八四年一〇月一四日、全国起草委員会が発表した「患者の権利宣言案は大きな社会的関心をよびました。当時全国の開業医五万五千名を結集していた保険医協会の全国組織である全国保険医団体連合会の機関誌『月刊保団連』編集部は、権利宣言案を正面から受けとめ「『患者の権利宣言』がわが国に根付くために――開業医からの提言」という個人論文を『全国保険医新聞』（一九八四年一二月五日号）に発表していた全国保団連副会長、大阪府保険医協会理事長の平井正也氏と患者の権利宣言全国起草委員であった私との間に対談の機会を与え、『月刊保団連』の一九八五年三月号に掲載しました。私にとってもその後の課題を明らかにすることが出来た思い出深い対談であり、ここに平井氏および『月刊保団連』編集部の御了承を得て転載させていただきます。

一九九九年「患者の権利オンブズマン」の設立前後の想い出や、オンブズマン発足前の「インフォームド・コンセントと医療」をテーマとしたシンポジウムやその後の学習会などの取り組み等での想い出もありますが、今回、この二つのことのみ経緯を記載させていただきました。

この二つの「出来事」が、私にとっては、その後の池永満先生との三十年余の繋がりを継続させてくれた出来事であったことと痛感しております。

社会保障としての患者の権利擁護と、開業保険医（医師・歯科医師）の権利獲得とを、寄り添うよう結び付けていただいた池永満先生に、あらためて感謝の意を表して追悼の文とさせていただきます。

カルテは誰のものか——開かれた医療への模索

医療事故防止・患者安全推進学会代表理事　隈本　邦彦

札幌で語った言葉

私がＮＨＫの記者を辞め北海道大学の教員になってすぐのことだったので、確か二〇〇六（平成十八）年ごろだったと思う。池永先生がひょっこり札幌を訪ねて来られた。札幌の弁護士らの研究会で講演をされるとかで、せっかく来札されたのだからぜひ一緒に飲みましょうということになった。

かなり飲んでから先生がポツリと言った言葉。今でも忘れられない。

「隈本さん、最近の若い弁護士はね、ひどい医療ミスの事例をみたら、『やった』っていう表情をするんですよ」、「私らのころは、ひどい医療ミスをみたら、まず怒りが湧いていたもんです。なんだ、この医者は、けしからん、という感じで」、「でも今の若い人は、初歩的なミスであればあるほど、過失が立証しやすい、勝ちやすいって思うんでしょうね」

私も返答に困ってしまった。

確かにそのころは、一時わずかに上昇していた医療訴訟の勝訴率が、再び低下しはじめていた時期だったので、若い弁護士さんがそういう反応をするのも、心情的にはわからなくもない。しかし、池永先生にすれば、それがもどかしいのだろう。九州からわざわざ北海道まで講演しにみえたのも、医療訴訟に取り組む患者側弁護士を少しでも増やしたいという思いだったのだろうが、そのころの池永先生には、かつて患者側弁護士が持っていた「熱意」や「使命感」が、若い人にいまいち伝わっていないという、ある種の焦りや寂しさがあったのではないかと思う。

確かに池永先生が医療過誤訴訟を始めたころ、勝つのは大変だった。それでも自分たちがやらなければ、被害者は泣き寝入りするしかない。まさに意気に感じて、被害者とともに闘ってきたのが池永先生の世代だったのだろう。

残念なことに、今も医療訴訟の勝訴率は一般事件に比べてきわめて低いままである。専門性の壁、密室性の壁、封建制の壁、そういったものを被害者である原告側が乗り越えて医師のミスを立証できなければ、裁判には勝てない。弱者が強者に、常に不利な戦いを挑まなければならない構図は今も変わらないからだ。その現状を変えていきたいという静かな熱意が、池永先生の言葉や行動に強く感じられた。

常に前進し続けていた池永先生

次にお会いしたのは、かなり病状が進行してからだった。

私がたまたま福岡に仕事があったので、その合間をぬって飯塚の事務所をお訪ねした。少しお痩せになっておられたが、例によってあの満面の笑顔で迎えてくださった。昼飯は事務所の近くの洋食屋さん。胃が小さくなっているので、ゆっくり食べないといけないけれど、まだまだおいしく食べられますよ、と笑っていた。病気のこと、事務所のこと、いろいろとお話ししてくださった。福岡県筑豊地区の弁護士状況を良くしたいと語る一方で、ＪＲ直方駅の駅舎保存問題に地元の市民とともに取り組んでいるのだという。

もう、まったく。

体調も万全ではなく、お忙しいのに。池永先生らしいな、と思った。運動のチラシもくださった。署名も求められた（笑）。それが池永先生とお話しできた最後のチャンスとなった。

全国初のカルテ開示実現へ

池永先生と私が一緒に取り組んだ最初の仕事は、一九九四（平成六）年六月に放送したＮＨＫスペシャル『カルテは誰のものか――開かれた医療への模索』という番組の取材交渉だった。

当時、カルテを患者に見せるかどうかは医師の裁量にまかされていた。医療先進国ではごく普通に認められていた「カルテ開示を求める権利」が、日本の患者には認められていなかったのである。ＮＨＫ報道局記者としてこの問題を取材していた私は、一九九三年の秋ごろ、福岡市の千鳥橋病院の「患者の権利章典起草委員会」が、翌年（九四年）の春に権利章典の制定を目指しているという話を聞いた。その権利章典には、患者の権利としてカルテ開示（カルテの閲覧と謄写）を保障する項目があるという。

その当時、個人開業医で患者へのカルテ開示を実践しているお医者さんは何人かいたが、千鳥橋病院のような五百床規模の大規模総合病院でカルテ開示をしているところは、全国どこにもなかった。

「全国初のカルテ開示病院の実現」

このスクープを取材したい、と私は思った。

そこで「患者の権利章典起草委員会」のメンバーであり、病院の理事でもある池永先生に相談したのだ。池永先生によると、起草委員会からの提案に対して、看護部、薬剤部、事務部は基本的に賛成してくれた。ところが約五十人の医師が在籍する医局は、そうはいかなかった。患者が自由にカルテを見られるなんて信じられない、と医局会議はハチの巣をつついたような騒ぎとなったそうだ。起草委員会のメンバーである医師から「インフォームド・コンセントの権利の確実な保障のためには記録の開示も当然」と提案趣旨を説明したが、かなり多くの医師が強い拒否反応を示したという。

そんな中、熊谷芳夫院長との取材交渉が始まった。院長自身はカルテ開示に賛成のようだったが、それをマス・メディアに取材されることは、まさに想定外だったようだ。

私は池永先生と一緒に、①議論の断片を切り取ったりつまみ食いしたりせず、NHKスペシャルという五十分番組でじっくり取り上げる、②カルテ開示になぜ反対するのか、医局会議の討論をしっかり取材させてもらえれば、医師たちの思いを全国の国民に伝えることができるかもしれない、③千鳥橋病院の議論が、「カルテは誰のものか」ということを国民に考えてもらうチャンスになる、などといろいろな理由を挙げて院長の説得に取り組んだ。

結局、院長は取材に賛成してくれたが、やはり医局会議を取材するのなら当の医師たちの了解が必要だろうということで、次の医局会議で取材の可否を議論することになった。月一回しかない貴重な医局会議が、「果たしてNHKに取材させるべきか」というテーマだけでつぶれてしまったそうだ。申し訳ない限りだ。その医局会議では、激論の末、「まじめに取り上げるならいいだろう」ということで取材にオーケーが出た。

池永先生が陰で説得してくださったのかもしれない。

医局会議のすべてを撮影

翌月から都合六回の医局会議に、ＮＨＫのカメラが入ることになった。

冒頭、私は、林カメラマン、高山ディレクターとともに挨拶をして、「これからの議論のすべてを録画させてもらいます。その発言は番組に使わせてもらうかもしれません」とお願いをした。しかし、「それだと自由な議論ができないかもしれない」ということで、出席した医師たちには一枚ずつ黄色いカードを配った。もし自分の発言が収録されたくないという人は、カードを上げながら発言してもらえばそこは収録しない、という約束をした。

このイエローカードシステム（この年は、たまたまＪリーグ開幕元年で、イエローカードという言葉が全国的に知られた最初の年だった）、実際に使われたのはたった二回だけだった。

一回は、カルテ開示反対派の医師が、「みんなカードを上げないのはＮＨＫに遠慮しているんじゃないか」と言って使った時。もう一回は、大学病院から派遣されている医師が自分の発言が教授に聞かれると面倒という理由で上げたものだった。

つまりそれだけ千鳥橋病院の医師たちは、カメラの前で本音を語ってくれたのだ。

医師たちの本音のぶつかり合い

反対派の急先鋒、吉川浩一医師は、医局で「カルテ開示反対」のビラ配りを始めた。その様子を取材していた林カメラマンは、ビラを受け取った賛成派の岡田朗医師との間で議論が始まってしまうところを、しっかり撮影していた。
吉川医師「私の人間観からするとですね、人間はね、すべての真実を受容できるほど強くはないと思うんですよ」
岡田医師「そうですか。でも受容できるかどうか誰が決めるんですか。それは医療者が決めるもんではないでしょう」
吉川医師「がんの告知でもね、何が適切であったかどうかはおおまかに後になってわかるもの。あらかじめわからない」
岡田医師「そうでしょう。でもですね、たとえばがんを知らせるということ一つをとってみても、自分ががんであったならば知りたいという人のほうが、患者にがんを知らせようと考えている医療者よりずっと多いんですよ、現実に。知らせるか知らせないかを医療者がどこで判断するんですか」
医療観の違いが鮮明にわかるこのやりとり、そのまま番組に使わせてもらった。このころ、千鳥橋病院でもすべてのがん患者に病名を伝えてはいなかったのだ。カルテ開示をシステムとして認めるかどうかという点で、これが大きな壁となっていた。なにしろ今から二十年以上も前のことだ。番組が作られたのはそういう時代だった。

自分の医療観を見つめ直した医師も

千鳥橋病院の医師たちの多くは、池永先生のことを尊敬していた。しかし、その一方で、法律家というものは「一足す一は二」というふうに物事を論理で割り切りがちだが、医療の現場ではそんなものは通用しないと考えていた。だからカルテ開示に反発した。しかし、なぜ反対なのかということを突き詰めて議論しているうちに、医師として、人間として、さまざまな意見がでてきた。

「医師の立場からすると、カルテ開示とか言われると大きなことのように感じるけれども、患者の立場にたってみたら、自分の命についていちばん誠実に考えているのはやっぱり患者自身ではないか」

「もし余命があと三日しかないとしても、その三日間は患者のもの、できるだけ早くそれを伝えてあげないと」

「もし自分が患者だったら、騙されながら死にたくはない」

議論の中で自分の医療観を見つめ直した医師がいた。外科の安永秀一医師である。

安永医師は議論の当初「見られることを意識して書くなんて、カルテ本来の姿かな、と思う。疑問だ」と反対していた。ところが途中から「まずいところを患者に見られたくないというのは、偉ぶりたいというか医師の心の弱さではないか」というような意見を述べるようになった。

そこで医局会議の後、安永医師をつかまえて話を聞いてみると、「いやあ、最初は反射的に反対してしまったが、昔の友達なんかにいろいろ聞いてみたら、やっぱりカルテば見たいっち言うとですよ。そんなもんかなと思って」

実は安永医師は、大学卒業後、地元製菓会社のセールスマンなどいろんな職を経験した後、一念発起して、医学部に社会人入学で入り直したという経歴の持ち主だ。受験エリートばかりの若い同級生たちと自分とは、一味違う医者だと思っていたが、いつの間にかすっかり患者の立場を忘れてしまっていたと頭をかいた。

「確かにカルテには患者に見られたらちょっとまずいな、というようなことも書いてあるんです。でもそれをやっぱり隠したらいかんのですよ。患者さんに、すみません、対応の遅れでちょっと肺炎になっちゃいました、すみません、これからこんな治療をしていきますので、とやっぱり説明せんといかんのです。確かにカルテ見ながらならわかりやすいですよね」、「やっぱり医者になってから十年も経つと初心を忘れちゃうんですね」

結局カルテ開示は見送られたが

半年間のこうした議論の末、最後に投票が行われ、カルテ開示賛成と反対がともに二十六、同数という結果になった。最初から、医局全員が賛成しなければカルテ開示は実施しないという約束だったので、その年の千鳥橋病院のカルテ開示は見送られることになった。

しかし、その後も看護師たちが独自にカルテ開示についての患者アンケートを実施したり、安永医師が自分のカルテに限って患者に開示する実践を始めたりした院内の動きを伝えて番組は終わる。番組の締めコメントには、池永先生から聞いた話を使わせてもらった。

千鳥橋病院の若い医師が池永先生に、「自分は医学生のころも、医者になってからも、『患者の権利』についてこんなに真剣に考えたことはなかった」と言いに来たのだという。もしかしたらこんなやっかいな問題提起をしてくれた「患者の権利章典起草委員会」への嫌味のつもりだったのかもしれないが、まさにそれこそが医師たちの本音の感想だったのだろう。そして彼らの議論の意義深さを物語る一言でもあった。

このＮＨＫスペシャルの放送につながる最初のヒントをくださったのも、その実現に向けて協力してくださったのも池永先生だった。そのうえ締めコメントにまで貢献していただいて（笑）、ほんとうに感謝している。

「患者安全」という発想の大切さ

そして最後に池永先生から頼まれた仕事が、「医療事故防止・患者安全推進学会」という学会への参加だった。私はこの学会の「学会名」が気に入って、二つ返事で引き受けたのをよく覚えている。

よく「医療安全」という言い方があるが、それだとどうも病院の危機管理的な側面を連想させ、「医療を提供する側からみた質の管理」というイメージが強い。しかし医療の主人公は患者であり、しかも一人一人が貴重な命である。さらに患者に安全な医療を提供することは医療の基本の一つでもあるのだから、もっと直接的に「患者安全」という言葉のほうが活動の目標としてふさわしいのではという気がしたのだ。私が代表理事を引き受けたのは二年前だが、以降、それほど活発な活動ができているとは言い難いので、たいへん申し訳なく思っている。時に新聞からコメントを求められたときに、「〝医療事故防止・患者安全推進学会〟代表理事」です、と肩書を出して学会の宣伝に努めているのが現状である。

思えば、池永先生がまさに生涯をかけて実現しようとしていたのが、日本における医療事故の（再発）防止であり、高いレベルの「患者安全」の実現であったと思う。その目標に向けて、少し後輩にあたる私たち、さらにもっと若い世代の後継者たちが、池永先生と同じくらいの情熱で頑張れているかどうか、きっと天から、あの笑顔で見守っていらっしゃることと思う。

「医療記録の開示をすすめる医師の会」のころ

岐阜大学医学教育開発研究センター長　バーチャルスキル部門教授　**藤崎　和彦**

大阪大学で医学概論や医学教育学を教えておられた中川米造先生の元で大学院生活を送り、奈良県立医科大学に助手で就職したばかりのころ、米国のジョージタウン大学にあるケネディ生命倫理研究所の木村利人《りひと》先生の所へ行った。そうして患者の権利擁護の状況について視察し勉強する機会を得たのが一九九〇（平成二）年であった。

帰国後、視察報告を書いたりしている縁で、池永先生から「患者の権利法をつくる会」の世話人に誘われることとなった。

一九九五年八月の「患者の権利法をつくる会」の世話人合宿では、「カルテ開示」がテーマとして取り上げられた。この年は、厚生省「インフォームド・コンセントの在り方に関する検討会」が最終報告書「元気の出るインフォームド・コンセントを目指して」を発表した年であり、「患者の権利法をつくる会」は、インフォームド・コンセントの実践のあり方として、「カルテ開示の制度化」を中心的な課題に掲げようとしていた。既に早くからカルテ開示をされていた大阪の橋本クリニックの橋本忠雄先生たちが当日の話題提供者だった。

合宿後、その橋本先生や僕に、池永先生から「〝カルテ開示をすすめるドクターの会〟を作ったらどうですか」と声がかかった。「なるほど、それは良いですねえ」と、比較的トントン拍子で準備が進み、「医療記録の開示をすすめる医師の会」の発足総会が開催されたのが一九九六年三月のことであった。

「医師の会」の第一回総会からのシンポジウムのタイトルを眺めてみると、「インフォームド・コンセントと医療記録の開示を考える」、「現行医療制度下での医療記録のあり方と問題点」、「元気の出るカルテ開示を目指して」、「カルテ開示後の医療を展望する」というように、インフォームド・コンセントがらみから医療記録の開示を考えだしていた時代から、具体的なカルテ開示の実践、さらにはカルテ開示後の医療の展望といったように、「医師の会」の中の議論は確実な進展を見せている。それとともに会の規模も大きくなり、一九九九年には『医師のための医療情報開示入門』(金原出版)という形で「医師の会」の活動を書籍にまとめることも可能となった。

そのような過程において、「医師の会」の方向性をめぐって、原則的な全面開示を強く要求する声と、現場の医師が広く集まりやすいような緩やかさを求める声との間に対立が生まれるようなこともあった。しかし、当時若輩者であった事務局担当の僕が右往左往する中で、池永先生がいろいろ相談に乗ってくれて、何とかそういった状況を乗り越えていけたことも、とても有り難かった思い出としてよく残っている。

診療の現場での良好な患者—医師コミュニケーションを模索して模擬患者参加型教育をわが国の医療者教育に広げようと考えていたところ、現在の職場である医学教育全国共同拠点である岐阜大学医学教育開発研究センターに異動することになり、その後、模擬患者との医療面接を含む全国共通の実技試験「共用試験〇

SCE（オスキー）」も全国すべての医学部、歯学部、薬学部で実施される時代にもなった。また、そういった教育を受けた若手医療者が少しずつでも医療界のありようを変えていっている様子をやっと実感できるような状況にもなってきたように感じている。

模擬患者参加型教育はロースクールにおける模擬依頼者（SC）活動のお役にも立っているようではあるものの、最近は医療者教育改革関係の業務が増えて手一杯になってしまって、以前のように新しい医療制度導入のための活動は出来なくなってしまっている。池永先生にアドバイスしてもらいながら「なんとか日本の医療を変えたい」と思って奮闘していた頃を懐かしく思い出しているところである。

福岡医療団における患者の権利の取り組み

公益社団法人福岡医療団元理事長　江島　輝彦

はじめに

池永先生が逝去されて早や五年の歳月を迎えます。

私と池永先生との付き合いは長く、足かけ三十年に及び、福岡医療団の理事を長く務められ、様々な援助をいただきました。インフォームド・コンセントをめぐる論議や千鳥橋病院「患者の権利章典」策定では多大な貢献をしていただきました。心から感謝の言葉を捧げます。

「非核の政府を求める福岡県の会」の活動や「非核と平和のつどい」の活動、個人的には家族ぐるみで楽しんだ山登りなど思い出がいっぱいです。

私はこの度、追悼文集に執筆させてもらうからには『新 患者の権利――医療に心と人権を』（九州大学出版会、二〇一三年）を読み上げることが欠かせないと思い、改めて目を通させていただきました。そこには池永先生が全力を挙げて取り組まれた仕事が凝縮され、主張の大部分が実現し、さらなる法制化を目指す運動を展開するように次世代へバトンタッチをされるメッセージとなっていました。

患者が主体的に知る権利と自己決定権を持つ「インフォームド・コンセント」という言葉を日本医師会が歪曲してとらえた「説明と同意」を打ち砕き、「インフォームド・コンセント」という言葉が日本全国どこの医療機関でも定着したのは池永先生の偉大な功績だと思います。

池永先生との思い出のいくつか

私は三十九歳のとき肺炎に罹り、危うく死にそうになりました。退院時の肺活量七五〇ミリリットルからの回復を目指すトレーニングの一つに、水泳がありました。よく東公園の福岡市民プールで水泳していたときに、池永先生がお子さんたちをつれ、親子仲良く泳いであったのを微笑ましく思い出します。

また、私が診療した患者さんの指の骨折の変形治癒の後遺症を巡る賠償問題の解決をお願いしに行ったときに、自分はオンブズマンの活動をしているから担当できないので別の弁護士を紹介しましょうと言われたことが鮮明に思い出されます。立場上、明確にけじめをつける方であったのです。

また、池永先生のご尊父が末期胃がんに罹患されたとき、私が主治医でした。その当時はインフォームド・コンセントの概念は皆無で、がんの告知など思いもよらない時代でした。予後不良で余命いくばくもないと思われた時期に、池永先生の自宅に外泊される機会をもたれました。その際、ご尊父は孫たちに、生い立ち、長い国鉄生活、直方駅長時代の話など、もう思い残すことはない気持ちを込めて最後のお話をされたと聞いています。がんの告知や知る権利など、どのように対処すればよいか深く考察を巡らせる契機になったのではないかと推察されます。

「患者の権利」をめぐる関わり

福岡医療団の理事を長く務めてくださいました。その在任期間は一九八二年五月二十九日から十四年間に及び、理事会への出席率は高く、議事録にもよく目を通し、質問・意見をたくさん出され、理事会での議論を活発にしていただきました。

その間、医療問題研究会を主宰され、患者側での医事紛争の法廷闘争を活発に展開されました。私も、穿孔性虫垂炎や内視鏡検査時の大腸穿孔例などの裁判案件につき意見を求められました。当時はカルテ開示はされず、裁判所の指示でカルテを取り寄せたり、取り寄せたカルテも改ざんされた箇所が歴然として残っているものを目にしました。

こうした活動に基づく問題意識から、インフォームド・コンセントをはじめとする患者の権利が蔑《ないがし》ろにされていることを指摘し、患者の権利運動をライフワークとして、インフォームド・コンセントの概念を周知させるため、全国で講演活動を行い、当時の厚生省との交渉にも全力を尽くされました。その一環として、医療生協の「患者の権利章典」や国立大学附属病院長会議のカルテ開示への取り組み、精神医療における患者の権利を謳った国連決議や世界保健機関（ＷＨＯ）「ヨーロッパにおける患者の権利の促進に関する宣言」、世界医師会のリスボン宣言などの前進もあり、これらの成果の上に立って、福岡医療団での論議を発展させ、「患者の権利章典」を策定するうえで指導的な役割を発揮していただきました。

千鳥橋病院の医局会議は毎週のごとく論議を重ね、ＮＨＫの特別番組『カルテは誰のものか――開かれた医療への模索』で全国放映され、民医連のなかでの取り組みが注目されました。

その後二年間、主にイギリスに留学され、患者の権利がどのように保障されているかなどについて学ばれて、帰国後は直ちに「患者の権利オンブズマン」を設立し、患者の自立支援活動に取り組まれました。千鳥橋病院も、オンブズマンの協力医療機関として、スタッフが研修に参加したり、議論の材料となる事例を提供したりしました。アドボカシー研修では施設演習の場として、何度となく利用していただきました。

非核平和運動での関わり

「非核の政府を求める福岡県の会」では十二年間、常任世話人として共に取り組みました。加入を呼びかけるリーフレットは、池永先生の提案に依るところが大きいものです。

この会が主催した「非核と平和のつどい」の第一回は、九大文系講堂で開催され、多くの平和を愛する市民の参加を得て大成功となりました。それ以来、時には北九州で、時には直方で、時には飯塚で開催されるなどして、今日の「平和のための戦争展 ふくおか」に継承発展しています。また、「非核の政府を求める福岡県の会」が呼びかけ人となって展開した「非核福岡県宣言を求める住民直接請求運動」でも、先頭に立って奮闘されました。

『新 患者の権利』

『新 患者の権利』は池永先生の全業績のまとめであり、次世代へのバトンタッチとなる遺作です。この本の持つ意義は極めて大きく、まさに命の炎を燃やし、刊行にたどり着いた労作です。

千鳥橋病院に入院中、ほとんど最後の力尽きるまでタクシーで外出され、出版についての打ち合わせをされていた、あの姿が私の脳裏に焼き付いています。なにごとにも情熱を込めて取り組み、緻密な計画を立て、勇猛果敢に実践し、皆を牽引されました。存命であればもっともっと世のなかに貢献されていることでしょう。

『新 患者の権利』から抜粋した池永先生のエッセンス（「患者の権利運動三〇年の基盤をつくったもの」より）

私が弁護士になったら医療過誤事件に取り組みたいと本気で考え始めたのは一九七五年四月、第二九期司法修習生になってからのことです。（略）

同期の仲間達が一九七七年弁護士登録をして、東京の医療問題弁護団を皮切りに全国各地において患者側弁護士を結集する弁護団や研究会づくりが始まりました。私たちは、絶望の淵を何度もさまよった医療被害者が有する強い不信の念と人生をかけた悲痛な叫びに再三たじろぎを覚えつつも、これを真正面から受け止めて前進するために弁護団という集団の力に依拠しながら歩み始めることにしたのです。

（略）

一九八〇年六月、同期の辻本育子弁護士らとともに福岡での「医療問題研究会」結成を呼びかけました。（中略）私たちの研究会が「医療に心と人権を」と題する機関誌の発行を始めたのは、そうした非人間的な医療現場の状況を医療関係者とともに改革していこうという決意の現れであり、研究会としての患者の権利運動開始の宣言をしたものでもありました（同四頁）。

（一九八四年一〇月十四日全国起草委員会による「患者の権利宣言案」の発表について）マスコミの反応はニュアンスに差異はあるものの医師・患者関係の対等化を歓迎するものでした。これに対し医療界からは医療の現場に権利義務関係を持ち込むべきではないとする反論とともに、あくまでも医療の主体は医師であるとする立場からの批判もなされました。日本医師会の担当者は、患者が権利宣言をすることは医師の主体性をおろそかにすることだ、医療において医師の主体性や裁量権を強調することこそが重要であり「医療行為においては医師こそが真の主体者であるとの信念をもて」と呼びかける論文を出しました。

千鳥橋病院の「患者の権利章典」

それにしてもなんとたくさんの病気と闘いながら、インフォームド・コンセントの実現に邁進され、崇高な人生を終えられたかと驚嘆し、賞賛します。

池永先生が追求したことが今の千鳥橋病院の「患者の権利章典」、特に「カルテ開示」の規定に結実しているので紹介します。

千鳥橋病院「患者の権利章典」（一九九七年四月策定、一九九九年十二月改定、二〇〇六年八月改定）

千鳥橋病院は、科学的で安全性の高い親切な医療を、患者と医療従事者の「共同の営み」として継続・発展させていくために、ここに千鳥橋病院「患者の権利章典」を定めます。

患者が自分の生命や健康に関わる医療情報を共有し、医療に主体的に参加することは、これからの医療に必要不可欠なものとなっています。千鳥橋病院は、健康や福祉を妨げるあらゆる問題を共同の力で克服し、真に患者の立場に立った医療を実現するために、この「患者の権利章典」を日常医療活動に生かします。

〈患者の権利〉

一、医療を受ける権利

患者は、人種、性別、国籍、宗教、思想信条、社会的な地位、疾病または障害の種類などにかかわりなく、平等に、安全で良質な医療サービスを受ける権利を有します。国および地方自治体は、憲法に基づき、患者のこの権利を保障する義務を負うものであり、患者は、国および地方自治体に対する医療保障制度の改善や充実を要求する権利を有します。

二、丁重に扱われ、専門的な対応と援助を受ける権利

患者は、医師をはじめとする全ての医療従事者から丁重に敬意を込めて扱われ、不当に拘束されたり苦痛を与えられたりすることなく、病状等に応じて専門的な対応と援助を受ける権利を有します。

三、知る権利と自己決定権

患者は、病名、症状、自分に対してなされようとする検査や治療の目的、方法とその危険性、これに代わる他の方法、検査結果、経過や予後の見通し、薬の内容や副作用、費用などについて、理解しやすい言葉や方法で説明を受け、理解した上で、自らの意思に基づいて治療方法等に同意し、選択し、あるいは拒否する権利を有します。また、自己に関する医療情報について、診療録、検査結果、レントゲンフィルムなどを含むすべての医療記録の閲覧や複写を請求する権利を有します。

四、セカンド・オピニオンを得る権利

患者は、自己に対する医療行為に関し、必要だと考える場合には、いつでも、千鳥橋病院内の他の医療従事者、あるいは、他の医療機関の医療従事者からの意見（セカンド・オピニオン）を求めることができます。

五、個人情報とプライバシーを保護される権利

患者は、診療過程において医療機関および医療従事者が取得した自己の秘密や医療に関する個人情報を保護され、私的なことにみだりに干渉されない権利を有します。

六、学習する権利

患者は、健康や病気、医学的知識や医療制度、福祉や社会保障制度などを学習する権利を有します。

七、医療参加の権利と苦情申し立て、苦情調査手続き

患者は、医療内容や病院の運営につき苦情や意見を述べ、医療従事者とともに医療改善の活動に参加する権利を有します。医療行為等により被害を受けたと考える場合には、病院に対して苦情を申し立て、調査を求めることができます。

公益社団法人　福岡医療団　千鳥橋病院

〈カルテ開示〉

〔患者さま自身の医療情報は患者さま自身のもの〕

患者さまが、自分の病気をよく理解し、治療方針などを納得いく説明を受けたうえで、最終的に患者さま自身がどのような治療を受けるか決めること、この方法のひとつとして、ご希望があれば患者さま

の情報＝カルテがご覧いただけます。ご希望の方は、職員へご相談下さい。

（註記）

カルテ開示にあたってはそもそも診療録を開示するに堪えるカルテを記載する必要があります。千鳥橋病院では約二十年前から、電子カルテを導入し、日本語で記載することを原則にしています。

診療情報管理委員会があり、二〇〇四年四月に診療録記載基準を策定しています。二〇一七年六月に五次目の改定を行い、医局で徹底するように学習を行っています。

終わりに

今、医療界では、インフォームド・コンセントは、実践の程度に差はあっても標準的になっています。また、第三者評価が進み、「病院機能評価」を受けることが当たり前になっています。

千鳥橋病院も、また福岡医療団のたたらリハビリテーション病院も病院機能評価を受けています。評価の主たる基準はインフォームド・コンセントがどのように明文化され、掲示され、実践されているかです。認定を受ければ診療報酬上、点数化されます。日常診療においても、検査結果はすべてコピーを患者さんに手渡しています。入院時には「私のカルテ」を渡し、説明書、同意書、検査結果などをファイルしてもらうようになっています。

安全な医療の実現のために、あらゆる医療行為にあたって本人であることの確認をし、入院中のネームバンド、病床に名前と入院月日の表示を行い、検査・処置・手術については逐次説明を行い、患者または家族の同意書にサインをもらうようにしています。

カルテ開示の請求は年間四十件行われています。

職員のインフォームド・コンセントに関する教育は、カリキュラムに組み込まれ、計画的に行われています。院内医療安全委員会や医療倫理委員会は定期的に開催され、ヒヤリ・ハット事例、インシデント報告や事故に関する事例検討会、医療倫理の課題の検討が行われています。これらの内容は医局や全職員学習会に報告され、医療事故防止、医療倫理の確立に取り組んでいます。

まだまだ十分であるとは言えませんが、池永満さんが目指した、患者の権利を最大限尊重する医療の実践に向けた取り組みを、私たちはこれからも続けていきたいと思います。

患者の権利オンブズマン——拓かれた一筋の道

大分県立看護科学大学広域看護学講座准教授　平野　亙

「患者の権利オンブズマン」の誕生

患者が自己の権利が尊重されていないと感じる場合には、苦情申立ができなければならない。裁判所の救済手続に加えて、苦情を申し立て、仲裁し、裁定する手続を可能にするような、その施設内での、あるいはそれ以外のレベルでの独立した機構が形成されるべきである。これらの機構は、患者がいつでも苦情申立手続に関する情報を利用でき、また独立した役職の者がいて患者がどういう方法を採るのが最も適切か相談できるようなものであることが望ましい。これらの機構は更に、必要な場合には、患者を援助し代理することが可能となるようなものにすべきである。患者は、自分の苦情について、徹底的に、公正に、効果的に、そして迅速に調査され、処理され、その結果について情報を提供される権利を有する。

一九九四（平成六）年三月、オランダで開催された患者の権利に関するＷＨＯヨーロッパ会議で採択された「ヨーロッパにおける患者の権利の促進に関する宣言」（以下、ＷＨＯ宣言）の末尾にこの条項があります。一九九四年九月の「患者の権利法をつくる会」第三次欧州視察でＷＨＯ宣言と出会った池永先生は、一九九九年、この条項で提唱された裁判外苦情解決のための第三者機関として、ＮＰＯ法人「患者の権利オンブズマン」を設立しました。

池永先生が「患者の権利オンブズマン」を設立した背景の一つは、当時、後に日本の患者安全対策を推進する契機ともなった重大医療事故が続発したことで、患者安全への池永先生の思いは、後に「医療事故防止・患者安全推進学会」の設立（二〇〇六年）へとつながります。そして医療過誤のような重大な権利侵害があっても、裁判以外に患者・家族の救済がなく、再発防止の願いの行き場もない現状を何とかしたいという思いから、「苦情」から学び、医療サービスの質を向上するための活動を始めようと決心するに至ったと語っておられます（この間の事情については、二〇〇九年のニュースレター創立十周年記念号などに述べられています）。

「患者の権利オンブズマン」設立の呼びかけから間もなく準備会が結成され、「患者の権利法をつくる会」、「九州・山口医療問題研究会」、「医療と福祉を考える会」らの呼びかけに、全国から支援の声とカンパが寄せられて、一九九九年六月二十日には創立の集いが開催され、七月一日からは研修を受けたボランティアによる相談支援事業が開始されました。

全てをボランティアの協働で

ＮＰＯ法人「患者の権利オンブズマン」は、公的な支援を全く受けず、活動に参加あるいは賛同する会員からの会費収入と寄付金で運営されましたが、活動の全てをボランティアが担うという、世界でも珍しい特徴を持っていました。患者・家族の苦情に向き合う相談には、それなりのスキルが必要で、海外では専門の職員が当たるのが普通なのですが、私たちは全てボランティアが従事しました。医療という素人には分かりにくい領域の、しかも患者の苦情に向き合うのですから、一般市民には敷居が高いと思われる活動、しかも一定の研修を受けないといけないというボランティアでしたが、設立の呼びかけから活動開始までの短期間に大勢の応募がありました。日本に必要な活動だという思い、共感が多くの人々を動かしたのでしょう。

そして活動の中心には、池永先生と長らく共に活動してきた人々がいました。いったん池永先生と共に歩み出したら、次々に湧き出てくるアイディアに目を回したり、忙しくなったりということがしばしばでしたが、それでも輪から抜けられなくなるのは事実で、池永先生には、人を呼び、人を動かす強い魅力（魔力というべきでしょうか？）がありました。

「患者の権利オンブズマン」の活動の中心は相談支援で、ボランティアも「市民相談員」と呼ばれる一般市民が中心的な役割を果たしていましたが、私たちの活動のもう一つの特徴は、一般市民と専門家（医療・福祉・法律等）が思いを共有して協働したことにあります。

従来の患者運動は、ともすれば医療過誤裁判のように患者と医療者との対立を内包する傾向があったことは否めません。裁判以外に紛争解決の方法が確立されていませんでしたし、患者の権利の擁護者・代弁者として活動する場面では、医療者と法律家の間で立場の対立が起きるのもやむをえなかったのかもしれません。

しかし、私たちの活動の基盤は対立ではなく、協働にありました。「質の高い医療」を目指すという共通の目的のもと、患者・市民と医療者・法律家が協働して、苦情をウィン・ウィンの関係で解決し、再発を防止することを目指したのです。

面談相談は、弁護士が無償ボランティアとして相談にあたる法律専門相談員一名と市民相談員二名（後に福岡では一名）がチームを組んで実施しました。市民相談員の中に医療者もいましたが、医療者の多くは、苦情調査や研修等に当たるオンブズマン会議メンバーや助言者としての専門相談員、そして協力医療機関として、「患者の権利オンブズマン」の活動をともに支え、「苦情から学ぶ」医療の実現を目指しました。

近年は、自然災害の被災地に多くのボランティアが集い、大きな力を発揮するようになり、日本でもボランティアの意義と責任が広く認識されるようになりましたが、私たち「患者の権利オンブズマン」は当初よりボランティアが全ての活動を担っていました。そのため、相談に来られた方の苦情に向き合い原因を探るという重い責任を担うボランティアの育成は重要な課題でした。ボランティアの行動基準と倫理規定が策定され、組織的な研修、スキルアップのための事例検討（ときには激論になったそうです）が続けられました。

「患者の権利オンブズマン」結成の記者会見。左から小林洋二弁護士、池永弁護士、馬場和朗氏（医療と福祉を考える会）

また「患者の権利オンブズマン」は、ＷＨＯ宣言やＷＭＡリスボン宣言をはじめとする患者の権利に関する国際的な宣言・規約・綱領を規範として行動しますので、弁護士といえども日常の法曹活動とは異なる考え方が必要で、ボランティアとしての研修が必須とされました。

活動の広がり

ＮＰＯ法人は福岡に拠点を置きましたので、活動は九州で始まりましたが、池永先生は地元での着実な活動の展開と並んで、日本全体のことを考えていました。設立の段階から、全国各地での苦情解決のための活動展開を意図していたのです。「患者の権利法をつくる会」のような全国的な活動や、各地で医療問題に取り組む弁護士・市民・研究者などのネットワークに働きかけて、二〇〇二（平成十四）年には「患者の権利オンブズマン 東京」が発足、同時に、今後の全国展開の中心となる「患者の権利オンブズマン全国連絡委員会」が設立され、鈴木利廣先生と池永先生が共同代表になりました。東京の次は関西です。二〇〇三年に「患者の権利オンブズマン 神戸相談室」が設立され、翌二〇〇四年には神戸・大阪・京都の三都市で相談活動を行う「患者の権利オンブズマン 関西」に発展しました。九州内でも、二〇〇五年に「患者の権利オンブズマン 大分」、二〇〇八年に「患者の権利オンブズマン 熊本」が設立され、さらに福岡県内の相談拠点も二〇〇九年に「北九州相談室」、二〇一一年に「筑豊相談室」と広がり、苦情を抱えた市民が地元で相談できる体制が整いました。

「患者の権利オンブズマン」は裁判外の苦情解決を図る仕組みですから、裁判支援や事故調査のようなことは一切行いません。しかしながら、池永先生は医療事故の防止と被害者救済について考え続けていました。

設立と同時に、九州大学医学部法医学教室と提携して、治療中に死亡した患者の遺族が原因究明のための病理解剖を希望した場合にオンブズマンが仲介し、九州大学で解剖を実施する「承諾解剖紹介支援制度」を創設したのです。また、主に法律専門相談員を「医療事故外部調査員」として医療機関の事故調査委員会に派遣する制度も用意しました。

池永先生の豊かな発想は、積極的な情報発信としても実を結びます。

定期的にニュースレター「患者の権利」を発行し（二〇一七年の最終号は九四号でした）、関係者の情報プライバシーを厳重に保護しながら、相談や調査などで得た事実を情報として社会に還元しました。さらに、毎年の『アニュアル・レポート』、『患者の権利オンブズマン青書』（九州リーガルサービス出版部リーガルブックス）、苦情調査に基づく勧告集など数多くの書籍を発行し、日本中へ情報発信を続けました。

また、池永先生の慧眼は、相談事例から医療社会の課題を読み取り、直ちに実態調査を提起して問題を究明しました。これまでに、「大学病院の医療記録開示状況実態調査」（一九九九〜二〇〇〇年）、「カルテ開示状況に関する実態調査」（二〇〇八年）、「病院『患者の権利』規定整備の現状に関する実態調査」（二〇一三年）がオンブズマン会議によって実施されました。苦情相談事例も五年ごとに分析を行い、二〇一一年には「わが国の医療提供システムに『苦情解決』の仕組みを早急に確立すべきである」という政策提言（〝苦情から学ぶ医療を目指して〟――苦情相談事例の分析と政策提言）をまとめています。

ボランティア研修と並行して、保健医療・福祉の現場で活躍する人材を育てるための研修事業も行いました。「患者の権利オンブズマン」の活動を支える「協力医療機関・福祉施設等連絡協議会」の合同研修会を毎年開催したほか、二〇〇三年には「施設オンブズマン・第三者委員・苦情窓口担当者等研修」を開始し、翌二〇〇四年からさらに内容を拡充して「患者アドボカシー研修」を実施しました。

「患者の権利オンブズマン」は、自己決定権を最も基本的な患者の権利として重要視していましたから、診療情報の本人開示にも積極的に取り組み、厚生労働省への意見書提出などを行いました。同時に利用者のプライバシー権保護にも最大の注意を払っています。相談に訪れた患者・家族は、支援内容についての説明を受けた後、相談記録を残すこと、記録を匿名化して公表することについて同意書へのサインを求められました。個人情報の使用に同意しない場合には、相談記録も作成しないのがルールでした。そして、診療情報開示が公的なルールとなった個人情報保護法施行後は、厚労省の「医療・介護分野における個人情報保護団体」の認定を受け、個人情報保護事業にも取り組みました。

活動の成果と意義

一九九九年七月の活動開始から二〇一七（平成二十九）年三月の活動終了までに受けた面談相談は、のべ六六二一件でした。またオンブズマン会議の実施した苦情調査は二十一件、個人情報保護法施行後に開始された診療記録不開示苦情調査も十二件が実施されました。

面談相談に訪れる人は、それまでに法テラス（日本司法支援センター）や医療安全支援センター等での相談を経験した人も少なくなく、自分たちの抱える苦情を受け止めてくれる適切な場がないことを示しています。苦情調査事例の数は二十一件と多くはないですが、既存の相談窓口や相談機関には調査機能がなかったのに対して、オンブズマン会議による調査では、ＷＨＯ宣言にあるとおり、「徹底的に、公正に」問題が発生した背景まで踏み込んで、苦情の発生原因を究明しました。調査報告書は、オンブズマン会議全員の承認が得られるまで練り上げられ、事案によっては再調査や、追加調査も行ったために、自ら課した百日以内に報告するというルールは残念ながら遵守できませんでしたが、苦情を抱えた患者や家族の権利回復と再発防止のために、勧告や提言が行われました。

調査報告書は、理事長から申立人と相手方機関の双方に手渡されました。相手方機関は、個人医院から総合病院まで様々でしたが、受理した施設長からは、多くの場合（少し時間が経ってからですが）、調査結果と提言・勧告の受け入れと、時には反省や患者への謝罪の弁が表明されました。

ボランティア研修や書籍の刊行、あるいは政策提言のために、オンブズマンと池永先生、法律専門相談員等で、苦情調査事案と相談事例の分析を随時行いました。分析の結果、日本の医療における患者の権利の状況は「時系列的にみたとき、重要判例や、厚労省指針等の動きと連動した改善は見られなかった」というのが私たちの出した結論の一つです。とくにインフォームド・コンセントに関しては、残念ながら、「診療に先立ってすべてを説明し同意を得る」という大原則が多くの医療機関で守られておらず、パターナリズム医療の延長線上にある「説明と同意」、典型的には「医師が治療方針を決定した上で、それを患者に受け入れさせる」ことが慣行化していること、治療に伴う苦痛や不利益に関する事前の説明が十分でないことが明らかになりました。

医療機関における苦情解決の現状についても、苦情調査二十一件のすべてで苦情解決システムが不在であり、形の上で対応者がいたとしても、苦情解決のためのシステムとして機能していないことが示されました。

患者（市民）側の意識の変化

「患者の権利オンブズマン」が活動した十八年間、日本の患者の権利の状況は、大きな前進をしたとは言い難いですが、患者の苦情に耳を傾けることが、医療サービスの質を向上させるのに有効であるということは、実証できたのではないかと思います。

患者の権利オンブズマン10周年記念のレセプションで、早苗夫人と

では、患者・市民の側の意識はどうだったでしょうか。

「患者の権利オンブズマン」が相談を始めた当初は、「オンブズマン」という名称から、自分たち患者に代わって正義をなす団体と誤解する相談者がいました。「私たちは、患者自身による自律的な問題解決を支援するのだ」という説明に、落胆や憤慨する人がいたのも事実です。また、相談者が医療機関と対話を進めるための準備として診療情報の開示請求をアドバイスしても、「患者が自分の診療記録を見てもいいのか」と怪訝《けげん》な顔をする相談者もいました。

診療情報については個人情報保護法施行あたりから、少し状況は変わってきました。初回の相談からカルテ等のコピーを持参する相談者が確実に増加し、患者自らが自分のために行動するという傾向が見えてきました。

「患者の権利」という概念は、WHOの定義では、医療サービスの（潜在的）利用者すべて、すなわち市民の権利という概念に等しいのですが、人は自分のこととならないと自分にどのような権利があるのか、なかなかわからないものです。私たちは、苦情相談、苦情調査という具体的な問題解決を通して、「患者の権利」概念とその意義を、少しずつではありますが、社会へ周知してきたのではないかと思っています。

「患者の権利オンブズマン」の解散

二〇一二年十二月一日未明、池永先生が逝去されました。心のどこかでいつかはと覚悟していたとは言え、入院先の病院で直前まで著書に手を入れ徹夜もしたと聞かされていましたので、寝耳に水の知らせでした。私たちは、自分たちの行く末を照らす大きな灯台を失ったのです。

先生には絶対的と言いたいほどの求心力がありました。求心力の源は、先生の人間的な魅力とアイディア、行動力です。先生が理事長をされていた十三年間、次から次へと出てくるアイディアに、時に振り回されながらも、心から納得しましたし、ただ先生についていけばよかったようなところがあったと今では思います。

先生は大きな強い光で私たちの道を照らしてくれていましたので、しばらくの間、私たちは迷いなく活動を続けることができました。しかし、これからは自分で道を見つけるしかなくなりました。先生の葬儀の時、私は自分に言い聞かせるために、ブッダの言葉を口にしました。「己自身を灯にせよ」。ただ、大きな灯台の後では、自分の灯はいかにも頼りないものでした。

やがて、これまで相談活動を献身的に支えてきた市民ボランティアの固定化と高齢化がじわりと、しかし確実に進行し、そしてどういうわけか、相談件数も減少し始めました。私たちは灯台を失った後も、相談や調査、研修、公開講座といういわばルーティンの活動は維持できたのですが、社会に発信できるような新しい事業展開がなかったために、社会からの注目が薄らいだのかもしれません。そしてボランティアの問題と財政上の問題から、二〇一六年に今後の法人の処遇について検討が行われ、二〇一七年春をもって解散することを決めました。二〇一七年五月十四日の臨時総会で解散を決議し、同月三十一日をもってＮＰＯ法人「患者の権利オンブズマン」は解散しました。

苦情相談の件数が減少したと言っても、苦情がなくなったはずはありませんし、社会にきちんとした苦情の受け皿が増えたとも言えないでしょう。確かに医療機関には「医療対話推進者」がおかれるようになり、相談窓口の相談スキルも向上していることに期待したいと思います。しかし、第三者的に苦情相談を受け付け、苦情の発生原因を究明する調査機能まで持つ仕組みは、この国にはありません。

拓かれた道をつなぐために

私たちは苦情相談を通して、医療における患者の権利のあり方を知ることができました。そして苦情調査を実施して初めて、苦情の発生原因に迫ることができたのです。苦情の発生原因の多くは、おそらく医療者自身では気づけないものです。患者の声に耳を傾け、外部の目を入れて検証する作業を積み重ねることで、やっと患者の権利が確保され、医療サービスの質が向上するということを、私たちは身をもって体験しました。

池永先生が拓いたこの道を、どうすれば継続し、広げることができるのでしょうか。

市民活動のレベルでは、今や「患者の権利オンブズマン 東京」のみが活動を続けています。東京の仲間には、これからもずっと頑張っていただきたいと切に願います。

ただ、これまでの日々を振り返ってみると、すべてを市民が担うこのような活動を新たに展開することは非常に難しいことだと思われます。始めることができたとしても、続けることは非常に困難です。だとすれば、やはりヨーロッパ各国のような公的な苦情解決システムを制度的に確立するほか道はないでしょう。

市民が行う活動には自由があり、参加する市民にも他に代えがたい経験を与えてくれます。その価値は大きい。

しかし、国民全体の幸福を考えるなら、私たちは公的な制度の確立を求める必要があるでしょう。たぶん、それが池永先生の示してくださった道をつなぐことになると、私は確信しています。

日本における患者の権利運動の発展と現状

「患者の権利法をつくる会」事務局長　弁護士　小林　洋二

池永先生の仕事は、博多湾埋立反対運動をはじめとする環境問題、反核運動から玄海原発差止の闘い、弁護士偏在や法曹養成といった司法問題、ハンセン病問題、中国人強制連行・強制労働、中国残留孤児といった人権に関わる課題等々極めて広い範囲にわたります。

しかし、病床で最後まで手を入れていたのは、『新 患者の権利』の原稿でした。それは、六十六年間の生涯の中で取り組んできた様々な課題の中で、患者の権利運動こそが池永先生のライフワークとなったことを象徴しているように思われます。諸先輩方の論稿と重なる部分も多いかと思いますが、日本における患者の権利運動の発展を、池永先生の活動を中心にまとめてみます。

患者の権利宣言運動

池永先生が弁護士登録をした一九七七（昭和五十二）年は、それまで「埋《うず》もれた人権侵害」の代表とされていた医療事故被害に対し、各地で医療問題弁護団・研究会が発足し、被害救済を目指す取り組みが開始された時期だったようです。この年、東京では、鈴木利廣弁護士らによって医療問題弁護団が、名古屋では加藤良夫弁護士らによって医療過誤研究会が発足しています。池永先生も、北九州第一法律事務所での約三年間の弁護士経験を経て、一九八〇年一月に、同期の辻本育子弁護士とともに福岡市東区に九州合同法律事務所を開設（当初は「九大合同法律事務所」との名称）、同年九月に、医療問題研究会を発足させています。この年は、その乱診乱療が社会に衝撃を与えた富士見産婦人科病院事件が明らかになった年であり、アメリカにおける一九六〇年代～七〇年代の患者の権利運動が日本に紹介され、徐々に認知度を高めていた時期でもありました。

そういった医療被害救済に取り組む弁護士たちが、患者の権利宣言全国起草委員会に結集し、一九八四年、日本で最初の「患者の権利宣言」が発表されることになります。

この全国起草委員会の「患者の権利宣言」は、正式には「患者の権利宣言案」という形になっています。単に「患者の権利宣言」を発表して終わりというのではなく、この全国起草委員会の「宣言案」を叩き台として、様々な団体、組織が、みずから「患者の権利」について議論し、それぞれの「患者の権利宣言」が創り上げられていく。このような過程を経ることによってこそ、日本に「患者の権利」という考え方が浸透していくのだというのは、いかにも池永先生らしい発想です。

その「患者の権利宣言運動」の代表的な成果が、一九八九（平成元）年の全国保険医団体連合会（全国保団連）の「開業医宣言」です。全国保団連への働きかけにも、診療報酬審査や指導・監査の問題でパイプを持っていた池永先生が大きな力を発揮しました。医療者と対立するのではなく、医療者とともに患者の権利を前進させるというのが、池永先生の基本的な姿勢でした。

「患者の権利法をつくる会」の結成

一九八九（平成元）年は、この「患者の権利宣言案」発表五周年であり、福岡市の「山の上ホテル」で開催された医療問題弁護団・研究会全国交流集会では、これを記念する公開討論会が開催されました。ちなみに、久保井摂弁護士や、わたしが弁護士登録したのがこの年の四月です。この討論会で、「患者の権利の法制化が必要だ」と発言したのが誰であったのか、わたしの記憶では八尋光秀先生なのですが、それが、池永先生と打ち合わせた上での発案だったのかどうか、わたしはいまだに知りません。

この年は、「医療問題研究会」が、「九州・山口医療問題研究会」に改組された年でもありました。この交流集会以降、患者の権利の法制化が、「九州・山口医療問題研究会」の方針となり、わたしたち研究会の若手弁護士は、「患者の権利宣言案」の内容を法律の条文に書き直すという作業に取り組むことになります。

一九九一年一月に「患者の権利法をつくる会」（以下、「つくる会」）発起人会を発足させ、七月には準備会へと改組、同時に「患者の諸権利を定める法律要綱案」を発表しました。そういった過程を経て、「つくる会」が結成されたのは、同年十月六日のことでした。その初代事務局長が池永先生です。

結成にかかわったメンバーの問題意識及び問題提起から結成総会までの動きは、一九九二年五月に出版された『患者の権利法をつくる』（明石書店）にまとめられています。

インフォームド・コンセントの普及と制度化

患者の権利という権利概念は、従来の医療において支配的だったメディカル・パターナリズムに対するアンチテーゼとして登場してきたものです。「つくる会」結成当時はまだ、「日本の医療にインフォームド・コンセントは必要なのか」といったことが議論されていた時代でした。

九〇年代前半、「つくる会」は、インフォームド・コンセントを中心的なテーマとしたシンポジウムを相次いで開催しました。その開催地は、神戸（九二年二月）、仙台（同年五月）、熊本（同年六月）、広島（同年八月）、大阪（九三年一月）、徳島（同年四月）、群馬（同年六月）、札幌（同年八月）、名古屋（同年十一月）、北九州（九四年二月）、金沢（同年三月）、長崎（同年五月）、埼玉（同年六月）、富山（同年九月）、福岡（同年十二月）、京都（同年十二月）と、日本全国にわたります。事務局長であった池永先生は、これらのシンポジウムの企画に携わり、そのほとんどに足を運んでいるはずです。信じがたいバイタリティーというほかあり

「患者の権利法」をつくる会発起人

ひと

池《いけ》永《なが》 満《みつる》さん

「患者の権利宣言案」を患者の側から提起して六年。脳死臨調の動きなども見ながら、患者の「知る権利」「自己決定権」などを法的に裏付ける「権利法」制定を訴える。「六年前は患者の『自己決定権』なんておっかなびっくりだったけれど、今は、『インフォームド・コンセント（IC）』は、だれも否定できないものになりましたけんね」。博多弁まじりに語る。

大学紛争のころ、学生時代を過ごした。「国を動かすのは政治だ」と思って参院議員の公設秘書に。立法作業にあたる中で、政治とは法律の解釈・運用だと思い知った。権力を持たない側に立って法律を生かそうと弁護士を志して二年で退職。妻が薬剤師として働き、自分は幼い長女をあやしながら勉強した。「だから、妻には頭が上がらない」と、てれた。

弁護士になりたてのころ、カルテの改ざんなどの壁にはばまれ、医療訴訟に持ち込めないケースが少なくなかった。「結局、弱い者は泣き寝入りやけんね」。患者たちの言葉を忘れない。入院中一度も医師が診察せず寝たきりになったおばあちゃん、薬の副作用で耳が不自由になった小学生。「人間の尊厳が最も大切にされるべき場で、患者は人間扱いされていない」

権利法制定を医療問題研究会の後輩が提案した時「これは大ごとになると思った。でもいってることが正しい以上、オウ、やろうっというのが代表の役目」と決心した。「医師と対立するのでなく、協力して『与えられる医療』から『参加する医療』へ転換させる法律をめざしたい」（生井 久美子）

福岡県生まれ。九大卒。司法修習生時代に同期生と医療問題研究会をつくる。77年、弁護士に。九州・山口医療問題研究会（弁護士、医師ら90人）代表。二男一女。45歳。

「朝日新聞」に紹介された記事（1991 年 4 月 1 日）

ません。

なお、一九九二（平成四）年は、日本弁護士連合会の人権擁護大会のテーマとして「患者の人権――インフォームド・コンセントを中心として」が取り上げられた年でもありました。六月の熊本シンポジウムは、この人権大会のプレシンポという位置づけで、九州弁護士会連合会と「つくる会」との共催になっています。不肖小林はこのシンポジウムの基調報告で、患者の権利法運動にデビューいたしました。

この年の第一二三回国会では、第二次医療法改正が行われています。そこではインフォームド・コンセントについても議論され、「政府は、医師、歯科医師、薬剤師、看護婦その他の医療の担い手と医療を受ける者との信頼関係をより促進するため、医療の担い手が、医療を提供するに当たり、医療を受ける者の理解を得るよう配慮することに関し検討を加え、その結果に基づいて必要な措置を講ずるものとする」との改正付則が加えられました。この付則が、翌一九九三年の「インフォームド・コンセントの在り方に関する検討会」の設置、そして一九九五年の検討会報告「元気の出るインフォームド・コンセントを目指して」に繋がっていきます。「つくる会」は、この第一二三回国会での議論を社会に広く知らせるべく、議事録を『国会論戦――インフォームド・コンセント』としてまとめ、普及させました。

海外視察と出版活動

旺盛な出版活動は、様々な分野に共通する池永先生の活動の特徴の一つでしたが、患者の権利運動においては、特に、海外での患者の権利の状況を日本に紹介するという大きな役割を果たしました。

一九九一（平成三）年九月のスウェーデン、デンマーク、イギリス、一九九二年七月のアメリカ視察の成

患者の権利オンブズマンは多数の書籍を出版した

果は、同年十月出版の『あなたが医療の主人公――患者の権利・国際比較』（大月書店）にまとめられています。この視察報告の中心は、インフォームド・コンセントによる自己決定権の保障であり、後に池永先生が、「患者の権利オンブズマン」によって具体化する患者の権利擁護システムでした。

一九九四年までの三次にわたるヨーロッパ視察の大きな成果としては、九四年三月に発表されたWHOヨーロッパ会議の「ヨーロッパにおける患者の権利の促進に関する宣言」の翻訳にいち早く取り組み、翌一九九五年に原文対訳のパンフレットとして出版したことが挙げられます。この宣言は、まさしく九〇年代におけるヨーロッパ各国の患者の権利法制化を促進したものであり、その対訳版の出版、普及は、九〇年代後半における日本の患者の権利運動を牽引するものとなりました。このパンフレットは、患者の権利に関する国際的な考え方を理解するうえで、出版から二十年以上を経た今日でもなお重要な価値をもつ資料であり続けています。

こういった国際的な視野は、後のイギリス留学を経てますます拡がり、二〇〇七年には、ジョージ・アナスの『患者の権利――患者本位で安全な医療の実現のために』（明石書店）を「患者の権利オンブズマン」として邦訳、刊行しました。また、「患者の権利オンブズマン」時代のシンポジウムには、李啓充氏をはじめとする海外の論客がたびたび登場しています。これも、患者の権利に関する国際的な議論に通じた池永先生ならではの企画だったと思います。

カルテ開示制度化を目指す取り組み

一九九〇年代までの日本では、患者が自分のカルテを見ることは容易ではありませんでした。「つくる会」結成当時、インフォームド・コンセントに理解のある医師でも、カルテ開示については拒否的な態度をとることが珍しくありませんでした。

患者の権利法要綱案にはもともと医療記録の閲覧謄写請求権が含まれていましたが、カルテ開示問題を中心的な課題に掲げるのは、報告書「元気の出るインフォームド・コンセント」により、インフォームド・コンセントの必要性の議論に決着がついた一九九五（平成七）年からのことです。

この年の「つくる会」世話人合宿では、当時、自主的なカルテ開示に取り組んでいた大阪の橋本忠雄医師、東京の王瑞雲医師、宮崎の井ノ口裕医師を講師に招き、議論を深めました。十月の総会では、権利法要綱案から独立した「医療記録開示法要綱案」を採択し、十一月には全国の地方公共団体を対象にカルテ開示に関するアンケートを実施しました。

池永先生は、常に実践を重視する人でした。このカルテ開示の取り組みについても、一九九三年段階で、自らが理事をつとめる福岡市の千鳥橋病院に問題提起し、病院全体の議論を巻き起こしています。この議論は、千鳥橋病院の内部にとどまることなく、隈本邦彦さんの取材によるＮＨＫスペシャル『カルテは誰のものか――開かれた医療への模索』（一九九四年六月十七日放映）という番組になることによって、全国に伝えられました。

藤崎和彦医師（現：岐阜大学医学部教育開発研究センター長）や、合宿の講師として招いた三名の医師に、「医療記録の開示をすすめる医師の会」（以下、「医師の会」）の結成を働きかけたのも、いかにも池永先生らしい戦略です。「カルテは患者の求めに応じて開示されるべきだ」と百回繰り返しても、医療現場からは、「できません」という声ばかりが返ってくる。「そうではありません、できるのです。現に開示している医療機関があるのです。それをまず見てください」というのが池永先生のやり方であり、それを具現化したのが、この「医師の会」でした。

「医師の会」が発足したのが一九九六年三月、そして翌四月には、やはり前年の夏合宿に参加していた勝村久司氏らによって「医療記録の公開・開示を求める市民の会」が結成されました。こうして拡がりはじめたカルテ開示制度化への運動を進めるため、「つくる会」は一九九七年二月に、『カルテ開示――自分の医療記録を見るために』（明石書店）を出版しています。

このような活動は、一九九七年七月の厚生省「カルテ等診療情報の活用に関する検討会」の設置、翌九八年の同検討会報告、そして一九九九年からの、日本医師会「診療情報の適切な提供を実践するための指針について」を皮切りとする自主的カルテ開示の拡がりへ、さらには二〇〇三年五月成立の個人情報保護法によるカルテ開示制度化に結実していくことになります。

イギリス留学――「患者の権利オンブズマン」の設立

ところが池永先生は、いよいよこれからカルテ開示制度化に向けての動きが始まりそうな一九九七（平成九）年の春に、イギリス留学に発ってしまいました。わたしは福岡第一法律事務所から九州合同法律事務所に移籍、そして翌年には、辻本育子先生が繋いでいた「つくる会」の事務局長も引き継ぐことになります。それは、当時、池永先生が九弁連の人権擁護委員長として取り組んだハンセン病問題が、国賠訴訟の提起に向けてじわじわと動き始めた時期でもありました。池永先生は「未来《あした》を拓く」人であり、かつ、「とりあえず拓いておいたから後はきみたちで耕しなさい」という人でもありました。

いま拓いたばかりの、あるいは、いままさに拓こうとしている土地に背を向けて、池永先生が向かっていったのはどのような地平であったか。

それは、患者の権利擁護システムでした。

振り返ってみれば、「つくる会」最初期に出版した『あなたが医療の主人公――患者の権利・国際比較』の中心的なテーマは、この患者の権利擁護システムでした。常に実践を重んじる池永先生にとって、「患者の権利をどう擁護するか」という問題は、「患者の権利とはいかなるものか」という議論と同様に、あるいはそれ以上に重要なものだったと思われます。むしろ、権利の内容自体が、権利擁護の実践によって決定されていくということかもしれません。

池永先生は、このイギリス留学を通じて、患者の権利が有効に行使できる医療を実現するためには、患者の苦情相談を受け付け、その解決のために援助する適切な第三者機関が必要であるとの確信を固めたようです。

一九九九年は、一月に横浜市立大学附属病院の患者取り違え事故、二月に東京都立広尾病院の消毒薬誤点滴事故がマスコミで大きく取り上げられ、医療に対する社会的信頼が大きく揺らいだ年でした。このような中にイギリスから帰国した池永先生は、六月に「九州・山口医療問題研究会」、「患者の権利法をつくる会」、

「医療と福祉を考える会」というずれも留学前に自分が発足させた三団体を糾合して、「患者の権利オンブズマン」の設立を呼びかけ、七月にはさっそくその活動を開始するのです。

「患者の権利オンブズマン」による患者の権利擁護活動の実践

わたしは、この「患者の権利オンブズマン」に、池永先生の活動スタイルの最も優れた部分が集約されているように感じます。

まず、カルテ開示問題にもみられた実践の重視です。単に「苦情は宝」というお題目を唱えていてもしかたがない、患者の権利擁護システムとしていかなるものが優れているかについての机上の議論を重ねてもしかたがない。実際に、苦情相談を受け付け、その解決を図る活動を実践することで、その重要性を社会に知らしめるのだというのが、池永先生の発想でした。

また、多くの方が指摘するとおり、池永先生の活動の特徴のひとつに組織作り、組織運営の巧みさがありました。あの手この手で言いくるめられて、ちょっと顔を出したらなんだか大袈裟な肩書を付けられてしまって、気がついてみたら会議で積極的に発言してしまっている、といった経験を池永先生に関わった人は多かれ少なかれ持っているのではないでしょうか。

それはうまくいくことばかりではなかったはずですが、十八年間にわたって多数の相談に対応し、一定の場合にはカルテ検討や医療機関との面談を援助し、また幾多の苦情調査を行ってきたこの「患者の権利オンブズマン」の活動は、多くの市民ボランティアと、医療及び法律の専門職の緊密な協力体制なしではあり得ないことでした。池永先生が亡くなった後も約五年間にわたってその活動を維持し得たのは、ベスト・フレンドこと池永早苗専務理事の尽力あればこそですが、やはりこの組織が、池永先生がつくった数多くの組織の中でも、最高傑作だったことの証ではないかとわたしには思えます。

「患者の権利オンブズマン」の組織のあり方と密接に関係しているのが、「患者の権利宣言案」以来の、医療者とともに患者の権利を前進させていくのだという姿勢です。

そもそも、「苦情」というものは、法的解決を生業とし、またそれを期待される弁護士にとってはたいへん扱いにくいものです。であればこそ、多くの患者側弁護士は、その部分について、見て見ぬふりをしてきたともいえます。

しかし、池永先生はそこから目をそらしませんでした。しかも、池永先生のすごさは、患者側に渦巻いている苦情という負の部分だけではなく、医療現場の中には、そういった苦情を放置できないと考えている人々、自分と志を同じくする人々が少なからず存在するという希望を見ていたところです。そういう人たちを、オンブズマンとして、相談員として組織化する。その組織的な取り組みで、患者の苦情の解決を支援する。苦情を調査し、その発生の淵源を辿ることによって、医療が抱えている問題点を明らかにする。この活動によって、「苦情は宝」という言葉が、口先だけのきれいごとではなく、真実であることを実感した人は少なくないと思います。

二〇一七（平成二十九）年五月、NPO法人「患者の権利オンブズマン」は解散しました。三月四日の「西日本新聞」には、以下のような解説記事が掲載されています。

患者の権利オンブズマンが果たした役割は何か、私たちはそれをどう生かすべきか。文化人類学者で医療倫理に詳しい波平《なみひら》恵美子・お茶の水女子大名誉教授（七四）＝福岡県新宮町＝に聞いた。

最も大きな功績は「患者の権利」という概念を浸透させ、「医療の主役は患者」と認識させたことだ。一九九〇年代の日本の医療は、患者に十分な情報も決定権も与えず「患者は医師に従うべきだ」というパターナリズム（父権主義）の塊だった。オンブズマンは、世界保健機関（ＷＨＯ）が九四年に提唱した「患者の権利促進宣言」の理念を基に、権利擁護体制の確立に貢献した。

今では各地の保健所などに相談窓口が設けられ、二〇一五年から医療事故調査制度も始まった。各病院にも患者権利憲章が掲げられている。これらは関東や関西に活動の裾野を広げた福岡発の成果と言っていい。

ただ、保険内と保険外診療の併用を認める「混合診療」の解禁が取りざたされるなど医療はますます複雑化・高度化しており、インフォームド・コンセント（十分な説明と同意）の形骸化なども散見される。患者側にも「難しいことは分からないから先生に全てお任せします」といった〝お任せ医療〟がいまだ見られる。新たな窓口や制度を大いに活用して実りあるものにしていく知識と自覚が患者にも必要だ。

誰もがあすは患者に、医療事故の当事者になる恐れがある。解散で無に帰すのではなく、市民講座などでまいた種が患者の権利を守る新たな芽になることを期待したい。

日本における患者の権利の現状と課題

患者の権利宣言案以来三十年にわたる活動が、様々な方面において成果を挙げてきたことはまちがいありません。その代表的なものが、医療法一条の四第二項のインフォームド・コンセントに関する規定であり、個人情報保護法及び厚生労働省ガイドラインによるカルテ開示の制度化であり、二〇一五（平成二十七）年十月に運用が開始された医療事故調査制度です。池永先生が最大の目標として取り組んだ患者の権利擁護システムはいまだ未確立ですが、全国三八二箇所を数える医療安全センターは年間四万件を超える苦情・相談を受け付けており、患者がやり場のない苦情に悩むという状況はいくらか改善されつつあるように思えます。

その一方、二〇〇六年頃からは「医療崩壊」という言葉がマスコミで頻繁に取り上げられ、患者の責任ないし責務が強調される流れも強まりました。また、インフォームド・コンセントが形式的なものにとどまり、患者の権利が侵害されているという患者・市民の側からの訴えも後を絶ちません。

患者の権利は、自己決定権を中心とする自由権的な側面と、「最善の医療を受ける権利」、「平等な医療を受ける権利」といった社会権的な側面を併せ持つ権利です。インフォームド・コンセントの普及、カルテ開示の制度化といった患者の権利運動の成果は、もっぱら自由権的な側面に関わるものであり、患者の権利の社会権的側面は、一九八〇年代以降の医療費抑制政策によって後退したという評価もあります。その矛盾が顕在化したのが、「医療崩壊」として取り沙汰されるようになった様々な現象、すなわち、産科医不足、小児科医不足、地域における医師不足、医療の地域格差、経済的条件による格差といった問題でした。

このような今日的な状況を踏まえ、「患者の権利法をつくる会」はいま、「患者の権利擁護を中心とする医療基本法の制定」を中心的な課題として活動しています。これは、「患者の権利」をすべての医療政策の根底に据えるという、「つくる会」当初の課題をより鮮明に打ち出したものであり、従来の「患者の諸権利を定める法律要綱案」も、「医療基本法要綱案」という形にバージョンアップしました。また、「患者の声協議会」、「医療政策実践コミュニティー・医療基本法制定チーム」、「全国ハンセン病療養所入所者協議会」、「ハンセン病違憲国家賠償訴訟全国原告団協議会」とともに医療基本法に関する五団体共同骨子を発表し、その他約四十の患者団体、市民団体の賛同を得て、日本医師会や各政党に対し、医療基本法制定に向けての働きかけを行っています。

ところで、ハンセン病関連の二団体がここに入っているのは、「患者の権利擁護を中心とする医療基本法の制定」という形の提言を最初に行ったのが、「ハンセン病問題の検証会議の提言に基づく再発防止検討会」だったという経緯によります。振り返ってみれば、このハンセン病問題への取り組みも、池永先生が九弁連人権擁護委員会の時代に手をつけたものでした。

患者の権利運動は、いまも、池永先生の拓いた道の上を歩んでいます。

3章

後継者養成と弁護士会活動

こころざしのバトンをつなぐ

私の座標軸・北極星――九司ゼミ・医療問題・お布施事件・学文連・非核平和条例・法曹養成

あおぞら法律事務所　弁護士　前田　豊

序　章

池永さんは、九州大学で私より二年上であった。六〇年安保から七〇年安保へのはざまの時期、佐世保に空母エンタープライズが入港し、東大や九大で学園が封鎖された時期である。

池永さんは卒業後、河田賢治代議士（日本共産党）の秘書になった。

私は一九七二（昭和四十七）年に卒業し、福岡綜合法律事務所（所長・木梨吉茂弁護士）で事務員として働きながら司法試験の勉強をしていた。そこに、司法試験の勉強をするため秘書を辞めて福岡に戻って来た池永さんが現れ、司法試験の勉強のやり方を尋ねに来た。池永さんは、二年で合格する計画だと語った。

私は、一九七三年秋に合格し、二十八期司法修習生となった。

池永さんはみごとに計画どおり、一九七四年に合格した。

九州大学司法試験ゼミナール（九司ゼミ）

池永さんが、また訪ねて来た。九州大学の一年生から系統的に司法試験を勉強するゼミを作らないかというのだった。

当時、私は修習生で、「雄峰会」という受験ゼミをもっていた。池永さんは合格直後で、箱崎のヘルハウスと呼ばれる古刹で「あらぐさゼミ」を開いていて、答案練習会の九州大学松法会の実行委員長もつとめていた。池永さんは、九州大学の学生を対象に、人権、民主主義、正義の実現といった社会的使命を自己の使命とすることのできる法曹を、早期にかつ大量に合格させるためのゼミを作りたいと言うのだった。

私も、それに賛成した。司法研修所の教官たちが、青年法律家協会（青法協）を「セイホウ」と隠語で呼んで異教徒あつかいをするのを見て、裁判官になったとしても青法協を敵視しないような、幅のある法曹を育てることは重要だと思っていた。

では、ゼミの名前は何とつけよう。とりたてて妙案もなく、「九州大学司法試験ゼミナール」とした。長いから頭文字をとって略称「ＫＳＳ」と呼ぼうかと考えたが、「ＫＫＫ」（クー・クラックス・クラン）、「ＹＫＫ」（ファスナー）、「ＳＳＫ」（ドック）みたいでおさまらず、結局、略称「九司ゼミ」に落ち着いた。

池永さんは、「設立趣意書」（案）を書いた。筆ペンで、本文約九百字の堂々たる設立趣意書であった。少し長くなるが、池永さんをしのぶために全文を掲げ、一四六ページに実物を掲載させていただく。

九州大学司法試験ゼミナール設立趣意書（案）

（原文ママ）

今日、人権と民主主義を守り正義を実現することを使命とする法曹に対する社会的要請は強まるばかりである。かような法曹の社会的使命を自己の使命として全力を傾むけてみたいと考える学生は日増しに増加している。しかし、そこに司法試験という大きな壁がたちはだかっている。

司法試験に関する現状は、一方で多くの有能な学生を法曹の使命に魅力を感じながらもやむなく他の進路の選択へとおいやり、他方で少なくない学生を激動する時代の青年が当然にいだかざるを得ない社会的政治的関心までも極度に抑制した受験生活に没入せしめている。しかもかような受験生活の中から合格した者を迎える司法修習制度はかならずしも修習生が自主的自覚的に法曹たるにふさわしい能力を備えその社会的使命を自覚しうるように運営されているとはいえない。使命感に燃えた法曹、社会的視野の豊かな法曹が数多く誕生していくにはふさわしくない状況がそこにある。

司法試験をめぐるかような状況は、法曹を志ざす学生にふさわしい生き生きとした人権感覚、社会感覚を維持しつつ、合理的効果的系統的受験勉強を進め、より多くの学生が早期合格を果たしうるよう、適切な援助と集団的努力が行なわれる集団を要請している。現在、九州大学には答案練習会としては一定の実績をもつ九州大学松法会があるが、以上の如き趣旨にもとづく団体は存在しない。九州大学司法試験ゼミナール（略称九司ゼミ）はかような目的意識のもとに設立される。

九司ゼミは、思想信条政治的立場のちがいを問わず法曹を志ざす九州大学学生を対象として、大学教官、法律実務家、大学院生等の協力のもとに司法試験合格者、司法修習生による四年間の一貫した指導援助システムにもとづくゼミナール活動をすすめ、もってより多くの学生の司法試験早期合格を実現しつつ、社会的使命を自覚した多数の法曹を九州大学から世に送り出していくうえで一定の役割を果たしたいと決意している。

一九七五年一月

九州大学司法試験ゼミナール発起人会
代表　前田　豊　（第二八期司法修習生）
池永　満　（昭和四九年度司法試験合格）
辻本育子　（昭和四九年度司法試験合格）

今読み返しても、二十八歳の若者が書いたものとは思えないほど立派である。池永さんの人格がこの趣意書案にあらわれている。あらためて思う。池永さんは若いときから完璧で、すでに老成していた。しかも鋭い問題意識と強い社会変革の熱意を持ち、組織作りにたけた改革者であった。筆ペンによる字体も一定しており少しもブレがない。

池永さんの、後輩への思いと法曹養成に対する熱意は終生変わることがなく、ライフワークの一つになった。

手元に九司ゼミの初年度のカリキュラムがある。

九州大学の教養部は一年半、法学部は二年半であった。教養部の一年半は法律学にほとんど触れず、法学

九州大学司法試験ゼミナール設立趣意書（案）

今日、人権と民主々義を守り正義を実現することを使命とする法曹に対する社会的要請は強まるばかりである。かような法曹の社会的使命を自己の使命として全力を傾むけてみたいと考える学生も日増しに増加している。しかしそこに司法試験という大きな壁がたちはだかっている。

司法試験に関する現状は、一方で多くの有能な学生を法曹の使命に魅力を感じながらもやむなく他の進路の選択へとおいやり、他方で少なくない学生を激動する時代の青年が当然にいだかざるを得ない社会的政治的関心までも極度に抑制した受験生活に没入せしめている。しかもかような受験生活の中から合格した者を迎える司法修習制度はかならずしも修習生が自主的自覚的に法曹たるにふさわしい能力を備えその社会的使命を自覚しうるように運営されているとはいえない。使命感に燃えた法曹、社会的視野の豊かな法曹が数多く誕生していくにはふさわしくない状況がそこにある。

司法試験をめぐるかような状況は、法曹をめざす学生にふさわしい生き生きとした人権感覚、社会感覚を維持しつつ、合理的効果的系統的な受験勉強を進め、より多くの学生が早期合格を果たしうるよう、適切な援助と集団的努力が行なわれる集団を要請している。現在、九州大学には答案練習会としては一定の実績をもつ九州大学松法会があるが、以上の如き趣旨にもとづく団体は存在しない。九州大学司法試験ゼミナール（略称、九司ゼミ）はかような目的意識のもとに設立される。

九司ゼミは、思想信条政治的立場のちがいを問わず法曹を志ざす九州大学学生を対象として、大学教官、法律実務家、大学院生等の協力のもとに司法試験合格者、司法修習生による四年間の一貫した指導援助システムにもとづくゼミナール活動をすすめ、もってより多くの学生の司法試験早期合格を実現しつつ、社会的使命を自覚した多数の法曹を九州大学から世に送り出していくうえで一定の役割を果たしたいと決意している。

一九七五年一月

九州大学司法試験ゼミナール発起人会

代表 前田豊（第二八期司法修習生）

池永満（昭和四九年度司法試験合格）

辻本育子（昭和四九年度司法試験合格）

九州大学司法試験ゼミナール設立趣意書（案）の原文

部に進学してからいきなり難しい講義が始まる。そのため、そのギャップを埋める必要があった。

第一期生は二年生であったから、民法、刑法の基礎ゼミをして学部への架け橋とした。第二期生は一年生であったので、法律の基礎ゼミに始まり、社会科学基礎ゼミを加え、憲法判例研究会を開いた。実際の憲法判例をもとに模擬裁判をした。夏休みには、九重の研修所や雲仙国民休暇村で泊まり込みの合宿をした。

日本の大学法学部は研究機関であって、教育機関ではないといわれてきた。そのことは『日本の裁判制度』（岩波新書、一九六五年）で大内兵衛、我妻栄氏が指摘している。その反省の上に、今日の法科大学院がある。九司ゼミは、四十年前に、法科大学院のようなものを考えていたのである。まだ、司法試験予備校も設立されていないころのことであった。

九司ゼミから多くの法曹が巣立った。弁護士はもちろん、裁判官も検察官も育っていった。

池永さんが亡くなる直前、九司ゼミの主催で池永さんと私に感謝する会が開催された。池永さんが最後を悟り、自分の足跡を確認したかったのであろう。九司ゼミは、池永さんの法曹養成問題の原点であったからである。

九州合同法律事務所と医療問題

池永さんは、北九州第一法律事務所に入所し、弁護士のスタートを切った。北九州でたくさんの事件を経験して弁護士としての基盤を築き、再び福岡に戻って、辻本育子弁護士と事務所を開いた。はじめは「九大合同法律事務所」という名前にした。ところが、九大出身の弁護士から、「九大合同」は不適切というクレームがついた。池永さんは、「九州合同法律事務所」に名前を変えた。「九大より九州の方が広いから」と弁明をした。災いを転じて福となすの譬えどおり、結果的には「九州合同法律事務所」にして正解だった。

池永さんは、「これから、『衣食住』の『い』をライフワークにする。『い』は医療の『医』、医療問題」と言って、学生時代から培った医療関係者の協力を得て、医療問題研究会を立ち上げた。単に医療過誤事件を解決するだけでなく、あるべき医療を求める運動を構想し、医療過誤訴訟はその一環と位置づけ、広がりを持たせていた。

池永さんの告別式の日、九大の同窓で裁判官であった中山弘幸氏は、柩を見送りながら私に、「福岡の裁判所に来て、医療過誤事件を扱う弁護士のレベルが高いことに驚いた。池永さんが医療事件のレベルを上げてきたのだと思った」と話しかけた。私も同感であった。

医療問題は、法曹養成と並ぶ池永さんのライフワークの一つであった。

お布施事件

一九八二（昭和五十七）年、福岡県知事選挙を前に、「清潔な県民本位の県政をつくる福岡県民の会（県民の会）」ができ、亀井光知事の五選を阻止し、社共統一による県民本位の奥田八二県政をめざす体制がスタートした。具島兼三郎《ぐしまかねさぶろう》氏（国際政治学者）らを代表とし、学者文化人、福岡県評、社会党、共産党が「県民の会」で手をつなぎ、豪華な知事公舎問題への県民の批判を背景に、県政刷新の好機が到来した。

この「県民の会」の構図は、一九七八年から福岡で始まった「憲法記念福岡県民集会」の呼びかけ人の形式が素地になった。社会党、共産党を一緒にするために、学者文化人と労働団体（福岡県評）が汗を流し、広範な個人や団体が支持をするという形態であった。

一九八三年四月、県知事選で奥田八二候補が勝利し、革新県政が誕生した。

しかし、奥田氏の兵庫の実家が浄土真宗本願寺派の門徒であったことから、京都西本願寺の推薦を受け、その推薦のことを末寺に知らせるため、社共両党の地方議会議員、労働組合の役員、はては奥田候補の妻や実兄がかりだされてお寺回りをした。そのとき、お寺に参るので「お布施」を置いてこなければ失礼にあたると考え、一律五千円の「お布施」を置いてきた。それが、買収行為に当たるとして警察の捜査を受けた。いわゆる「お布施事件」である。

投票日の数日前に発覚し、弁護士は情報収集と対処に追われた。

保守県政が革新県政に変わったので、これを機会に革新つぶしに利用されるかもしれないと考えると緊張が走った。県内の弁護士約三十名が「県民の会」側とお寺側に分かれて、弁護活動をした。東京の弁護士も応援に来た。

「県民の会」弁護団は、九州総評弁護団と自由法曹団福岡佐賀支部に所属する若い弁護士を中心にし、林健一郎九州総評弁護団幹事長の事務所を弁護団の前線基地として占領し、石井将、池永満、井手豊継、津田聰夫の各氏と私が専従体制をとり、立木豊地、小泉幸雄、松本洋一各氏も参加され、その他多数の弁護士がかかわった。その活動の実績は、「福岡県知事選挙弾圧事件いわゆる『お布施事件』捜査段階における『弁護団活動の記録』」（お布施事件対策委員会）に詳しく記載されている。

池永さんは、東京の会議に参加し、「自然体でいく」という方針を伝えた。刑事事件の弁護活動を自然体で行うことと理解した。それを聞いて肩の力がとれ気が楽になった。それからは、被疑者の黙秘、毎日二回の弁護士接見、準抗告、勾留理由開示、保釈請求など、ありとあらゆる刑事訴訟法の原則を駆使して、徹底した刑事弁護活動が展開された。

そのときの経験は、後の福岡県弁護士会の刑事弁護活動にも影響を与えた。「上田国賠訴訟」、「当番弁護士」とともに、福岡県弁護士会の刑事弁護活動の夜明けとなった。

池永さんは、刑事弁護人としてだけではなく、政治的な感覚で「お布施事件」に対処することのできる人だった。

福岡県学者文化人連絡会議（学文連）

奥田県政は、「お布施事件」につまずき、少数与党の悲哀を味わいながらも、県民の支持のもとに公約どおり知事公舎に入居せず、九州で初めての「福岡県情報公開条例」を制定するなど一定の実績を積み重ねた。

「県民の会」を支える学者文化人の集まりを組織化することが望まれ、「福岡県学者文化人連絡会議」（略称「学文連」）が結成された。代表世話人は石村善治氏ら二十二名、世話人は荒牧正憲氏ら五十名、事務局は石川捷治氏ら四名、池永さんは世話人の一人であった。

これに、学者文化人の団体として文学者の会、音楽家の会、画家の会などが参加し、地域的にも福岡、北九州、県南、県央の学文の会などいくえにも重層的な学者文化人の連絡会議ができ、「県民の会」の学者文化人の代表委員を支えることになった。学文連は、「県民の会」を支えるという目的で、ゆるやかに構成された。津田聰夫、池永満、藤江美保の各氏、それに私が事務作業を担った。

奥田県政が二期目に入るときは、学文連主催で、「弦楽四重奏を聴き、地方自治を考えるシンポジウム」を開いた。日本フィルのカルテットによるモーツァルトのディベルティメントを聴き、頭を柔らかくしてシンポジウムをした。頭を柔らかくすると、会議の能率が上がるということを経験した。

福岡県非核平和条例

奥田県政が三期目に入るときには、さらに情勢が厳しくなっていた。

労働センターの連合が誕生し、福岡県評は消滅し、県評センターになった。連合は、社共統一に難色を示し、従来の「県民の会」による知事選が困難となる状況が生まれた。学者文化人等の働きかけにもかかわらず、「県民の会」は従来の機能を果たすことができなくなった。県評センターは「県民の会」を脱退し、社会党も共産党との共闘を見直し、「カラカサ共闘」などとよばれる変則的な選挙になった。しかし、奥田知事三選だけは果たされた。

奥田知事の三期目を前にした一九九〇（平成二）年は、国内では、昭和天皇の死去に伴う平成天皇への代がわり儀式（即位の礼、大嘗祭）や国連平和協力法の制定の動きがあり、国際的には湾岸戦争が起こり、戦後の体制が大きく変わっていく時期であった。

学文連は、「国連平和協力法」に反対するアピールを出し、集会を開き、幸い「国連平和協力法」は廃案になった。また、湾岸戦争に反対し平和解決を求める集会も開催した。

池永さんは、この時期、「福岡県非核平和条例」を求める五十万人署名運動に取り組んでいた。奥田県政の二期目の公約「核のない福岡県をめざす」を実現し、非核平和宣言をさせるための運動であった。

しかし、奥田三選への政治的構図のねじれを背景に、「内容検討に時間がかかった」との理由で、奥田知事の直接請求の請求代表者証明書の交付が六日遅れた。既にスタートした署名運動は無に帰し、直接請求署名運動は事実上、中止せざるをえなくなった。池永さんは、総括メモを起案し、ふるさと平和条例の制定は不可能になったが、今後それぞれの立場から県民の平和への想いを再結集する努力をなしとげ、社会的責任を果たしていこうと呼びかけた。

法曹養成問題

池永さんは、弁護士会の法曹養成問題委員会に属し、福岡県弁護士会だけでなく、日本弁護士連合会でも論客の一人として鳴らした。

当時、司法試験の合格者は年間五百名。弁護士の需要が増え、司法試験受験者が三万人になろうというのに、合格者は五百名のままだった。合格するには平均六回受験しなければならず、合格者は平均二十八歳に達するという状況で、検察官の希望者が先細りすることに危機感をいだいた法務省が、司法試験改革を打ち出し、受験回数制限、大学推薦制などの奇策を提案した。

池永さんは合格者増をとなえ、五百人を千人合格にするよう主張した。池永さんは増員論者として注目されたが、今から考えればなんでもない千人への増員論者であった。むしろ先見の明があったということかもしれない。しかし、一九九〇年当時は、千人でも画期的な主張であった。

日弁連には、「五百人を一人たりとも増やさせない」と豪語する委員がいた。もと東大事件弁護団の弁護士であった。池永さんは、毎月毎月、会議のつどにその委員と五百人にするか千人にするか、同じ議論を繰り返しやりあった。辟易するような会議であったろう。頭の芯が疲労し、身体が重くなるほどの疲れを感じたはずだ。私自身も、一九九四年ころ、七百人を千人にすることを認めない委員と日弁連で毎回やりあったことがある。そのときのとめどない疲労は人にはわからない。

池永さんが英国に留学したのは、その心身の疲労を回復するために、日本を離れて充電をはかったのではないかと推察している。

終　章

池永さんは、二〇〇九（平成二十一）年、福岡県弁護士会の会長になった。

私は、九州弁護士会連合会の理事長になった。

池永さんは、弁護士会の広報に膨大な予算を使うことには消極的で、その代わり、自ら市内にマンションを借り、マスメディアの記者を集めて、酒を酌み交わしながらいろいろなことを語りあい、情報発信していった。そのおかげで三度、弁護士会の取り組みが新聞のトップ記事になった。

池永さんは、日弁連理事、福岡県弁護士会会長、九弁連理事の激職をこなし、あまり強くもない酒を飲み、身体の免疫力を失わせたのではないかと思っている。それが病気に対する免疫力のバランスを失い、死期を早めたのではないかと思っている。

具島兼三郎氏の傘寿の祝賀会で。左から二人目、具島氏、その右、池永弁護士。1986 年 1 月

池永さんは、ドライな反面、ウェットでもあった。親しかった人のいまわの際には必ずお見舞いに行った。具島兼三郎氏のお見舞いにも行った。反ファシズムの闘士、大学の恩師、「県民の会」の代表、尊敬してやまない人であったろう。池永さんの弁護士法人の名称「奔流」は、具島氏の著書『奔流――わたしの歩いた道』（九州大学出版会、一九八一年）に因んだものだ。

ともに鬼籍に入って、あの世でも、具島兼三郎氏と語り合っているのだろうかと思う。

私にとって、池永さんは北極星であったと思っている。自分のスタンスを確かめることができる座標軸を提供してくれる貴重な人だった。

元会長の生き様──池永丸の乗組員として

平成二十一年度福岡県弁護士会副会長　弁護士　**野田部　哲也**

池永満先生が、平成二十四（二〇一二）年十二月一日午前二時二十一分、がんのため、ご逝去されました。

池永先生は、平成二十一年度、福岡県弁護士会の会長を務められました。この時、池永丸（池永執行部）に副会長として同乗し、先生の活動を間近で見てきましたので、先生の会長としての仕事ぶりを述べさせていただき、先生が目指した世界を一緒に感じていただけたら幸いです。

全員野球の弁護士会

池永先生は、会長に就任するにあたり、多重会務[*]を解消し、会員全員で会務に当たる「全員野球の弁護士会」を目指すとの所信を表明されました。これは、委員会が必要だとする会員についても、多重会務者を解消するため、委嘱せずに委員会を構成し、会員全員に委員会活動を実践してもらおうというのですから、様々な反発がありました。そのような中、先生は、会長として最終責任をとると言って、会長自身が、委員を委嘱する作業に全面的に関わり、多重会務者である会員の一人一人と直接に対話されました。

先生は、当初、ご自身のことを「ピンチヒッターの会長」と言われていましたが、この作業を通じ、各委員会の活動をよく把握され、会長として過ごす向こう一年間の心構えができ、会員全員が力を合わせて会務を推進する確信が持てた様子でした。

重点課題の設定

池永満先生は、会長に就任する段階で、池永丸として実践する重点課題の設定について大変にこだわられ、徹底して議論されました。

池永丸は、重点課題として、

① 刑事手続の改善
② 社会的連帯の構築
③ 人権救済機能の抜本的強化
④ 新入会員の研修体制強化

等を掲げ、これを実現する決意を固め、船出しました。

無料広報の前線基地

弁護士会は、平成二十一（二〇〇九）年以前から、法律相談事業についてテレビやラジオ等を通じた有料広告を行っていました。これに対し、先生は、「弁護士会の活動は公益的側面が強く、マスメディアに取り上げてもらって、もっと無料で広報してもらうことを活用するべきである」と言われ、これを実践されました。また、平成二十一年五月、自分の法律事務所と弁護士会との往復をしないですむように、裁判所の裏手にあるマンションの一室を借り受けられ、これを「前線基地」とされました。そこで、先生は、記者の皆さんと定例会（月一回）を開催され、弁護士会の活動意義、法曹の問題点等について、様々な意見交換をされていました。

その甲斐もあってか、平成二十一年度は、マスメディアに弁護士会の活動が特集されることが数多くあり、新聞の一面トップを飾ることが三度もありました。

最後まで駆け抜けて

年末には次年度の執行部も決まり、例年どおり、年明けは流しに入ると思いきや、池永満先生は次期執行部への宿題を極力最小限化するとして、進行中の重点課題等については先送りするのではなく、平成二十一年度内に可能な限り、会内合意に努め、実現しようと提案されました。

池永丸は、平成二十一（二〇〇九）年中に各々の課題について力を出し一応の成果をあげた達成感もあり、そのような中での先生の提案ですから、多少の軋轢《あつれき》はありました。先生は、池永丸の乗員全員を説得され、池永丸は担当副会長を先頭に一丸となってラストスパートすることになりました。

池永先生も、会長を退任した後、「そして今考えれば、『重点課題の設定』こそが、私たち執行部をして年度の最後まで『死に体内閣』にならずに完走するように微笑みかけてくれた恋人だったのかも知れません」と言われていました。

そこで、重点課題等について、最後まで駆け抜けた池永丸の取り組みを新聞記事とともにご紹介させていただきます。

刑事手続の改善

平成二十一（二〇〇九）年五月二十一日、裁判員裁判がスタートしました。
裁判員裁判については、福岡県弁護士会は全国に先駆けて、市民モニター制度を発足することにし、公平な評議に役立ててもらうため、市民に裁判員裁判の法廷を傍聴してもらい、公判から判決まで評価してもらうことにしました。そしてこのことは、裁判員裁判実施の前日、「法廷に市民モニター」の見出しで報道されました。

二十一日にスタートする裁判員制度を検証しようと、福岡県弁護士会（池永満会長）は十九日、早ければ七月にも始まる裁判員裁判の法廷を市民に傍聴してもらう市民モニター制度を全国に先駆けて導入することを明らかにした。市民に「七番目の裁判員」として裁判員と同じ視線で参加し、評価してもらうのが目的。裁判員法の付則で規定されている三年後の見直しに向けた客観的データとして集積するとともに、弁護活動の具体的改善にもつなげる。

（「西日本新聞」平成二十一年五月二十日）

池永満先生は、裁判員裁判が始まれば、刑事裁判の審理が大きく変化すると予想され、これで「人質司法」と決別し、裁判が市民の常識を反映したものになると言われ、公判中心主義により裁判員とともに被告人も納得できる審理を目指し、取り調べの可視化等も実現するべきであるとされ、国際規範に基づく刑事司法の確立を提唱されていました。この先生の考えは、「裁判員裁判の下、刑事司法確立を」と題して「読売新聞」に掲載されました（「読売新聞」平成二十一年十月三日記事）。

社会的連帯の構築

池永丸は、生存権を擁護し支援するための緊急対策に重点を置き、生存権対策本部の活動を中心に、貧困問題と格差社会の論点を意識した活動を推進しました。この点についての池永満先生の考えは、「憲法を暮らしに生かす」と題して「読売新聞」に掲載されました。

今から三十四年前、司法修習生の仲間と自分がめざす法律家像を語らっていた時、元京都府知事の蜷川虎三さんが掲げていた「憲法を暮らしに活かす」という標語が脳裏をよぎりました。憲法が保障する「基本的人権」の灯りで社会を照らしてみよう。「埋もれた人権侵害」がないのか。医療問題の勉強を始めました。……「すべて国民は、健康で文化的な最低限度の生活を営む権利を有する」ことを保障している憲法二十五条に基づいて現在の社会状況を建て直すことが不可欠です。「憲法を暮らしに生かす」ためにも時代をつなぐ不断の努力が求められているといえます。

（「読売新聞」平成二十一年五月四日）

人権救済機能の抜本的強化

人権委員会の活動について大きな意義があることに疑いの余地はありませんが、その対応する事件は多様かつ多数であり、その判断が停滞しがちになり、本当に人権救済を行わなければならない事件について、その救済が時機を失してしまう危険がありました。そこで、「人権調査室」を設置し、ここに事前の審査を委ね、人権委員会それ自体は、選別された本調査の必要性のあるものについて、これに集中して対応することとし、本調査を充実させ事件対応の停滞をなくすこととしました。

「人権調査室」設置は、極めて効果的でした。その後の歴代の室長や人権委員会の頑張りもあり、事件対応の停滞は、現在も解消されています。

池永満先生は医療事故被害者の救済に取り組まれ、「患者の権利宣言運動」を推進してこられましたが、福岡県弁護士会として「医療ＡＤＲ」を発足させました。このことは、「福岡県弁護士会」の冠のもと、「医療ミスに仲裁制度」の見出しで、「裁判せず迅速解決」と題して報道されました。

福岡県弁護士会（池永満会長）は、医療過誤をめぐり患者と医療機関とのトラブルが起きた際に、裁判をせずに弁護士が仲裁者となって解決を目指す制度「医療ＡＤＲ（裁判外紛争解決手続き）」を一〇月から始める。医療過誤では、訴訟になれば解決までに時間がかかり、費用負担も重くなるため、中立な立場の弁護士を交えた話し合いで早期和解を図る狙い。医療ＡＤＲの導入は全国の弁護士会で四例目で、九州では初となる見通し。

（「西日本新聞」平成二十一年八月十五日記事）

また、池永丸は、市民の法律相談を充実させるため、平成二十二（二〇一〇）年二月に天神弁護士センターを新装する等しました。このことは、「天神弁護士センター　来月新装」、「広さ二倍　相談室増える」、「防音　プライバシー配慮」、「授乳やおむつ交換ＯＫ」として報道されました。

釜山弁護士会との討論会（2009 年 7 月 10 日）

県弁護士会（池永満会長）は来月、市民からの法律相談に応じる福岡市の天神弁護士センターを同じビルの階下に移転し、拡張する。現在は相談室が狭く、防音も不十分のため、天神地区のテナント料の値下げもあり、賃料は抑えつつ広さはほぼ二倍になる。同弁護士会は「安心して市民に訪れてもらえるよう準備したい」と話した。

（「朝日新聞」平成二十二年一月三十日）

新入会員の研修体制強化

司法試験制度が変わり、弁護士人口が著しく増加し、新入会員の研修の必要性が高まる中、池永満先生は、新入会員の研修に極めて熱心に取り組まれ、新入会員の研修のためのゼミを立ち上げ、自ら講師をされました。池永丸は、新入会員の研修体制強化のための策を掲げ、主任指導弁護士の配置等を実施しました。

国際的な連携

池永満先生は、人権の擁護を実現するため、国際的な連携についても、大変熱心でした。

池永丸は、韓国・釜山弁護士会との間において、交流協定に基づき積極的に交流を行いました。また、池永満先生は、中国・大連律師（弁護士の意）協会との間においても、奥様の早苗さんも同伴され、率先して交流を行いました。そして、福岡県弁護士会と中国・大連律師協会は、平成二十二年二月二十七日、福岡市内で会合し、両会の交流を図る合意書に調印しました。このことは、「福岡と大連の弁護士会が協定調印」として報道されました。

福岡県弁護士会と中国・大連律師協会の交流をはかる合意書を取り交わす（2010 年 2 月 27 日）

> 福岡県弁護士会と中国・大連律師協会は、二十七日、福岡市内で会合、両会の交流を図る合意書に調印した。来日した中国人研修生の労働問題や日本企業が大連に進出する際のトラブルなど双方で問題化している法律問題について研究・情報交換するのが狙い。……池永会長は「大連と福岡県はもともと緊密な関係で、弁護士会が姉妹提携を結ぶのは人権擁護などで社会的に意義深い」と述べた。
>
> （「西日本新聞」平成二十二年二月二十八日）

がんの衝撃

池永満先生は会長として活動する中、途中でお酒を控えられるようにはなりましたが、持ち前のリーダーシップで池永丸を引っ張り、私たち副会長が議論を挑んでも、揺らぐことはなく、委員会やマスメディアとの対応も、これを率先して行われていました。そして、池永丸の活動も終わった平成二十二（二〇一〇）年四月、先生は、奥様の早苗さんと一緒に、青息吐息でやっとゴールした私たちに慰労会まで催してくださいました。

私たちは、先生がストレス等とは無縁の「鉄人」のように思っており、平成二十三年一月、がんの摘出手術を受けた話を聞いたときはショックでした。そして、先生の通夜の席上、私たちはさらなる衝撃を受けることになりました。先生が福岡県弁護士会の会長であった平成二十一年には、肝悪性リンパ腫との診断を受けていたという報告があったからです。先生は、池永丸が一丸となって最後までラストスパートをすると決めたそのとき、既にがんの診断を受けていたというのです。

池永満先生は、奥様の早苗さんだけに相談し、抗がん剤治療等の化学療法を拒否し、食事療法により自己免疫力を強化することで対処し、最後まで会長職を続ける決意をされ、これを全うされました。

池永満先生の生き様

平成二十四（二〇一二）年五月、お会いした際には、池永満先生は肝細胞がんが判明し肝動脈閉塞術を行っておられましたが、自ら探し出された免疫細胞療法等により改善傾向にあり、完全復活すると言われていました。

池永満先生は、平成二十四年十月、小脳への転移が判明した後も、サイバーナイフ放射線治療を始められ、病に対しても怯むことなく、前向きな姿勢を崩すことはなかったそうです。先生は病室にもパソコンを持ち込み、最後まで『新 患者の権利』の編集作業に取り組まれました。

私たち弁護士はその使命について語りますが、本当にこれを生活の中心に据えて実践することは大変な困難を伴います。先生は、弁護士の使命を生活の中心に据え、福岡県弁護士会の会長として、その使命を最後まで果たし続けられました。先生が命を削りながら各々の課題に取り組んだ生き様は、見事というほかありません。

近時、福岡県弁護士会においても弁護士の不祥事が相次ぎ、弁護士や弁護士会への信頼を害し、その根幹を揺るがしかねない事態となっています。そんなときだからこそ、先生の生き様を心に刻み、怯むことなく前向きな姿勢を崩さずに、その志を受け継いで、弁護士業務や弁護士会の活動に励むべきであると考えます。

池永満先生、先生が出される課題はいつも大変でしたが、一緒に課題に取り組むことができて本当に面白かったですし、楽しかったです。ありがとうございました。

＊多重会務　弁護士法第一条は「弁護士は、基本的人権を擁護し、社会正義を実現することを使命とする」と定めている。各単位弁護士会は、この使命実現のため多数の委員会を持っており、会員たる弁護士はそのいくつかに所属し、ボランティア活動（会務）に従事している。この会務をいくつも掛け持ちするために所謂「多重債務」ならぬ「多重会務」状態となり、日常業務に差し支えを生じかねない状態となる危険を表す用語である。

先を見る目の確かさと実現する力

不知火合同法律事務所　弁護士　永尾　廣久

海より深い恩義あり

私が福岡県弁護士会の会長になれたのは、池永弁護士の一言、そして後押しがあったからです。おかげで会長になることができ、引き続き日弁連副会長にもなることができました。それで、弁護士会長が何をしているのかよく分かりましたし、司法（裁判所）と立法（国会）、行政（法務省）の具体的な関係、その表と裏、そして立法過程を身近でつぶさに見聞することができました。これは私の人生にとって貴重な得難い体験でした（おかげで本を出版することもできました）。

池永さんは、福岡の自由法曹団の会合のとき、「永尾さんが会長に出たらいいんじゃないか」と言ってくれました。ずっと弁護士会活動をしていて私もその気がありましたから、とてもうれしく思ったことを覚えています。池永さんは、私の強力な応援団になってくれました。福岡県最南端の大牟田の弁護士であり、自由法曹団の弁護士であることから一般的には条件が厳しいと思われましたが、私もそれなりに努力しましたし、いろんな人の応援も得て、なんとか無投票当選ということで会長になれました。ありがたいことです。

三回も一面トップ記事

池永さんが福岡県弁護士会の会長になれたのは、適任と思われていた弁護士が予期せず急死したことからピンチヒッターとしての登場でした。年末のことです。池永さん本人が、思いがけず、津田弁護士から会長就任要請の電話があったからだと書いています。

会長になった池永さんの活躍ぶりは目ざましいものがありました。本人が例年の会長二人分ほど働いたと言っていたとおりです。それを象徴するのが「西日本新聞」の朝刊の一面トップ記事を三回も飾ったということです。ちなみに私はゼロです。医療ＡＤＲ（Alternative Dispute Resolution：裁判外紛争解決）をスタートさせたというのも、医療分野を専門分野の一つにしていた池永さんならではのことです。

池永さんは、そのために弁護士会館近くにマンションを確保し、そこに記者を招き入れ接待していたと本人から聞きました。私にはとても真似できないことです。しかも、その時にはすでに病気が発覚して進行中でもあったようです（私は、もちろん何も知りませんでした）。

池永さんは、思ったら断固やり通すという信念の人でもありますので、弁護士会のなかで軋轢が生じたことがあるのも事実です。その一つが弁護士の一人が関与できる委員会を四つ（だったと思います）に限定し、例外を認めないというものでした。私のような「多重会務者」にとっては朗報でもあるのですが、かなりの反発があり、ぎくしゃくしていました。間に挟まった業務事務局長は大変苦労したと思います。

あっと驚くイギリス留学

池永さんは、初めから弁護士を二十年やったら二年間は休もうと思っていたというのです。すごい発想です。私は、二十年したあと、一回、四十日間だけ休んでフランスへの語学研修旅行に参加しました。エクサンプロヴァンス大学の海外向け語学研修です。すっかり独身気分で優雅な生活を過ごしました。私のフランス語は以来ずっと続けていますので、少しはましなものになっています(仏検準一級合格)。

池永さんは一九九七(平成九)年から二年間、大学の研究生としてイギリスに夫婦で留学しました。そんなに英語ができたのかなと、つい疑ってしまいます。専門分野である医療問題をさらに深めたようで、帰国して早速、立派な冊子をつくりました。

池永さんはイギリス留学中にフランスも夫婦で旅行したこともあるようです。ちょうどダイアナ妃が事故死したころのことで、ダイアナ妃ファンの池永さんは、とても残念がっていました。

東大闘争に関与

池永さんは九大の自治会委員長、そして九州の全学連委員長をつとめたということですが……。そこは正確には知りませんが、東大闘争のとき、全学連中央執行部として深く関わったと聞きました。

安田講堂前を深夜にデモした話、「安田砦」の派手な攻防戦の後、闘争の最終段階を迎えた重要な時期に九州へ帰ろうとする活動家を、今この重大な情勢を理解して踏みとどまってほしいと説得したという話を聞かされました。

池永さんの話で強く印象に残っているのは、学生運動をやった人は視野が狭いという非難があるが、これはとんでもないことだと退けたことです。学生自治会を基盤として、多様な学生の要求を受けとめて活動してきた経験があるのだから、狭いどころか広い視野で物事を考え行動する訓練をしてきた、身につけている、そんな強烈な自負心です。確かに、池永さんは、幅広く、大衆的な活動のできる人でした。

旺盛な出版活動

池永さんの主著は、なんといっても『患者の権利』(九州大学出版会)だと思います。一九九四(平成六)年十月に初版を出し、一九九七年二月に改訂増補版が発刊されています。「インフォームド・コンセント」という言葉を初めて聞いたときには、まったくピンときませんでした。何でこんな難しいカタカナ語を使うのか疑問に思ったほどです。それでもやがて社会に定着していきました。カルテの開示、知る権利をふくむ患者の権利法制へのたゆまない努力が次々に実を結んでいくのを、私は驚嘆しながら見ていました。

このほか、前に紹介したイギリス留学の報告記がありますし、「私のノート」が一号と二号、出ています。もちろん、池永さんが編集に関与したものは他にいくつもあります。

池永さんは、口も達者でしたが、書くほうもなかなかのものでした。私も、池永さんに負けないように、主として消費者問題ですが、次々に冊子を発刊していきました。こういうのは中毒症みたいなもので、いちど始めたらやめられないのです。

弁護士の全県展開

池永さんには先見の明があり、また、運動を組織し、かかげた目標を確実に実現できる人でした。その一つが、福岡県下の全域に弁護士を展開するということです。その具体的なあらわれが弁護士法人奔流ですが、前から目標として設定し、少しずつ実現していったのです。これは同時に新人弁護士の育成でもありました。すごいことです。

また、司法試験の受験生時代から支援する組織をつくって活動していました。その成功例の一人が井下顕弁護士だと思います。

いつも夢とロマンを語り、それを他人と共有し、大勢の人を巻き込んで実現していったのが池永さんでした。その早すぎた死を惜しまざるをえません。

医療の名による大規模被害回復弁護士への転身

九州薬害ＨＩＶ訴訟弁護団事務局長　弁護士　浦田　秀徳

出会いの頃

司法試験受験に際し九司ゼミに入会したことから、池永先生にたいへんお世話になった。「教科書を十回読めば合格できる」と教えられた。がしかし、十回読んでも合格しなかった。池永先生は受験勉強前に社会経験があったが、それがまったくない僕に真似できる方法論ではなかったからである。

弁護士になる際、（筑紫野市）二日市で稲村晴夫弁護士とともに、地域弁護士として生きていくことになった。高校まで大阪で過ごしたこともあり、二日市には縁もゆかりもなかった。着手金二～三万円の無理筋事件が多かった。ときに三カ月間新件なしということもあり、経営は楽ではなかった。でも、振り返ってみて、自分の性分にあった、よい選択だったと思う。

稲村先生が馬奈木昭雄弁護士の事務所出身であったことから、同先生を師と仰いで大型訴訟を手がけていくことになった。牛島税理士訴訟（南九州税理士会事件）しかり、水俣病第三次訴訟しかり。そのため、上田國廣先生から「公害型弁護士」と呼ばれるくらいであった。

そのころ、医療被害回復と無関係だったわけではない。個別医療被害回復事件は手がけていた。池永先生に誘われて医療問題研究会に所属していたからである。医療過誤訴訟は、弁護士らしい仕事ができるし、医療過誤裁判ができてはじめて実力のある弁護士と言えるので、好きな分野だった。弁護士になりたてのころ飲み会の席で、「医療過誤裁判は好きです。事務所に来る一般事件はほとんど書証[*1]がないのに対し、医療過誤事件は書証があるからです」とあいさつをしたら、えらくウケた。上記のとおり、そのころは書証のない零細な事件がほとんどだった。

誰かがやらねば……、でもなぜ僕が？――心悩ませる依頼の数々

池永先生からの依頼は、いつも僕の心を悩ませた。なぜなら、いつも困難な課題だったからである。あるとき裁判所の控え室で休憩していると、「浦田くん、北九州の事件と久留米の事件、どっちにする？」と訊かれた。「えっ？」（これはやばい、なんとか逃げ出すすべはないものか！）、「北九州の依頼者は、弁護団会議の翌日に、会議の内容を病院前でビラ配りする人なんだよねー」（やっぱり、そんなことか）、「久留米の事件は、医者と交渉したときに暴力をふるっちゃう人なんだよねー」（ひぇ）、「どっちがいい？」（どうして僕がそのどちらかをやらなきゃならないんです？　誤導じゃないんですか!?）、「はぁ、じゃ近いので久留米の事件をさせてもらいます……」（とほほ）という感じ。

池永先生はポストづくりも好きだった。あるとき、僕は〝レスキュー隊〟の隊長に任じられた。医療問題研究会は、九州各県で弁護団を立ち上げてこもごも裁判を提訴していった。しかし、行き詰まる事件が少な

くなかった。そのような事件について、バックアップをする専門部隊がレスキュー隊である。といっても、僕以外に隊員はおらず、予算の裏付けもなかった。バックアップに駆けつけ、後医[*2]の「〇〇の治療をしなかったのはいけなかったなぁ」という片言隻句をとらえて提訴したものの、そもそも機序がわからず、当該措置と結果との間をつなげないという事件が多かった。これではレスキューしようにも、バイタルさえとれない。とほほ。

ことほどさように、池永先生のご依頼は、たしかに、「誰かがやらないといけないよね、だけど、なにゆえにこの僕が？　そんな難しい問題、僕の手にあまりますー」（泣）ということが多かった。でも、言っておられることは正しいし、公平無私な立場で話をされているのも痛いほど伝わってくるし、で、だいたい引き受けることになった。

それでも、僕はまだよかったのかも。水城堤防がかなり防いでくれたようにも思う。一度などは事務所移籍のご提案さえいただいたことがある。受けていれば、やはり人生が大きく変わっていたと思う。

人生の大転機――大規模被害回復活動への誘い

さて一九九五年の秋ごろだったか、裁判所の坂を登っていると、後ろから池永先生が声をかけられた。「浦田くん、毎月三十万円を保証するから」、「えっ、なんのことでしょう？」。

当時、薬害エイズ事件の東京、大阪訴訟が大詰めを迎え、来春にも和解合意が見込まれる情勢であった。同和解合意を踏まえ、福岡訴訟を提起するので、その事務局長にならないかというのである。私の人生の大転機となる提案だった。

当時、牛島税理士訴訟は上告審に係属中で、適宜上告補充書を提出しつつ、毎月最高裁前で街宣をしていた。水俣病第三次訴訟もいまだ未解決であった。そのことを説明して固辞したが、そんな仕事たいしたことないと一蹴されてしまった。そのときは「えーっ」と思った。が、翌春、牛島税理士訴訟に対し最高裁判決が出て、水俣病第三次訴訟がいわゆる政治解決するなど、あとから考えると、ひとつの節目にあったようである。

池永先生は、薬害エイズ訴訟について、スモン訴訟の経験に倣いさらなる訴訟展開を図り、救済水準の上昇をめざすことを考えておられた。そのため、一般事件をやっているヒマはなくなるであろうと、僕の所得補償まで考慮したご提案であった。長期的戦略性を有しつつ、私心の無さなど池永先生の人格の高潔性に舌をまいた。

薬害エイズ事件は、血友病患者に対しウイルスを不活性化しなかった血液凝固因子製剤を治療に使用したことにより、多数のＨＩＶ感染者およびエイズ患者を生み出した事件である。その被害の悲惨さは、一週間に一人が亡くなっていっていると言われたほどであった。訴状の原告目録を作りながら涙がとまらなかった（当時の状況を実感するのは難しいが、『薬害エイズ　原告からの手紙』〈東京ＨＩＶ訴訟原告団編著、三省堂、一九九五年〉という本があるので、一読をお奨めする）。福岡訴訟は、池永先生の思惑と異なる方向で展開し、収束した。しかしながら、そこで僕が「見てしまったもの」は人生を変えるに十分なだけ衝撃的だった。

薬害エイズ訴訟が一段落したころ、らい予防法違憲国賠訴訟を提起することとなった。これも池永先生が仕掛けた構えの大きな裁判だった。九十年におよぶ国家犯罪を裁判で解決しようというのだから、普通に提訴したのでは簡単に負けてしまう。池永先生はまず九弁連の人権擁護委員会を動かし、九弁連全体の課題として取り組まれたのである。

その後も薬害肝炎事件を手がけることになり、医療の名による大規模な被害の回復をはかる運動と裁判を次々と手がけることになった。それぞれに苦しかった。被害者の切実な声を聞くと、なんとしてでも解決しなければならないと思う。しかし、解決できる保証はどこにもない。手がけた事件がいずれも解決できて、ほんとうに幸運だったたと思う。

あれから三十年。もう一度、裁判所のあの坂まで自分の人生をまき戻せるとしても、やはり池永先生のご提案を受けることになると思う。

いつだったか、嬉野温泉の椎葉山荘で事務所の春研修をしていたら、池永夫妻も偶然泊まっておられた。聞くと、ご夫妻で九州百名山に挑戦されているとのことであった。その後、僕は日本百名山に挑戦することになったが、いま考えると、このとき池永先生からインスパイアされたことがきっかけだったのかもしれない。

＊1　書証　民事訴訟の証拠となる文書、図画等。
＊2　後医　医療事故が生じた後に患者の治療に当たった医療機関。
＊3　係属　訴訟が裁判所で審理されている状態にあること。

「易きに流れるものは……」――池永先生との素敵な思い出あれこれ

大阪地方裁判所判事　山根　良実

私は、二〇〇六（平成十八）年十月の弁護士登録から二〇一一年十二月までの間、弁護士法人奔流で勤務し、平成二十四年に弁護士任官をして、現在は熊本地方裁判所の民事部で裁判官をしています。このたびは、恩師池永先生について語ることのできる機会をいただき、本当に嬉しいです。とりとめもありませんが、池永先生との絶対に忘れたくない思い出を書かせていただきます。

出会い

二〇〇五（平成十七）年当時、東京地方裁判所の医療集中部で修習をしていた私は、裁判官を志望しつつ、他方で、医療や医療紛争を取り巻く状況をより良くしようと熱意を持って取り組まれている関係者に多く接したことで、医療関係事件に携わりたい気持ちを強くし、医療訴訟の第一人者のおひとりであった池永先生の門戸を叩いたのでした。

池永先生と初めてお会いしたのは同年の秋頃、当時の「患者の権利オンブズマン」の会議室でした。東京からほとんど飛び込みのような形で訪れた私とぎゅっと握手をしてくださったこと、この瞬間から池永先生を信頼し、すっかり一緒に働かせていただく気になったこと（雇うとは一言も言われていないのに）を鮮明に覚えています。

池永先生は、「五年か十年かで弁護士任官する予定ですが、それまでの間は弁護士として集中して医療関係事件を扱いたいのです」などと任官・医療関係事件との二兎を追う私の話を面白そうに聞いてくださり、「じゃあ、うちにおいで」と言ってくださいました。私に限らず、池永先生は、「来る者拒まず、ロマンがあれば良し」との方針の下（?）、その人が事務所にとって経済的メリットを与えるか否かを度外視して、やりたい気持ちを持っている人を受け入れて育ててくださいました。

さて、初対面のお食事の際にお聞きした忘れられないご発言を二つ。

①やりたいことが決まりすぎていて道を狭めている気がすると話した私に対し、「一つのことを一所懸命やっていれば、別の道も見えてくるし、その道もできるようになる」との励まし。

②池永先生「一流のプロって何だかわかる?」、私「うーん……」、池永先生「他のプロから信頼されて仕事の依頼が来る人だよ（ニコッ）」

この意味で、池永先生は一流のプロでした。

楽しい出来事いろいろ

池永先生には、これから何十年と法曹としてやっていくために必要な心構え・倫理・ルールを教えていただきました。私の根幹の形成に与えられた影響の大きさは、池永先生とご一緒したのがわずか五年間であったとは信じられないほどです。また、このような真面目な側面の他に、池永先生と過ごした期間には、ずいぶんと楽しいエピソードもありました。

佐賀県の小さなお汁粉屋さんを探しに行ったり、突然に吉野ケ里遺跡に連れて行ってもらったり。

新原さん、佐多さんをはじめとする事務局との間のぼけ・つっこみのような会話。

高いイタリア製コーヒーメーカーで会議出席者一人一人に嬉々としてコーヒーを入れてくださっていた姿。

事務所会議での、みんなびっくり！　ワクワクする新提案。

当時、熱中していらした登山中、山頂から「今、思いついたんだけど、○○やってみて」とのご指示（よく携帯電話がつながったものです）。下山したら「やっぱり、止めたよ」。

私たち若手弁護士がこてんぱんにやられて帰ってきて池永先生に泣きついたとき、「よし、○○へ乗り込む！」と言って、相手先に乗り込んで行かれたこと。

池永先生は、私たち若手にアレコレ言わずにのびのびと仕事をさせてくださっていたのですが、困って相談をしたときには必ず真摯に対応してくださいました。お忙しい池永先生を捕まえて、「先生、ちょっとご相談いいですか」、「いいよ！（ニヤリ）」という応酬が幾度あったことでしょう。

ホスピタルとホスピタリティが同一語源であると実感することができた欧州視察。この際に連れて行ってくださったコッツウォルズ散策とティータイム。

また、忘れてはならないのは、池永先生は、闘士でありながら、実は英国式ジェントルマンでいらっしゃったこと。この点は、一緒に長く仕事をされた女性のみなさんには共感していただけると思います。

易きに流れる者は……

奔流の本社（池永オフィス）には、ピカソの『ゲルニカ』の小さなレプリカと、「易きに流れる者は千載《せんざい》に悔いを残す」と書かれた小さな墨書がひっそりと掲げられていて、打ち合わせ中などにこれらの額を見ながら、池永先生がこれらを掲げている意味を考えたものでした。後者の墨書は、おそらく池永先生自身が実践された生き方であり、当時のそして現在の私にとって、日々の仕事の中で物事の完成をみるとき、または逃げ出したくなるようなときに、易きに流れていないかどうか、少なくとも尽くすべきことを尽くしたのかと自分自身に問いかけ確認をする言葉となっています。

また、仕事や生活のありようを変えるような大きな選択の際には、池永先生の「何か決めるときは、あとさき考えちゃだめね」という言葉も思い出します。これは、適当にやればいいということではなくて（池永先生は、新しい発想で様々なことに取り組まれましたが、私が知る限り、いつも入念な計画に裏付けられたものでした）、先のことは誰にも分からないから、何かをやりたいという情熱と機会のあるうちに、まずやり始めなさい、というものだと捉えています。くよくよ考える性分の私が新しい環境に挑戦してこられたのは、この言葉の後押しがあったからだと思います。

こうして考えていくと、現在の私の就労態度の指針となっている池永先生の言葉や行動が次々に思い起こされます。

凡事を徹底すること。弁護士になりたての頃、小さな事件処理を誠実に行えず、些末なルールを守れない者は、大きく困難な事件をまともに取り扱えるはずがないと教えていただき、深く納得したのを覚えています。

専門的事件に当たるときは、自身が勉強することは当然として、当該分野の第一線の専門家と協働すること。弁護士時代には、池永先生からご紹介いただいた方々をはじめ、医療分野その他の専門家の方と出会うことができました。この経験が、現在でも忌憚なく専門家の方々に質問し、協議し、共に現場に出かけて事件解決に当たりたいという姿勢につながっているのだと思います。

ぶれない倫理観を持ち、どのような人・場面に対してもニュートラルな態度で臨むという姿勢も、池永先生のお仕事を見て学んだことの一つです。

子を持って思うこと

時代や職業柄ゆえか、鈍感さゆえか、進学・就職においても、日々の仕事においても、女性を理由とした支障を感じることなくやってこられた私ですが、出産・育児に当たって初めて、自分の努力ではいかんともし難い障壁ってあるんだな……と実感したのでした。

そういう中で、池永先生は、奔流において、産休、育休にとどまらずその期間の所得補償、復職や就労継続に対する報奨金、時短制度等の多くの出産育児に係わる制度を整備され、私を含めた子持ち職員が就労を継続できるように応援してくださいました。また、「出産・子育てを経験しても、しなくても、何でも仕事の肥やしになるのが法曹のいいところ」などとおっしゃってくださって、心が軽くなったのを覚えています。

奔流を出て様々な状況下で困難を抱えながら仕事をする人々と出会うたびに、子を持っている人、試験を受ける人などいろいろな人のライフステージに合わせて、次々に就労しやすい制度を作っていってくださった池永先生そして奔流に、改めて有難い環境であったと感謝せずにはいられません。

最後に

池永先生との最後の思い出は、奔流退職の直前、六階のオフィスで弁護士任官の合格通知を受けて、真っ先に四階に降りて池永先生にご報告にした際、「おめでとう！」とおっしゃって、当時はご体調も万全ではなかったのですが、初対面時と同様に力強く握手をしてくださったことです。

あれから五年が過ぎましたが、池永先生にあたえられた影響は大きさゆえに薄れることなく、今もって池永先生がいらっしゃらないことの実感がわきません。今後も、ずっとこの影響は残り続ける予感がしますし、池永先生やその周りの方々と過ごした年月は、いつ思い出しても私を勇気づけ幸福な気持ちにしてくれることと思います。

池永先生がくださったものに対する恩返しは到底できそうにありませんが、現在ある場所において、易きに流れずに、一所懸命努めると誓うことで、池永先生に対する追悼とさせていただきます。

九州アドボカシーセンターの挑戦――いつ、いかなる時も後継者の養成を

NPO法人九州アドボカシーセンター理事　弁護士　井下　顕

はじめに

私にとって池永先生は、文字どおり司法試験受験時代の恩人です。

私は一九九二（平成四）年に九州大学を卒業後、夜間警備などのアルバイトで生計を立てながら司法試験の勉強をしていましたが、その頃から池永先生から時折、受験指導と称して、ごはんをご馳走になっていました。

私が卒業して二年くらいが経った九四年頃、当時の私の受験勉強と生活を両立させる手段であった夜間警備のアルバイトが機械警備導入を機に無くなるということがありました。そのため、一時、故郷の熊本に帰って受験勉強を継続しようかと考えたのですが、池永先生から、先生が当時おられた九州合同法律事務所で「患者の権利法をつくる会」のニュースレターの発送等のアルバイト（事実上の書生）をさせていただきながら、受験勉強を続けることができるようになりました。しかし、せっかくのご好意を生かせず、その後、

池永先生から紹介していただいた名和田茂生先生の下でアルバイトをさせていただきながら、九七年、ようやく最終合格できたという次第でした。

二〇〇〇年に弁護士登録した後も、池永先生からは折に触れて声をかけていただき、中国人強制連行事件や中国残留孤児事件などの事件活動に誘っていただき、とりわけＮＰＯ法人「九州アドボカシーセンター」の活動を通じて、後継者養成の重要性を教えていただきました。

ＮＰＯ法人九州アドボカシーセンターとは

ＮＰＯ法人九州アドボカシーセンターは、二〇〇四（平成十六）年四月、ロースクールの発足に合わせて設立されました。福岡県内だけでなく、九州各地の法律事務所有志から毎月カンパをいただきながら運営しています（有志協力事務所は現在三十数事務所）。初代理事長は、現在も理事長をされている馬奈木昭雄先生、初代運営委員長は池永満先生でした（当時の事務局長は私、現在の事務局長は山本哲朗先生です）。

九州アドボカシーセンターは、「人権弁護士になろう」をモットーに、ロースクール生に、生の事件の当事者や弁護士に直接触れてもらい、近い将来、人権弁護士になってもらうため、セミナーやゼミ、合宿など様々な催しを開催して、モチベーションを高めて早期合格に繋がるよう支援してきました。これまで開催した人権セミナーは、中国残留孤児、Ｃ型肝炎訴訟、「よみがえれ！ 有明海訴訟」、刑事事件、少年事件、児童虐待事件ほか様々なジャンルにわたり、回数としてのべ五十回近くに上ると思います。

また、こうした実際の事件について当事者や弁護士の話を聴くだけでなく、沖縄県辺野古《へのこ》の基地建設反対の座り込みの現場に行ったり、有明海のギロチン（諫早湾干拓事業のために湾奥部に造られた潮受け堤防）

を間近に見て、有明海の宝といわれるおいしい魚介類に舌鼓を打ったり（!?）、そうした〝現場〟に積極的に足を運んで精力的に活動を行ってきました。つい最近も、ハンセン病問題について、昨年最高裁が史上初めて謝罪を行った特別法廷問題を学ぶために、熊本の国立療養所菊池恵楓園に行き、園内でのシンポジウムに参加し、夜も園内の施設に宿泊して学んできました。最近の〝人権セミナー〟あらため〝弁護士の魅力セミナー〟では、安保法制違憲訴訟をテーマに、原告でもあり元裁判官でもある簑田孝行先生を講師に招いたり、難民問題をテーマに〝国際マチ弁〟弁護士として活躍しておられる松井仁先生を講師に招いてセミナーを開催したりしました。

現在は、弁護士を取り巻く環境の悪化も影響して、九州各地のロースクールでは定員割れ状態が続き、そのため九州アドボカシーセンターでは、各大学の法学部生にも対象を広げながら、先の〝弁護士の魅力セミナー〟と称して、法曹志望者拡大のためにも力を入れているところです。

いつ、いかなる時も後継者養成を念頭におかれていた池永先生

ところで、池永先生は九州大学司法試験ゼミナールの設立やヘルハウス（堀良一先生の幻の名著『ぼくらの司法試験おもしろ受験記』に出てくる舞台）での受験指導など、常に後に続く者（後継者）の育成に余念がなかったことでも広く知られているところです。こうした〝後継者養成〟は、池永先生が様々な課題を追いかけて、事件弁護団や課題実現のための組織を立ち上げ、そこに若い弁護士はもちろん、弁護士でない方も〝発掘〟してきて説得し、任務を割り当て、責任ある仕事を任せながら、後継者として同時に育てていくという活動だということができると思います。

しかし、こうした当面する課題を解決しながら、同時に根本的には今後それらを担っていく人を育てるという活動を行っていくことは、とても大変なことです。すなわち、本来の課題や活動だけでも、しっかりと成し遂げていくことは大変です。往々にして、自分でやった方が早いということもありますし、かえって教えるのが大変、一人でやった方が気が楽だということもあるかと思います。にもかかわらず、当面する課題の解決や克服のための継続的な組織を立ち上げながら、そこに経験のない若手をリクルートしてきて責任を持たせて据え、一緒になって考えつつ、責任ある仕事をしてもらう。こうした活動は、当該課題の解決や克服のための努力以上に大変で、先見性や指導性が必要で、それにかける情熱や時間も相当なものが要求されるのだろうと思います。

しかし、よくよく考えると、その時々の課題を、自分自身やその課題を追究する特定のグループだけで懸命にやっていっても、後に続く人が数の面でも能力の面でも育っていかなければ、あるいはそれまでそれらの課題を担っていた人が引退なりしてしまったら、その運動は急速にしぼんでしまうのは目に見えています。自然発生的に後に続く人がどんどん現れてくれればよいですが、残念ながら、大学でも社会科学系のサークルなどが姿を消し、社会を科学的に分析し、学ぶ機会が少なくなった現在の状況下では、人為的に働きかけることなしに後継者の養成は実現できないものになっているように思います。

人間ひとりの人生の時間には限りがあり、その中でその課題のために精力的に活動できる時間にも当然限りがありますから、自らが取り組んでいる課題に真剣に向き合い、責任をもってそれら課題を解決しようと考えるならば、常に後継者を発掘しながら、育てていかなければならないのだろうと思います。そして、そうした人々が増えて、いつしか〝合流〟していった時に、社会を変える大きな力になるのだろうと思います。

後継者養成のために必要なこと

ここからは、そうした池永先生の後ろ姿を見てきた私なりに、池永先生の後継者養成活動のポイントと思われることについて考えてみたいと思います。

後継者養成に必要なモノ、それは基本的に、「お金」、「箱もの」そして「ごはん」の三つです。まず、「お金」といっても自分自身が出すのではありません。周りから集めてきます。課題の実現に共鳴する人たちを巻き込んで、その人たちから集めてくるということです。さらに言えば、「お金」が集まってくる恒常的なしくみを構築するということでしょうか。

九州アドボカシーセンターでは、協力法律事務所（三十近い事務所）から一口一万円の運営協力金を毎月いただきながら運営しています。こうしたしくみは弁護士をとりまく経済的環境が変わった現在ではまずもって無理で、当時でも池永先生でなければできなかっただろうと思います。池永先生は、つぎつぎに法律事務所を口説いていかれましたが、その短期間での行動力と説得力は、本当に目を見張るものでした。

次は、「箱もの」です。課題や夢を追いかける人たちの〝居場所〟と言い換えてもいいかもしれません。恒常的で、直接コミュニケーションがとれる場所があれば、様々な情報の交換はもちろん、課題や夢を追いかける上で拠点ができます。何より、帰属意識というか、自然と団結が生まれます。もっとも、「箱もの」はお金がかかりますので、それが準備できない場合には、そうした団結を生み出すような物理的保証を別途考える必要があるのだろうと思います。

最後は、「ごはん」です。一緒に「ごはん」を食べるということです。

池永先生との思い出を語られる多くの方に、池永先生とよく一緒に「ごはん」を食べに連れて行ってもらったと言われます。私もよく連れて行ってもらいました。合格した直後、池永先生にステーキやお鮨などをごちそうになり、世の中にはこんなにおいしいものがあるのかと思ったほどでした。「ごはん」をごちそうになれば、池永先生からの依頼を断ることも難しくなるという効果もあるでしょう。「ごはん」で胃袋をしっかりつかんで後継者を育てる。これこそまさに王道かもしれません（!?）。

もっとも、こうした「お金」、「箱もの」、「ごはん」よりも大事なものがあります。それは、「夢」を語るということです。

池永先生はいつも「夢」を語られていました。何かについて議論する時、必ず展望を語り、会議や打合せが終わった後は、何か清々しい活力というか、頑張ろうという気持ちになっていたものです。未来に対する展望と確信、それらを常に抱き続け、それを時代に応じて、課題に応じて、発展させていく、そしてそれらを自分の言葉で語り、働きかける努力を続ける。それこそ、後継者養成に必要なスキルなのでしょう。

九州アドボカシーセンターでもっとも重視していたのが、この「夢」です。つまり、社会の中で困っている人たち、そうした事件の原告や弁護団と直接触れ合うことで、早く合格してそうした人たちの力になっていこうというモチベーションをもち、それを高めることで早期合格に繋がり、私たちの後継者になってくれる。そうした「夢」をともに語り合う場こそ、九州アドボカシーセンターだと言えると思います。

池永先生の後継者養成の確信はどこから来ていたのか

私は弁護士駆け出しの頃、池永先生が入っておられた中国人強制連行事件弁護団の末席に加えてもらいました。そしてその頃、池永先生から、泊まりがけで国立国会図書館の憲政資料室に調査に行こうと言われ、そこでマイクロチップに保管されている戦中の政府の極秘資料を特殊な装置を使って終日読み込むという作業をしたことがあります。夜は、当時国会等で戦後補償問題を追及していた日本共産党の国会議員（当時）の吉岡吉典さんと食事をご一緒したことを覚えています。私はそれまで国立国会図書館にも憲政資料室にも行ったことはなく、そこにそんな資料があることすら知りませんでした。

池永先生は大学を卒業した後、日本共産党の国会議員秘書をされていましたが、その時の経験で、どこにどんな資料があるのか、どこに行けば情報が得られるのかを学ばれたとおっしゃっていました。私はその時、漠然と、この世の中には、事件を解決したり、課題を実現していく上で、必要な知恵や事実は必ず存在している、そこに接近する方法やそれらを探し出す知恵や方法論を知っていれば、必ず辿り着けるし、解決はできるのだということを感じました。

このことは〝人〟についても実は同じで、事件解決や課題の実現のためにそれを担い、実現していく有能な人は必ずいる。志を同じくする人は必ずいる。働きかければそうした隠れた志に火をつけて、応えてくれる。そうした、人への信頼、確信がとても大事なのだろうと思います。

しかし、このことは実は大変なことではないかと思います。私の性格がねじ曲がっているのかもしれませんが、〝人〟に対する信頼を持ち続けるということはなかなか難しいことです。自分自身に対する信頼をもつことさえ難しく生きづらい世の中にあって、人に対する信頼を持ち続け、働きかけ続けることのできる確信は、日々、問題意識を持って学び続けることをしなければ、すぐに薄らいでしまうように思います。

池永先生が夢を語り、確信を持ち続けられた背景には日々、先鋭な問題意識をもって学び続けておられたことがあったのだろうと思います。

現在の九州アドボカシーセンターについて

現在の九州アドボカシーセンターは、先に少し触れましたが、九州各地のロースクールの定員割れが続き、法曹志望者が激減する中で、登録研究生になるロースクール生がほとんどいなくなってしまいました。そのため、現在は各大学の法学部生にも呼びかけて、〝弁護士の魅力セミナー〟を定期的に開催しています。しかし、ロースクール生が少なくなったとはいえ、毎回のセミナーへの参加者だけでいえば、九州アドボカシーセンター発足当時よりも増えてきているのです。ロースクール生に加え、学部生はもちろん、弁護士の中でも比較的期の若い人たちが参加するようになってきて、さしずめ青年法律家（もしくは法律家を目指す人）の人権研修会のようなものになってきています。

現在、「箱もの」であるアドボカシールームは、以前の福岡市東区馬出の弁護士法人奔流本部が入っているビルから、私がいる六本松総合法律事務所に移転しました。最大十五名ほどが入れるスペースで、月に一回運営委員会を開催しながら、今後の活用方法を考えています。二〇一七（平成二十九）年十月から福岡市中央区六本松の九州大学教養部跡地に九大ロースクールが移転してきましたので、今後はそうした地の利も生かした活動を行っていきたいと考えています。同時に、六本松には裁判所や検察庁、弁護士会館など司法部門もやってきますので、協力法律事務所の弁護士が参加する弁護団会議などにも広く使っていただくことも考えています。

さいごに――池永先生から託されたバトンを次に繋ぐ

〝アドボカシー〟という言葉には、〝人権を擁護する者〟という意味があり、それは何も弁護士に限ったものではありません。

池永先生は、このアドボカシーセンターを弁護士やロースクール生だけではなく、広く人権擁護の活動に頑張っておられる様々な団体等の情報交換、交流の場にしていきたいという思いを持っておられました。

福岡・九州の民主団体は実に豊かな活動を行っていて、そうした活動が着実に民主主義を前に進めてきていることを実感します。しかし、それらの活動は〝タテ線〟での活動は目覚ましいものであっても、横のつながりがなかなか持てない状況にあります。そうした団体や組織が横断的なつながりを持つことができれば、さらに活動が豊かになり、新しい発見なども生まれてくると池永先生は展望されていたのではないかと思うのです。

池永先生からバトンを託された方はたくさんおられると思います。私などは、池永先生から託されたバトンの本当の意味についてもよく分かっていないのかもしれません。しかし、より良い社会をつくっていくために、様々な課題に取り組みながら、同時にそれらを担う新しい人たちが出てくるように、後に続く人（後継者）を育てていかなければならないと、最近はとくに思うようになりました。私のこの歳で池永先生がなされていたことを考えると、自分の非力さに愕然とするのですが、できるだけ多くの種をまき、夢を語り、現在の課題に懸命に取り組みながら、時代のバトンを次に繋げていけるよう、愚直に一歩ずつ進んでいきたいと思います。

4 章

奔る流れのように

池永弁護士のひととなり

池永満弁護士を偲んで

医療法人笠松会有吉病院院長　有吉 通泰

「患者の権利オンブズマン 福岡」の活動中止の報告を聞いた時には、大変驚きました。まさか、あのオンブズマンが無くなるとは、と思いました。あって当たり前のような存在でした。多くの患者様から相談を受け、どれだけ心強い存在であったか計り知れません。池永満弁護士の思いが集約されたような存在だったと思います。遺志を継がれ、頑張ってこられた奥様のお気持ちを考えても、残念でなりません。

私は、一九七三（昭和四十八）年に約半年間、ネパールに滞在したことがあります。当時、日本キリスト教海外医療協力会からネパールに派遣され、結核撲滅に尽力されていた岩村昇先生ご夫妻の家に約一カ月間滞在させていただきました。お二人は多くのネパール人孤児をひきとり、育てておられました。

「おとうちゃん、おかあちゃん、食事をいただけることに感謝します」と必ず食事の前に全員でお祈りをしていました。今でもこの言葉を思い出します。間近でご夫妻に接して、私利私欲の全く無い「無私の行い」に感動を覚えました。私にとって池永満弁護士ご夫妻は岩村昇先生ご夫妻と、重ね合わせるものがありました。

高校時代の思い出

私は、直方市の県立鞍手高校で、池永弁護士と同級生でした。彼は高校時代からきわめて高い知能指数を武器に、人と議論するときはジーッと相手の目を見つめ、論理的に論破していました。彼はいかなる場合でも、決して感情的にならず、冷静に物事に対応していたのを記憶しています。同級生の相場万亀男君といつも感心していました。弁護士はまさに彼にとっては天職であったと思います。

鞍手高校２年、東京へ鈍行列車で修学旅行の途次、一休みで降りた駅のプラットフォームで撮影。右端が池永

当時、国立大学の受験は一次と二次に分かれていました。一次試験は三月三日、四日、五日の三日間、大学で行われます。鞍手高校では、前日から受験生全員が同じ旅館に泊まって試験会場の下見を行います。私は、池永君と同じ部屋で三日間過ごしました。旅館は吉塚駅前にあり、すぐ前を路面電車が走っていました。深夜のシーンとした空気の中を、遠くで聞こえていた電車のコトコトいう音が段々と大きな音になってくると、私はもう気になって眠れなくなります。明日は入学試験日という緊張感も加わり、ますます眠れません。横を見ると池永君はすやすや寝ています。受験の緊張や少々の物音など全く意に介さず、三日間とも熟睡していました。翌朝も、全く普段と変わら

ない態度だったので、常人ではないものを感じたのを覚えています。

有吉病院開業後の関わり——定額払い制度

大学時代は学部が異なり、ほとんど会う機会はありませんでした。私が一九七九（昭和五十四）年に鞍手郡で開業したほぼ同じ時期に、池永弁護士も九州合同法律事務所を開業され、早い段階から顧問弁護士になっていただきました。私の同級生も紹介しましたが、なかなかすぐには承諾していただけませんでした。自分の目で本当に信頼できる医者であると判断した上で、顧問契約を結んでいます。

有吉病院は、一九八二年に入院を老人医療中心に変えてから約三十五年間が経ちます。日本の老人医療は、一九九〇（平成二）年に定額払いの入院医療管理料制度が制定されるまで、注射づけ、検査づけ、薬づけで批判の対象でした。定額払いになり、老人医療の現場では、注射、検査、薬の処方などが大幅に少なくなったのですが、今度は疎診、疎療の批判を受けました。しかし、患者様の状態は出来高払いに比べて遙かによくなり、いかに必要の無い検査、注射をし、薬を与えていたかが証明されました。

抑制廃止に向けた取り組み

一九九四（平成六）年頃から介護保険の創設が論議されており、当時、私たちは定額払い制度を導入している約四十数病院で勉強会を定期的に開催していました。勉強会のテーマを模索していた一九八六（昭和六十一）年頃からお年寄りを縛ってはいけないと「縛らない看護」を主張し続けている病院が東京都八王子市にあるのを思い出しました。

その当時、医療、介護の現場では、ベッドから降りようとする患者様をベルトで縛ったり、点滴を引き抜く場合は手を縛ったり、オムツに手を入れて便を触ったりする場合はつなぎ服を使用するのが当たり前でした。私の病院でも一五〇名中四十名の患者様に使用していました。

一九九七年六月に上川病院院長の吉岡充先生と、田中とも江総婦長に福岡で講演をしていただきました。上川病院では、ベッドから降りようとする患者様にはベッドを低くするか、下にマットを敷く。それでも危険な場合は畳を部屋に敷く。点滴を引き抜く患者様は、片麻痺があれば健常側にしたり、足からしたり、リクライニングの車椅子に掛けてもらい詰め所で見守りをしながらする。鼻からのチューブの代わりに胃瘻を造る。オムツに手を入れて便を触る患者様に対しては排便、排尿パターンを把握し、できるだけオムツに排泄しなくて済むようにする、というものです。私たちの現場でも少し考えて工夫するだけで、約八五％近くの抑制行為が、わずか三カ月足らずで改善されました。驚くべき成果でした。

一九九八年十月、福岡で行った老人病院の全国大会で、仲間の十の病院と共に、「抑制廃止福岡宣言」を行いました。「老人に自由と、誇りと、安らぎを」をスローガンに、あくまで「一時的」、「他に代替手段がない」、「命にかかわるような緊急性が高い」という三原則を満たさない限りお年寄りを縛らないようにしようというものです。マスコミや行政の大変な関心を呼びましたが、世間にはまだ半信半疑の人が多かったようです。信用してもらうためにはどうしたらいいかを当時、「朝日新聞」の論説委員をされていた大熊由紀子さん（『「寝たきり老人」のいる国いない国』〈ぶどう社、一九九一年〉の著者）に尋ねますと、最も厳しい見方をする人に直接病院を見てもらうようにと助言を受けました。

そこで「朝日新聞」の大熊一夫記者が適任ということで、私の病院に来ていただきました。『ルポ　老人病棟』（朝日文庫、一九九二年）、『ルポ　精神病棟』（朝日文庫、一九八一年）を出版されたベテラン記者の態度は不信感に満ちていました。ほとんど信用されていない感じです。ところが夜間の職員の配置の話になり、当時一五〇床で十二名の看護、介護職員を配置し、しかも夜勤専従ですと説明した途端、大熊さんの目の色が変わったのです。デンマークと一緒と言われました。一般的に夜間の職員の少ないときに抑制行為は行われがちのため、職員数を聞いて信用されたのだと思います。

「抑制廃止オンブズマン」

我々は宣言に参加した十病院を第三者に検証してもらうために、池永弁護士の助言を受け、稲村鈴代弁護士にも参加してもらい、「抑制廃止オンブズマン」を立ちあげました。当初、「オンブズマン」という言葉を使うことに会員の一部の病院に反対がありました。我々が何か悪いことをしているから、それを罰する組織と世間に受け取られるのではないかという意見でした。しかし、議論を重ねるうち、我々の気が付かない点を見出し、的確に助言してくれ、病院の一層の質の向上につながるということで全員納得し、組織が発足しました。医師、看護師、大学教授、弁護士、家族の会の会員などで構成され、十病院を順次、抜き打ち的に訪問してもらい、抑制にあたる行為がないか検証してもらいました。どの病院でも特に問題となる行為は認められませんでした。

主として医療行為を行う多くの病院で、縛らない看護、介護が行われている事実が確認されたことが、介護保険下において、三原則を満たさない限り縛ってはいけないという、厚生省令の発令に大きく寄与したものと思います。罰則としては施設基準の取り消しもある厳しいものですが、今までのところ取り消しはまだ一件も報告されていません。

身体拘束に関する裁判では、一宮身体拘束裁判が有名です。二〇〇三（平成十五）年に愛知県一宮市の「一宮西病院」に入院した女性（当時八十歳、一審判決前の二〇〇六年に死亡）が不必要な身体拘束で心身に苦痛を受けたとして、病院を経営する社会医療法人に損害賠償を求めた訴訟です。二〇一〇年一月二十六日に最高裁の判決があり、病院側に計七十万円の支払いを命じた二審・名古屋高裁判決を破棄し、原告側の請求を棄却しました。しかしながら「身体拘束は患者の受傷を防止するなど、やむを得ない場合にのみ許される」と述べており、医療保険適応の病棟でも、三原則を逸脱してむやみに縛ることはできないとしています。

「患者の権利オンブズマン」

我々の「抑制廃止オンブズマン」はわずか一年くらいしか続きませんでしたが、同じ頃設立された「患者の権利オンブズマン」は十八年間続きました。設立後、暫く経ってから池永弁護士から電話がありました。最近は医師からの紹介が増えてきたとのことでした。外来患者で診療内容に執拗に苦情を言う患者に対して、第三者機関として、「患者の権利オンブズマン」の判断を仰ぐのだそうです。小さな診療所では特に、自院で解決困難なケースの場合、大変有り難い存在だったと思います。診療上の問題が起こったときには、顧問弁護士のいない診療所では、先ず医師会に相談し医師会の顧問弁護士を紹介してもらいます。その場合は、医師が早く示談で解決したいと思ってもなかなかできないのです。

病院でも医療行為において問題が起こったときには、集団医師賠償保険に入っている場合は、先ず医師会の顧問弁護士と連絡をしなければなりません。私の病院では、池永弁護士の助言で、少し保険料は割高にな

ります が、直接損保会社と契約し、顧問弁護士と行動できるようにしています。医療行為は不確定の要素が多く、予測と異なりどんなことがいつ起こるかわかりません。問題事項が発生した場合は、患者様本人ないしはご家族につつみ隠さず直ちに連絡し説明を行い、心からの誠意を示し、同時に池永弁護士に連絡していました。その後、医療安全委員会を開催しました。

当初、病院側の顧問弁護士が間に入ることを、患者様やご家族はあまり信用していない感じでした。病院側に有利に活動するだろうと思っておられたのですが、「患者の権利オンブズマン」の活動報告を見せ、池永弁護士が活動の中心的存在であること、有吉病院が協力医療機関第一号であること、弁護士は中立的、第三者として判断してくれるということを説明し、納得していただきました。

おわりに

池永弁護士は、いかなるときでも医師に匹敵する医療知識で、病院側、患者側のいずれにも与《くみ》しない中立的判断をされていました。外来、病棟における診療業務や、看護業務の他、食事、排泄、入浴、整容などの介護業務においてはいつ問題行為が発生するかわかりません。毎日が不安に満ちた日々なのです。私にとって池永弁護士の存在は精神的に大きな支えでありました。電話で簡単に相談に乗っていただくことができ、弁護士として的確な判断をしていただくことにより、大きな安心感を得ることができました。

今は医療提供側に居ますが、いつ医療を受ける側になるか分かりません。私もこの二十年間で二回の手術を含めて三回の入院を経験し、患者側の気持ちが理解できるようになりました。今後、問題が起こった場合、池永弁護士ならどのような助言をされるかを考えながら対応していきたいと思います。

本当に長い間有難うございました。

「ベストフレンド」だった池永満

池永　早苗

満との出会い

池永満との初めての出会いは一九六五（昭和四十）年、私が十八歳の時で、場所は九州大学教養部自治会の代議員会が行われた教室でした。

私が、理系一七―一クラスから選出されたもう一人の代議員の飯田さんと雑談をしていたら、突如、前席の男子が振り返って、「タバコを吸い、酒を飲む人は真面目ではないんですか！」と抗議するように言ってきました。その男は痩せており、細い目がキツネみたいにつり上がっていました。私の第一印象は「他人の話に突如割り込んできて、生意気なやつ！」でした。彼が文系一―四クラスの代議員で池永満でした。

我が理系一七―一クラスから始まった「昼休み延長を求める決議（三十分から六十分への延長）」が自治会ぐるみの運動となり、その後、教官の理解も得て実現しました。この運動に満も参加し、二人はお互いのことを少し理解することができました。

九州大学新入生歓迎オリエンテーションにて

九州大学学生時代。ここで生涯の伴侶・早苗と出会う

日韓条約反対闘争

その後、二人とも教養部から本学に進学。私が所属する薬学部は女子学生が多かったため、男子学生を増やしたいという意図が教授会にあったのでしょう。学生への事前説明では、「薬学部は薬学科と製薬学科に分かれるが、内容は同じようなものです。どちらを希望してもいいです」と、担当教授は説明していましたが、翌年の入試要綱には、「製薬学科は男子学生に適する」と書いてあったのです。学生は納得できずに、

自治会として撤回を求めることになりました。こうして「薬学部女子学生入学規制反対闘争」が始まりました。

九大学友会からも全面的な支援があり、新聞にも取り上げられ、次年度の入試要綱から該当箇所を削除するとの回答を得ることができました。学友会副委員長の池永満は、私たちにぴったり張り付いて、昼夜分かたず指導援助してくれました。

一九六八年の米軍原子力潜水艦エンタープライズ号佐世保寄港反対闘争、この他、米軍戦闘機F４ファントム学内墜落事件、板付米軍基地撤去闘争、東大闘争をはじめとする大学民主化闘争などの中で二人の間は接近しました。

一九六九年、法学部四年生となった満は、全学連中央執行委員・九学連委員長として学生運動の指導を継続するために、一科目を残して一年間「留年」することを決意しました。

親からの仕送りを断った満を支援するために、私たちは仲間を募って毎月支援金を送りました。そして、満の卒業直前の一九七〇年三月七日に、実行委員会形式による会費千円のささやかな結婚式を挙げたのです。以降のことについては、他の満の友人たちの原稿にお任せしたいと思います。

満が書き残した小説「二十一日間」

満は闘病中の二〇一一（平成二十三）年二月頃、小説「二十一日間」の構想案を私に見せて、「さなさんにも原稿を書く機会を保証するけん、なんでも書いて」と言いました。「二十一日間」とは、心筋梗塞で緊急入院した小倉記念病院での八日間と、胃がんのため胃全摘術を受けた九州大学病院での十三日間です。

残念ながらこの小説は完結しませんでしたが、この追悼集発行を絶好の機会と思い、満が書き残した冒頭部分を披露させていただきます。満もさぞかし喜んでいることでしょう。なお、「二十一日間」の末尾に、満から家族への覚書の抜粋（二〇一一年六月十九日付け）をつけています。

満は本当に私のベストフレンドでした。

＊　＊

小説を貫くモチーフ（二〇一一年二月十三日）

基本構造

一挙に襲ってきた病いとの格闘、治療方針の自己決定と妻の支援、医療機関の紹介と医療従事者に対する感謝と連帯のメッセージ

「二十一日間」その一

池永　満

序　章

①生い立ちから

著者は一九四六年（昭和二十一年）二月七日、福岡県築上郡椎田町（現築上町）で生まれ、北九州と筑豊で育ち、県立鞍手高校から弁護士をめざして一浪して一九六五年、九州大学法学部（法律専攻）に進学。国際的な団塊世代の反乱と大学闘争の中で学生運動に熱中したため、学部進学後に政治専攻へコ

運動会で

学生時代

父と

ース変更。故具島兼三郎教授の国際政治ゼミに学ぶ。

一九七〇年三月七日、大学卒業を目前に控えていた時、教養部学生時代に当時三十分の昼休みを一時間に延長することを求める「昼休み延長闘争」の中で知り合い、以来、運動を共にし、全学連中央執行委員として東大闘争に参加すること等を理由に留年することにした私より一年先に九大薬学部を卒業し家業の薬局を薬剤師として手伝っていた早苗（長崎県立佐世保北高出身）と結婚。

結婚後、夫婦それぞれ就職が内定していた大阪で共働きの新婚生活を始めようとしていた矢先に、当時衆議院議員であった諫山博弁護士（九大法文学部卒）に誘われ上京。参議院で二年間、日本共産党国会議員の秘書を勤め「赤絨毯」の世界を見聞した後、一九七二年、生まれたばかりの長女を抱いて帰福し、妻に働いてもらって生計を維持しながら司法試験受験勉強に専念。背水の陣が功を奏したか二回目の受験で最終合格を果たし一九七五年春から第二十九期司法修習生。受験勉強中に長男が、司法修習中に二男が誕生。

二年間の司法修習を終えて一九七七年弁護士登録。北九州

家族五人で

第一法律事務所（所長弁護士は衆議院議員を四期務めた三浦久弁護士）で三年間勤務した後、一九八〇年、福岡市に九州合同法律事務所を創立して二十年間執務、その後の二〇〇一年、法律事務所池永オフィスを設立。二〇〇四年に法人化して「弁護士法人奔流」を設立し代表社員となる。

　この間、二十年間の弁護士活動の区切りとして一九九七年一月から二年間、英国エセックス大学人権センター特別研究員として妻とともに英国及びオランダに滞在、帰国後の一九九九年六月、妻とともにNPO法人患者の権利オンブズマンの創立に加わり、理事長に就任。二〇〇四年四月から三年間、福岡大学法科大学院教授（実務家専任教員）として医事法・患者の権利論、環境訴訟の実務、民事紛争処理手続論等を担当。

②序章の幕開け〈その一　福岡県弁護士会会長に立候補〉

　二〇〇八年十二月二十二日夕刻、A弁護士から「立候補を予定していたB弁護士が出られない事情になり、次年度の（県弁護士会）会長候補がまだ決まっていない。正月明けには選挙が公示されるが、このままでは会長空席（その場合は前任者が執務を続行する）という県弁護士会始まって以来の異常事態になる。相談したい」との電話有り。

翌二十三日は妻と平戸までドライブし、二十四日に志々伎山（九州百名山の一つ）に登って夕刻までに帰福する予定だったので、詳しい事情を聞くかどうかは、後で返事をすると答えて帰宅。「何を今更」が妻の反応。返事は先送りすることとし、翌日、予定どおり平戸に出発。途中「ねずみ取り」に引っかかり悪い予感。宿に着き温泉に浸りながら、時折「どうするかねえ」とつぶやく私に対して、「あなたは、どうせ逃げられないんでしょう」と意を決した早苗が、了解のサインを出した。

二人で挑戦した九州百名山

翌二〇〇九年六月は、NPO法人患者の権利オンブズマンの創立十周年。国際シンポジウムなど大掛かりな記念事業が準備されており、もちろん延期は出来ない。年末に緊急会議を招集し、主要なボランティアメンバーに理事長不在での記念事業遂行を頼む。早苗も副理事長として記念事業の責任者になってくれた。弁護士法人奔流は二〇〇九年春から夏にかけて二つの新事務所を設立する計画だったが、これは延期することにした。

福岡県弁護士会会長立候補挨拶から（二〇〇九年一月八日）

この度、私は、二〇〇九年度（平成二十一年度）の福岡県弁護士会会長に立候補いたしました。突然のことで多くの皆様が驚きのこことと思います。私自身、全く想定していなかった事態ですが、これも何かの巡り合わせと考え決断いたしました。

私は、そもそも弁護士会以外の活動に関心が強く、特に五年前の法科大学院発足時から実務家専任教員として活動することになったため、最近の弁護士会運営の実情にはほとんど通じておりません。しかし、福岡県弁護士会の日常活動は多くの献身的な委員会活動に支えられており、会長一人に左右される時代ではありませんし、幸い最近の会務に詳しく実行力のある会員の皆さんが副会長に立候補されていますので、力を合わせて職務を全うしたいと考えております。

従って会長候補者として政策提案などを行う準備がありませんが、当面する弁護士会の課題につき日頃考えているところを述べ挨拶とさせていただきます。

ご案内のとおり本年五月から「司法制度改革」の最後の柱である裁判員裁判が始まります。司法制度改革をめぐっては社会的にも会内においても再び大きな議論がおこっていますが、「市民のための司法改革」を推進するという福岡県弁護士会としての軸足をぶらさないことが肝要だと考えています。

第二次大戦中に「当分の間」ということで陪審裁判が停止されてから六十余年。全ての権限と手続が専門家に委ねられてきたわが国刑事司法に市民が主体的に参加する仕組みがようやく復活します。

専門家にとっては市民を説得する力があるか否かが試されます。多くの改善すべき制度的課題も指摘されています。しかし「わが国の刑事裁判は絶望的だ」と言い放った刑法学者の嘆きを横目に、接見交通権の確立や当番弁護士制度導入など地道な努力を継続してきた全国の弁護士が、数々の冤罪事件を批判し闘ってきた市民世論とも連帯し、知恵と力を合わせて取り組む中でこそ、改善の展望をつくり出し刑事司法の歴史的転換を実現していく可能性が開けるものと思います。

他方、既に着手されてきた司法試験合格者増を通じての法曹人口の増大と、法科大学院による新しい法曹養成システムに関しては、増員計画や合格者増員のペースダウン、法科大学院の学生定数削減を含む統廃合などの見直し論議が始まっています。しかし従前の弁護士が取り組んできた法律業務の枠組みを前提としたまま修習生の「就職難」が語られ、新司法試験の「合格率」の高低を主要な基準として統廃合の議論が進められていることには違和感を感じます。

県内はもとより九州各地に弁護士過疎地域が多く残存しています。司法改革の原点に立ち返り、特殊な分野の専門的ニーズに応えることはもとより、地域住民の生活や市民の多様な法的ニーズに誠実に対応できる柔軟なリーガルマインドを持った多くの法律実務家を社会の隅々に送り出していくために、系統的な教育課程の中で人材を養成する法科大学院を全国的に適正配置して発展させることが大切だと思います。法科大学院における教育の質を高めることも重要ですが、二〜三年という限定された期間に過度の期待は禁物です。この機会に弁護士会自身が本格的な弁護士研修システムを構築して会員弁護士の質を市民に保証する責任を全うする方向で努力すべきではないかと考えています。

福岡県弁護士会は、昨年一年間だけで七十名を超える新入会員を迎えました。数年内に千名台の弁護士会になることも夢ではありません。私は、新しい力が県民に対するリーガル・サービスを充実強化して基本的人権を擁護し、自立と連帯を基調とする市民社会の秩序形成に一層大きな役割を果たすものになることを信じて疑いません。弁護士会は若い力が羽ばたくにふさわしい研鑽と活動の場を提供するための系統的な政策を充実強化する必要があると思います。

他方において組織が肥大化すればするほど官僚化することも世の常だと思います。福岡県弁護士会の会務や委員会活動等が一部の熱心な会員の力にのみ依拠していれば、急速に空洞化が進行する恐れもあるでしょう。「全員野球」の弁護士会を作り上げるために組織改革を進める必要性も高まっていると思います。

私は、最近にない高齢の会長候補者だと思いますので、これを機会に福岡県弁護士会の中に老・壮・青の垣根を越えた協同と連帯の輪を少しでも広げることができれば幸いに存じます。全力を尽くす所存ですので、何とぞ会員の皆様の御協力と御鞭撻を心よりお願い申し上げます。

③序章の幕開け〈その二　禁酒で任期を全うし、新たな展開へ〉

会長と五名の副会長が全員無投票当選となり、二名の弁護士事務局長を加えた県弁護士会執行部予定者の活動は四月の正式就任より二ヶ月半も早い一月中旬から始まった。

弁護士業務からは一切離れて会務に専念するので、忙しさはそれほど変わらないはずだが、何しろ公式、非公式を問わず会議や会合が多い。食事も朝食以外はほとんど外食となり、アルコールを飲む機会も激増した。

執行部予定者として活動を始めて直ぐに持病の痔からの出血が始まり、貧血がすすんだ。大腸ファイバー検査をした医師からは手術を勧められたが、そんな余裕はない。外科医師の処方で座薬の止血剤を使いながら鉄剤の補給をし、幸い一ヶ月程度で貧血状態は収まったので、以後は止血剤を常用しながら二ヶ月に一度血液検査をして観察を続けることになった。

四月に会長に正式就任し、五月から始まった裁判員裁判制度への対応をはじめ諸課題への執行部一丸となった取り組みが順調に遂行され、任期後半の課題に着手を始めようとしていた十月末のことであった。血液検査のデータをパソコンのモニター上に見ていた外科の医師が、一瞬目を留めたあとこちらに向いて、アルコールをだいぶ飲んでいますかと言う。鉄分等は正常範囲で問題ないが、γ-GTPが異常に高いし、他の肝機能に関するデータもあまり良くないと。確かに、晩酌等は一切やらず、外食が多いため勢いアルコールを摂取する機会も激増していることは間違いない。

十一月から忘年会・新年会と飲み事が一番多い時期を前にしてアルコールをすべて断つこととした。乾杯の音頭もウーロン茶でごまかした。一ヶ月後の血液検査では、データは大きく改善した。何よりもびっくりしたのは、九月頃から疲労の蓄積を自覚しつつあった体調が大きく回復したことである。私は翌年三月までの任期中は禁酒を続けることにした。

二〇一〇年正月を越え六十四歳の誕生日を迎える中で、任期終了後の事務所運営方針や、かねて六十七歳で弁護士業務からの引退を宣言していた私自身の最後の三年間の過ごし方等を真剣に考え、一年間保留していた新事務所の建設計画を直ちに具体化するとともに、私自身の執務場所を夏までに直方オフィスに移転して福岡本部オフィスの世代交替を一気にすすめるとともに、筑豊地域における弁護士法人奔流の活動を強化することとした。

④序章の幕開け〈その三　二〇一〇年六月福岡市から直方市へ転居〉

この度、私たちは、魁皇関を育てた直方市へ引っ越します。

満が代表社員を務める弁護士法人奔流（在籍弁護士十三名）は本年八月、法人としては六番目の従たる事務所を筑豊の飯塚市に開設します。県下で最も弁護士が少ない筑豊地区では既に田川オフィス（弁護士二名）と直方オフィス（弁護士二名）が活動していますので、飯塚オフィス開設により筑豊地区の裁判所三支部全てをカバーすることになります。これを機会に筑豊の三事務所は一体となって地域住民へのリーガル・サービス活動を強化する予定ですが、満自身がその一翼を担うため七月から主として執務する場所を法律事務所直方オフィスに異動することになりました。

それに伴い自宅も福岡市から直方市に移します。直方市には満の母校である鞍手高等学校があり、〝鞍高生〟として青春を謳歌していた地域での弁護士生活は、満のかねてからの願いでした。妻早苗は、一九七〇年に結婚して以来十五回目になる引っ越しを決断し、自ら転居先を探してきました。直方オフィスから徒歩三分のところです。

もっとも弁護士法人奔流本部や患者の権利オンブズマン事務局は移転しませんし、満には福岡本庁係属の裁判や県弁護士会の会務（常議員会議長）等も残っていますので、当分は直方と福岡の間を行ったり来たりの毎日です。早苗も患者の権利オンブズマンの常務理事として週二回程度はオンブズマン事務局に通います。早く二人でゆっくりと福智の高嶺や遠賀の流れなど筑豊の自然を満喫できる日が来ることを期待しつつ新生活をスタートさせます。

（転居挨拶文から）

第一幕　二〇一〇年十二月九日〜十六日（小倉記念病院八日間）の闘い

①十二月九日（木曜日・友引）

午前四時頃、目覚まし時計のアラームで目を覚ました。

第一審で敗訴した医療過誤事件の控訴審における新たな主張を検討するために、第一審の訴訟記録を改めて読み直す。

午前六時になった。二ヶ月前から始めた早朝ジョギングに出かける時間である。自宅のマンション玄関で軽く準備体操をしてから、マンション南側に鎮座しているお多賀さん（多賀神社）の階段を駆け上がって参拝し、神社下から鞍高坂を登りつめて母校のグラウンドを一周して帰宅する約三十分の運動であるが、何故か気が進まない。

まだ早苗が寝息を立てているベッドに再び滑り込む。

目を覚ましてベッドを起き上がると午前七時半。今朝は午前九時二十分から福岡の千鳥橋病院で胃カメラ検査が予約されている。直方からは高速道路を使って小一時間くらいで到着するが、そろそろ出かける用意をしなければならない。

しかしやはり気が進まない。

「今日の胃カメラ検査は止めにするので、悪いけど朝ご飯を用意して頂戴」妻に頼み、いつもより遅めの朝食を済ませた後、「体調が悪い」ということで検査のキャンセル電話を病院にする。

予定外ではあったが、自宅から歩いて三〜四分の事務所に一〇時頃出勤。連絡ノートを見ながら依頼者等への数件の電話連絡を終えた頃に思い出した。そうだ。新たに依頼があった産業廃棄物処理場の拡張反対運動の弁護団を結成するために、その第一人者である久留米のT弁護士に連絡しておかねばと、事務所の電話番号を会員名簿で確認しながら受話器のボタンを押すために手をのばそうとした、ちょうどその時であった。

左胸の心臓辺りが急に重苦しくなった。思わず左手を当てたが、締め付けられるような痛みが始まった。これで冷や汗が出たら、心筋梗塞かも知れない……と思うや額に冷や汗が流れ始めた。腕時計を見れば一〇時三十分頃であった。

救急車を呼ばねば。しかし、どの病院に搬入してもらえば良いのか。筑豊であれば、A病院が有名だが、つい先日にも、心カテの事故について相談を受けたばかりである。どうしよう。そうだ、有吉君に連絡しよう。胸を押さえたまま左手をずらして上着の内ポケットから手帳を取り出して番号を確認しながら、右手に携帯電話を持って有吉医師の携帯番号を入力するがなかなか入らない。三度目に成功して、呼び出し音がなっているが応答がない。胸の重苦しさと冷や汗は強くなるばかり。とにかく救急車を呼んでおこう。自分の部屋を出て秘書がいる事務室に入り、救急車の手配を頼み、秘書が差し出してくれた椅子に座る。

そうだ。今日の午後は、福岡で続けていた油絵の勉強を直方でも再開する早苗のために、車で教室の先生宅まで送迎してやる約束をしていた。妻に「心臓が重苦しいので救急車を呼んでいる。午後送っていけないけどごめん」と携帯で電話。その直後に、携帯が鳴りだした。有吉医師からのバックコールである。状況を話し、どこに搬入してもらえば良いかを訪ねたら、すかさず「小倉記念」に運んでもらえとの助言。直方からでも搬入してもらえるという。「それは良かった、そうする」と返事をした頃、二名の救急隊員が担架を持って事務所の玄関から入って来た。

高速道路を通って三十分後には小倉記念病院に搬入され、緊急検査で右冠動脈の閉塞が確認され、緊急手術となり、心カテによるステント留置による冠動脈再建術が実施された。

手術の状況

術後のＩＣＵ

夜間の病室移動

②十二月十日（金曜日）　飯塚部会忘年会

止血のための身体固定

③十二月十一日（土曜日）　東京行き

個室への移動

④十二月十二日（日曜日）　オンブズマン忘年会

⑤十二月十三日（月曜日）　新人研修連絡会／支える会忘年会

鮫島先生へのＥメール

⑥十二月十四日（火曜日）　筑豊三事務所会議

肝悪性リンパ腫の診断と無治療方針

⑦十二月十五日（水曜日）　アドボカシー忘年会

変化の有無

⑧十二月十六日（木曜日）　退院

第二幕　二〇一一年一月二十八日〜二月九日（九大病院十三日間）の闘い

（引用終わり）

満が遺した家族への覚書（二〇一一年六月十九日）

本来、もっと長く早苗との生活を楽しむ予定ですが、今回の想定外の展開を踏まえて、万一の場合には、子供達で協力して早苗を守ってください。お願いします。

肝悪性リンパ腫の診断を受け積極的な治療はしないと決断した際、やり残したことを三年間でやり抜こうと考えてから一年半が経ちましたが、後半の半年間は想定外の事態の連続でした。そのため、早苗のためにも孫たちのためにもそれなりのものを残しておくつもりでしたが、使い果たしてしまいました。

もともと子供達には健康な体と教育を与えればよく、遺産は何も残さないといってきましたが、その通りになりました。早苗さんに不自由をかけることがとてもしのび難い事ですが、許してください。

さなさんと歩んできた人生は、満にとって、本当に楽しく充実したものでした。幸い、子供にも、孫たちにも恵まれたので、残された人生をゆっくりと楽しんだ上で会いにきてください。待っています。

国立療養所大島青松園を訪ねて（左・筆者）

ともに闘った一九七九年総選挙

元北九州第一法律事務所三浦久後援会選挙対策本部長　弁護士　吉野　高幸

はじめに

私が故池永満弁護士（以下、池永さんと略します）と知りあったのは一九七五（昭和五十）年、池永さんが司法修習生の時でした。

その後、池永さんは一九七七年に司法修習を終え、私が所属していた北九州第一法律事務所に入所しました。それから一九八〇年までの三年間、私と池永さんは同じ事務所で活動をともにしました。その三年間の中で最も印象に残っているのは、一九七九年十月の総選挙における池永さんの奮闘です。

もう三十八年も前のことですが、今でも鮮明に記憶していることも多いので、池永さんを偲んで筆をとることにしました。

一九七九年の総選挙と私達

その当時、私達の北九州第一法律事務所では、所長の三浦久弁護士（以下、三浦さん）が福岡四区（当時は中選挙区制、福岡四区は定員四名。区域は北九州市小倉北区、小倉南区、門司区、田川市・郡、行橋市、豊前市、京都郡、築上郡）から日本共産党公認で立候補していました。三浦さんは一九七二年十二月の総選挙で六万余票をとり初当選を果たしました。しかし次の一九七六年十二月の総選挙では、得票は前回から八千票を増やし六万八〇〇票を獲得しましたが、自民党が候補者を二人に絞ったため当選ラインが上がり、一二〇〇票差で次点、涙を飲みました。

したがって一九七九年の総選挙は議席奪還を目指す闘いでした。現職は自民党二人と社会党（当時、野党第一党）、公明党の四名でいずれも固い支持基盤を持つ候補です。現職以外では三浦さんしか有力候補が出ないので、現職の一角を崩さないと三浦さんの当選はありません。その意味では極めて厳しい闘いでした。

事務所を挙げて取り組もう!! と合意

その当時、北九州第一法律事務所（以下、事務所と略）は、三浦さんを含めて弁護士十一名、三浦さんを除くと私が最年長で三十六歳、最年少の弁護士が二十五歳という「若さ溢れる」、「活気に満ちた」弁護士集団の事務所でした。

ある意味で「怖いもの知らず」だったと言ってよいと思います。そこで弁護士全員が参加する弁護士会議で「総選挙での三浦さんの当選のため、事務所の総力を尽くす」ことを決めました（もっともその時には

「総力を尽くす」とは「どんなことをしなければならないのか」について具体的に理解し、考えていたのは池永さんだけだったようですが……)。そこで、まず事務所の弁護士、事務員の全員と依頼者・相談者の有志で「北九州第一法律事務所三浦久後援会」を結成しました。

その後援会に選挙対策本部を設置し、本部長を私、事務局長を池永さんにすることを決めました。

なお、共産党と福岡四区全体の三浦久後援会で作る三浦久選挙対策本部には、事務所の後援会を代表して私が参加することになりました。

事務所後援会への周囲の期待——「一万票を!」の声

衆議院の解散も近まったある日、「総選挙勝利に向けての決起集会」がありました。数百人規模の集会でしたが、四区全体の選挙対策本部長が、報告の中で「第一法律事務所には一万票を叩き出してもらいます」と言ったのです。私は「おっと〜、誰がそんなこと決めた! 聞いてないよ〜」と思いましたが、三浦さんが所長の事務所として「そんなこと聞いてない!」などとは言えません。もちろん事務所で一万票を集める自信などありませんが、当選するにはそのくらいの取り組みが必要なのはわかっていたからです。というのは、前述したようにこの一九七九年の総選挙は現職四人と三浦さんの五人で四議席を争う「少数激戦の選挙なので、当選ラインは八万票くらいに上がるだろう」と言われていたのです。

したがって、それまでの共産党の支持層の範囲の運動では当選することは難しく、運動をもうひとまわり広げることが必要でした。その意味で私達の事務所への期待は大きかったのです。

「全力を尽くす」とは

その一

解散の近まったある日、事務所のドアを開けてビックリ!! ドアを開けてすぐ見える場所に「三浦久を国会へ！（細かい表現は覚えていませんが、そんな趣旨）」との横断幕が垂れていました。事務所員はともかくお客さまはビックリするなあと思いましたが、「それが狙いだろう。僕らもお客さまに選挙の話がしやすくなるか……」と思いました。

その二

選挙の二カ月くらい前から、弁護士の日程で選挙活動に使える時間を池永事務局長に申告しました（させられた、が正確?）。

その日にはどこからか調達した自動車と運転手をつけられ、依頼者の住所をゼンリン地図におとしたコピー、応援演説例、さらに選挙用の宣伝物が用意されていました。何をするかおわかりですか?

車にはスピーカーが取り付けてあります。弁護士は自分の依頼者の家に向かいます。もちろん依頼事件などについての報告、意見交換のためです。しかし時節柄、総選挙のことが話題になるかも知れません。その時には用意していた資料が役に立ちます。報告、意見交換が終われば次の依頼者の住所に向かいます。その途中で街頭宣伝に適した場所があれば十分以内で応援演説をします。自動車はスピーカーを付けているだけでなく「街頭宣伝についての手続き」もされていました。

まあ「なんと手回しの良いこと」とありがたいやら、ありがた迷惑やら……。いや〜、お見事と言うしかありませんでした。

その二の余話 ── 読経で選挙運動？

私が池永さん指示の活動をしていたある日、ある依頼者の家に着いた時のこと。ちょうど二、三日前に葬儀があったようで葬儀用の花輪が片付けられる途中でした。その中に自民党の衆議院議員の名前がありました。「これはいかん。何か手を打たないと……」と思って「般若心経」を思い出しました。

私は九州大学の学生時代、仏教青年会の寮に一年半くらい入っていました。そこでは週二回、朝勤行《ごんぎょう》をすることになっていましたので「般若心経」くらいは暗記していました。そこで仏壇に向かい「般若心経」を読み上げたのです。その上で総選挙の話をさせていただきました。幸い依頼者の奥さん（本人は不在でした）は「わかりました。投票させていただきます」とのことでした。

なお、私は法律家なので「お布施」などは置いて来ておりません。念のため……。

その時「やはり、選挙活動は、出来れば直接訪問するのが一番良いのだな」と思いました。

その三 ── 毎日、毎日

選挙前の一定期間になって、毎日午後九時に弁護士会議を開くことになりました。

もちろんその九時までボーッとしているわけではありません。原則、午後六時から九時まで「選挙運動の電話入れ」をします。その集約を兼ねた弁護士会議なのです。

毎日、毎日の電話入れは大変です。ある日池永さんから相談がありました。「A（イニシャルのAではありません）先生が仕事ばかりして、電話入れをしないので若手が今一つ盛り上がりません。なんとかしてください」。私も「仕事をしろ」と尻を叩いたことはありますが、「仕事なんかしてる場合か！」と言うのは初めてです。

まあとにかくA先生と食事をしながら話し合いました。A先生は「とにかく仕事が多いので、手が空かないのです」とのことでした。

そこで私は「ともかくみんなでやらなきゃならない。あなたの場合、仕事が多いのも事実、そこで午後六時から一時間程度、電話をみんなとしてください。それから『ああ、急ぎの仕事が……』などと言って少しずつ仕事をしてください」と提案したところ、A先生は「わかりました」と了解してくれました。その後、池永さんからその話はありませんでした。

毎日午後六時から九時までの電話入れは大変ですが、若い弁護士（私も充分若かったけど……）がある意味で存分の働きをしてくれました。

その四 ── 次の選挙の候補者に!!

三浦さんと同じ事務所に働く弁護士ということで、選挙期間中に開かれるミニ集会などに候補者代理または候補者の人柄紹介の弁士として派遣の要請を受けることも多くありました。特に池永事務局長は、派遣要請をするようにと各方面に積極的に働きかけていました。

その中のこぼれ話。背が高く、今風にいえば「イケメン」の一年生弁護士に女性の人気が集まっていました。あるミニ集会で「今度は三浦さんでも良いけど次の選挙はあの若い背が高い先生にしてください」という発言があったとの報告がありました。「三浦さんには聞かせられないな!!」と思いました。

その五 ── 家族ぐるみで……。

選挙公示が近くなったある日曜日、事務所弁護士と事務局全員と弁護士夫人全員を集めた会議が招集されました。事務所の総力には弁護士夫人の力も含まれていたのです。「炊き出し」に参加しているとか「アナウンサー」をしている人だけでなく、〝弁護士夫人全員の力を選挙活動に〟との狙いもある会議でした。これは、それまでの私の発想には全くありませんでした。

またもお見事!

僅差の逆転勝利!

投票日を迎えました。当時の福岡四区は北九州市以外の地域は即日開票、北九州市は翌日開票でした。即日開票分で三浦さんは公明党の候補におさえられて五位。当選圏に入れません。しかも北九州市では公明党との差はさらに広がることも予測され、三浦さんの当選は無理かと思われました。

しかしここで予想外の事態が……。

前回トップ当選した自民党の候補の得票が北九州市に入って伸び悩み、じりじりと三浦さんの得票に近づいてきたのです。結局、福岡四区は最終発表まで最後の一議席が決まらず、当確が出ないまま最終発表で三浦さんが当選したのです。自民党の候補との差は僅か八百票でした。

三浦さんの得票は前回から一万二〇〇〇票増やして八万票余となりました。福岡四区で共産党の候補の得票が八万票を超えたのはこの選挙だけです。

もちろんこの成果をあげたのは福岡四区の共産党と後援会の活動の力ですが、北九州第一法律事務所と事務所後援会が果たした役割も大きいと思います。そして、その中心として弁護士と事務所の力を使いこなした池永さんの役割は極めて大きいと思います。

我が国を真の平和で民主的な国にするために選挙活動は重要です。若い弁護士の中から池永さんに負けない選挙の出来る弁護士が輩出することを（できれば選挙活動を一緒にやってくれることを）期待して筆を置きます。

九州合同法律事務所の設立と活動をともにして

辻本法律事務所　弁護士　辻本　育子

池永先生との出会いと九州合同法律事務所をつくるまで

池永満先生との出会いは、私が九州大学法学部に入学した一九六八（昭和四十三）年のことでした。入学した直後の六月二日、九大箱崎地区に建築中の電算機センターに米軍のファントム機が墜落し、全学あげての基地撤去運動に広がりました。そういうこともあり、私は一年生のときから学友会の活動に参加していたのですが、そのときは、池永先生は全学連の中央執行委員で東京におられることの方が多かったのです。

その後、全共闘による教養部封鎖、機動隊導入、ともに学友会活動をしていた仲間の逮捕・裁判などが続きました。この裁判のなかで、福岡第一法律事務所の諫山博先生の衝撃的な尋問を聞いたことが、後に私が弁護士になりたいと思うきっかけになりました。

私は、大学四年の秋（一九七一年）、思うような就職が出来ないことから弁護士を目ざそうという気になり、一年留年をして勉強をすることにしました。

ちょうどその時期、池永先生も、国会議員の秘書を辞めて司法試験の勉強を始められました。といっても、司法試験の勉強ですから、自学自習で、一緒に勉強をするということではありません。でも、数回、池永先生が当時住んでおられた「ヘルハウス」にうかがったことがあります。

私は一九七三年八月に友人知人が知らない間にこっそり結婚したのですが、池永先生にだけは事前にお話ししました。

池永先生と私は、同じ年（一九七四年）に司法試験に合格し、翌年から二年間、司法修習生（二十九期）となりました。前後期の合同修習の時期は松戸の寮でしたし、地方修習は福岡で一緒でした。修習が終わった一九七七年四月、池永先生は北九州第一法律事務所、私は福岡第一法律事務所に入りました。

私は、修習中の一九七五年に第一子が、弁護士になった翌年の一九七八年に第二子が生まれ、一九七九年に第三子を妊娠しました。それで、完全給料制の福岡第一法律事務所に在籍しているのが心苦しいという話を池永先生にしたのだと思います。そのあと池永先生から、「自分は福岡で事務所を作りたいけど、一緒にやらないね？」というお話がありました。また、そのとき、「妊娠、出産を控え、本格的に仕事をするのは難しいだろうから経営については自分が責任を持つ。辻本さんは売上げの二割位を事務所に入れてもらえばいいから」という提案もあり、有り難くそれを受けさせてもらうことにしました。

九州合同法律事務所開設

一九八〇（昭和五十五）年一月に九州合同法律事務所が出来ました。といっても実は最初、池永先生が考えていた事務所の名前は「九大合同法律事務所」でした。ところが、弁護士会から「九大」という名称を使うことはまかりならぬと言われて、一字を変えて「九州」合同にしました。福岡県弁護士会には九大卒業生が多いのに、「九大」とつけるとその代表のように見えるから云々……が理由でした。池永先生は、「九大がダメなら九州でもいいよ、こちらの方が広いから」と言っていましたね。

福岡に新しい事務所をつくるとき、池永先生が取り組みたいと言っていた仕事（分野）は主に二つありました。その一つは、まちづくり条例をはじめとする住民運動を組織することでした。残念ながら、私自身はこちらの活動には参加していませんが、その後の池永先生の活動スタイルの基礎（理念を運動化する）を作ったのではないかと思います。

医療問題研究会

もう一つは、患者の側で医療過誤被害の救済に取り組み、医療制度改善につなげるという活動です。ちょうど私たちが弁護士になった年である一九七七（昭和五十二）年に、同じような目的で、東京の医療問題弁護団、名古屋の医療過誤問題研究会が活動を始めていました。今日では想像もできないかもしれませんが、私たちが弁護士になった当時

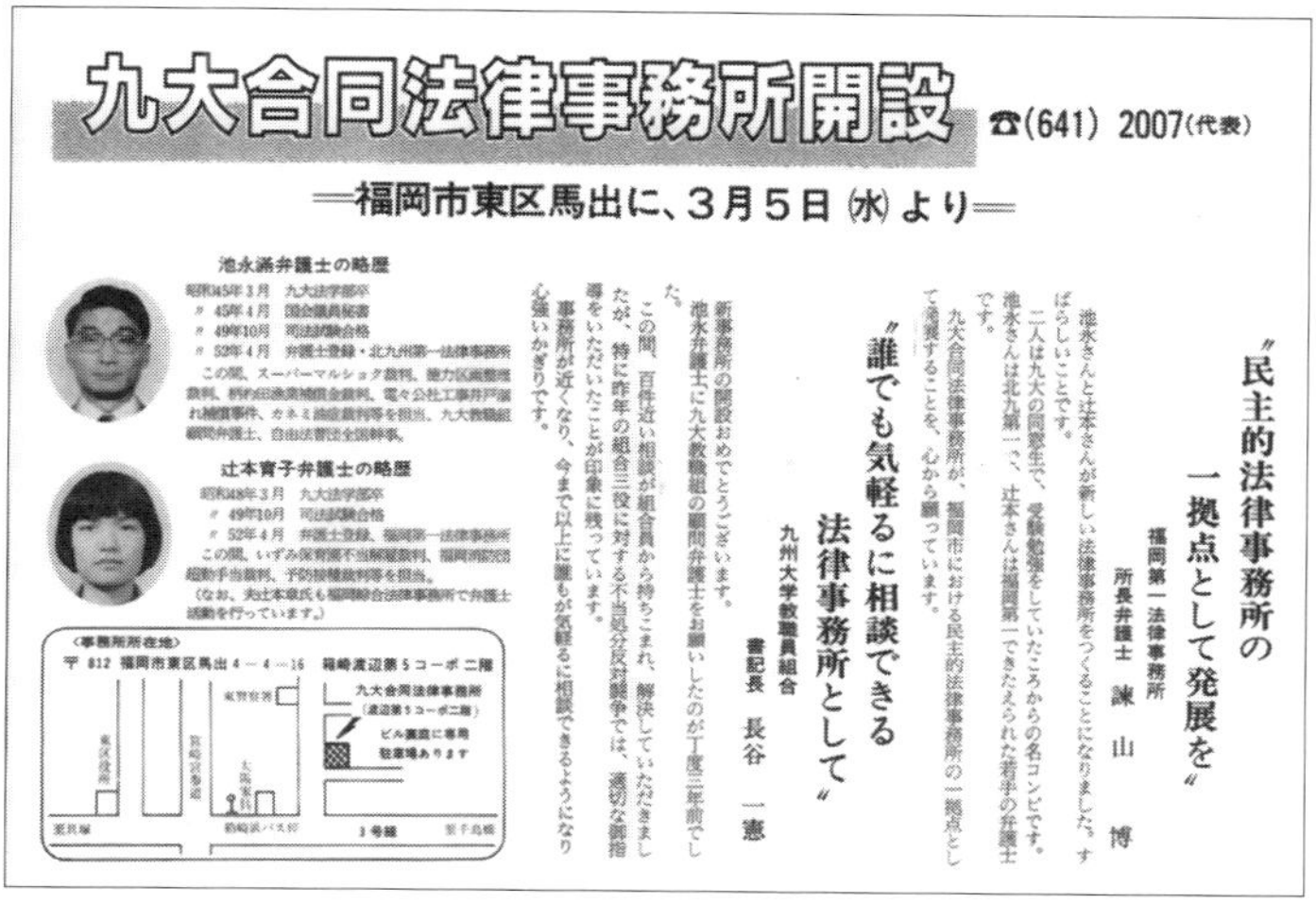
九大合同法律事務所開設 ☎(641) 2007（代表）

―福岡市東区馬出に、3月5日㈬より―

〝民主的法律事務所の一拠点として発展を〟

福岡第一法律事務所 所長弁護士 諫山 博

池永さんと辻本さんが新しい法律事務所をつくることになりました。すばらしいことです。
二人は九大の同窓生で、受験勉強をしていたころからの名コンビです。
池永さんは北九第一で、辻本さんは福岡第一できたえられた若手の弁護士です。
九大合同法律事務所が、福岡市における民主的法律事務所の一拠点として発展することを、心から願っています。

〝誰でも気軽るに相談できる法律事務所として〟

九州大学教職員組合 書記長 長谷 一憲

新事務所の開設おめでとうございます。
池永弁護士に九大教職組の顧問弁護士をお願いしたのが丁度三年前でした。
この間、百件近い相談が組合員から持ちこまれ、解決していただきましたが、特に昨年の組合三役に対する不当処分反対闘争では、適切な御指導をいただいたことが印象に残っています。
事務所が近くなり、今まで以上に誰もが気軽るに相談できるようになり心強いかぎりです。

池永満弁護士の略歴

昭和45年3月 九大法学部卒
〃 45年4月 国会議員秘書
〃 49年10月 司法試験合格
〃 52年4月 弁護士登録・北九州第一法律事務所
この間、スーパーマルショク裁判、……九大教職組顧問弁護士、自由法曹団全国幹事。

辻本育子弁護士の略歴

昭和48年3月 九大法学部卒
〃 49年10月 司法試験合格
〃 52年4月 弁護士登録、福岡第一法律事務所
この間、いずみ保育園不当解雇裁判、……予防接種裁判等を担当。
（なお、夫辻本章氏も……で弁護士活動を行っています。）

〈事務所所在地〉
〒812 福岡市東区馬出4―4―16 箱崎渡辺第5コーポ二階

九州合同法律事務所開設の案内チラシ

は、医療過誤被害にあって弁護士に相談しようとしても「出来ない」と門前払いされるか、あるいは弁護過誤にあうかしかないという状況でした。

それを乗り越えるには、弁護士が医療関係者の協力を得て医学的な知識を補いつつ、医療過誤訴訟のノウハウを身につける必要があったのです。それには個人個人の弁護士の努力も必要とはいえ、組織的な取り組みが求められていました。

ただ、池永先生の独創的なところは、医療過誤をなくして医療制度を改善していく取り組みには、患者あるいは患者側弁護士だけでなく、医療関係者が「主体的に」参加しなければならないという強い理念をもって組織作りに取りかかられたことです。

一九八〇年五月に私は第三子を出産し、二カ月休んだあと同年夏から仕事に復帰しましたが、その直後、まず、池永先生と私の連名で、若手の弁護士、医師、薬剤師などの医療関係者に「医療問題研究会」への参加を呼びかけました。そして、その呼びかけに応えてくれた弁護士、医療関係者とともに、秋には「医療問題研究会」が結成されました。患者側で医療過誤問題に取り組む組織が出来たということがマスコミで報道されると、埋もれていた医療過誤被害の相談が文字通り殺到しました。現在、「九州・山口医療問題研究会」という名称になっているのは、このときの相談が九州各県と山口県から寄せられ、後に改組して、九州・山口各県の弁護団をつなぐネットワークとなったからです。池永先生は利己主義からはいつも本当に自由でしたから、研究会に来た相談者は、相談者の近くにいる弁護士が対応し、しかも高い水準の法的サービスが受けられなければならないと思っていました。そこで、九州・山口の各県に同じ志の弁護士を組織する努力をしたのです。また、「医療問題研究会」という名称かどうかはさておき、その後、日本各地に患者側で医療過誤被害の救済に取り組む弁護士の団体は次々に生まれて、年一回、全国の弁護士の交流集会も開かれるようになりました。

そのなかで、個別の医療過誤被害の背景にある患者の権利の問題に正面から取り組もうという動きが発生してきました。それが、「患者の権利宣言」運動につながり、一九八七（昭和六十二）年六月に、全国起草委員会の「患者の権利宣言」となりました。

この運動は、患者さんあるいは医療過誤被害者・家族に勇気と力を与えたことはもちろんですが、それよりも医療界に衝撃を与えたように思います。当時の医師や医師会は、「インフォームド・コンセントは医師の裁量権を侵害する」とか、「カルテは医師のもの」と懸命に反論していましたから。

全国的な患者の権利運動のなかで、我が「医療問題研究会」の活動の特徴は、この運動が「宣言」をすることで終わるのではなく、それをスタート地点において、医師、医療界をこの運動に取り込んで患者の権利を現実のものにすることに、意識的に取り組んだことだと思います。

それが、一九九一（平成三）年の「患者の権利法をつくる会」の結成に結びつきました。

女性協同法律事務所の開設

時期的にはちょっと前後しますが、一九八九（平成元）年一月に、私は九州合同法律事務所を出て、原田直子弁護士と一緒に「女性協同法律事務所」を作りました。

この「女性協同法律事務所」の設立にも池永先生が噛んでいます。

私は、池永先生から「原田直子さんが辻本先生と一緒に、女性のための法律事務所を作りたいと思っているみたいよ」と聞いて、その気になったのですが、実は、原田先生も池永先生から、「辻本さんが、原田先生と一緒に……」と同じようなことを言われていたということを最近知ったのです。

策士ですね。私たち、池永先生の手のひらで踊らされていたのでしょうか。でもまあ、結果としては良かったからいいのですが。

そして、池永先生は、経営基盤が危うかった女性協同法律事務所のために、開設資金の援助のみならず、当初の数年間は共同経営の形で支えてくださいました。

女性協同法律事務所開設直後に始めた福岡セクハラ訴訟でやたらと忙しくなり、でも経営は不安定ななかで、事務所経費を払うのが精一杯で、自分たち弁護士の給料は払えないというときが何回もありました。それでも事務所を閉めなければならないという危機感を持たずにやれたのは、そういった池永先生と九州合同法律事務所の支えがあったからでした。

「患者の権利法をつくる会」

池永先生は、一九九七（平成九）年から二年間英国留学されましたが、その際、先生から「患者の権利法をつくる会」の事務局長を仰せつかりました。池永先生が留学中の二年間だけのピンチヒッターのつもりでしたが、先生は帰ってきたら今度は「患者の権利オンブズマン」を作り、その活動に軸足を移してしまったのです。

仕方ないです。池永先生という人は、次々に課題を見つけ、組織を作り、しばらくすると、自分はまた新しい課題に向かっていく人ですから。

その後も、次々と……。

でも、池永先生は、どのような組織を作るときも、それを担うべき人たち（市民、当事者、専門家等など）が主体的に動くはずということを深く確信しておられました。

そういう確信というか人に対する信頼があったから、池永先生の周りに人が集まったのだと思います。

最後に

考えてみると、池永先生と五十年近く前に出会い、以来、同じ方向で歩いてきました。そういう人生の道のりのなかで、池永先生は、ずっと私の進むべき道を示す常夜灯のような人でした。

思いがけない早い別れに啞然としたときからもう五年以上経ってしまったことが、信じられない気がします。「いまここに池永先生がいたら、どうしたかな？」、「なんて言ったかな？」と思うことがしばしばです。

でも、いつも未来に希望を持って生きていた池永先生を見習って、私も最後まで生きていきたいと思っています。

思いつくままに——法を社会変革のために駆使した人

安保法制違憲訴訟福岡弁護団共同代表　弁護士　上田　國廣

出会い

何の講演であったか、今では明確ではないが、池永満先生（以下「池永さん」と呼ばせていただきます）が亡くなられた二〇一二（平成二十四）年の数年前、天神ビルで青法協（「青年法律家協会」）の例会があった。講師は、池永さん、馬奈木昭雄弁護士、私の三名であった。三名とも予定より早く到着し、会場には担当者が一、二名いるだけだった。久しぶりの顔合わせで、想い出話に花が咲いた。三名とも九州大学法学部の出身であり、比較的近い世代である。

話の過程で、思いがけず三人とも癌に罹患し、闘病中の身であることが分かった。当然、話は闘病生活のことととなった。三名とも年齢を重ね、病を得たが、それぞれ意気軒昂で、まだまだこれからだとの気迫を持ち、笑いに包まれる時間だった。

私の二人に対する出会いは、それぞれ印象的である。馬奈木弁護士との出会いは水俣市である。私は修習生で、仲間の一人と水俣の現地を見たいとの思いで同地を訪問し、水俣病訴訟の中心的な活動を展開するために水俣に事務所を開設していた馬奈木弁護士に百間《ひゃくけん》港等を案内してもらい、水俣の闘いの話を聞いた。その後、福岡第一法律事務所で仕事を一緒にする機会を得たが、『勝つまでたたかう――馬奈木イズムの形成と発展』（花伝社、二〇一二年）に紹介されているように変幻自在の活躍をされてきた。幸い、馬奈木弁護士は現在も比較的元気で、以前と同様に衰えのない活動をされている。本題に戻ろう。

池永さんとの出会いも、今でも印象深く残っている。私は、一九六六（昭和四十一）年に九州大学に入った。当時の大学の文化は、私にとっては新鮮で刺激的であった。入学直後「オリエンテーション」があった。その意味と内容もよく分からなかったが、なにやら格好良さそうなプログラムだった。法学部生は四組に分かれ、私は一年四組に所属していた。指定された教室に入ると、二年四組の先輩二人が教壇に立ち、学生生活の心得等を話してくれた。その先輩の一人が池永さんだった。もう一人は瓜生さんという、後に政治学に進まれた方である。どのような話だったかの記憶はないが、大いにアジられ、そして昂揚させられた。また、池永さんの話が理路整然と淀みなく、圧倒された。大学生とは大したものだと思った。

その後の学生生活で、学内集会やデモ行進等の場で池永さんが活躍されているのを目撃した。池永さんとは卒業は同じ年となったが、現実の政治の場に進み、日本共産党の議員の秘書として活躍しているとの話を耳にした程度であった。

北九州から福岡へ

私は、一九七二（昭和四十七）年に福岡第一法律事務所に入所した。諫山博先生を筆頭とする優秀な先輩弁護士らの指導の下に、スモン訴訟、労働公安事件、刑事事件、その他の多数の事件を経験した。その五年後、池永さんが北九州第一法律事務所に入所したことを知った。福岡第一と北九州第一は兄弟関係の法律事務所であるが、私の所属する福岡第一は兄的な事務所であり、やや鷹揚な雰囲気がある。他方、北九州第一は弟的で、やんちゃで、かつ、ちゃっかりした印象の事務所である。それぞれの所長の性格等も反映しているように思われた。そのせいか、北九州第一は金儲けも上手で、他方は下手である。福岡第一では、給料が遅配することもあった。

北九州第一で活躍した池永さんが、一九八〇年に福岡部会に登録した。この登録替えは、福岡へのテコ入れであるとともに、池永さんの壮大な構想の実現に向けての第一歩だったのかもしれない。九州合同法律事務所を開設し、福岡第一の活動の及ばない分野で精力的な活動が展開されていった。博多湾埋立問題等に象徴される自治体問題での活躍は目覚ましいものであった。さらに、「医療問題研究会」を発足させ、医療過誤問題への弁護士の積極的な進出と劇的な勝訴率の改善へと繋げていった。この頃から、池永さんの人使いの巧みさ（使われる側からは人使いのひどさかもしれないが）、研究会や弁護団の経済的基盤への十分な配慮、運動方針の適確さ、理論の緻密さを認識するようになった。

博多湾埋立問題等の都市環境を守るための「まちづくり条例」制定運動では、福岡第一法律事務所への入所直後の、今は亡き田中久敏弁護士を派遣するようにとの池永さんの要請を受け、田中弁護士が派遣され、弁護士の法廷活動等とは異色の運動を担わされた。池永さんの人使いは、決して目的の実現のための人の酷使ではない。池永さんの理想とする法律家は、運動の重要な担い手の一人であり、その経験が、法律家としての専門性をさらに磨いていくとの強い思いがあったのであろう。いわば一石二鳥の方法である。現に、田中弁護士はその経験を活かし、薬害事件等で多大な成果をあげている。

社会のあり方から法のあり方を考える――有言実行の後継者育成

人使いは目先のものだけではない。跡を継ぎ、発展させる若手弁護士の育成である。九大教養課程での司法試験ゼミの開設、さらには、法科大学院生支援のために「アドボカシーセンター」の開設等を展開された。池永さんは、世の中を良くするためには、同じ思いを抱く集団が必要であり、個性溢れる人こそがその中核を担うことができると確信し、実行してきたと思う。

その思いを強くするのは、『ぼくらの司法試験おもしろ受験記』（共栄書房、一九八九年）を読んだからだ。この本は堀良一弁護士の著作だが、傑作である。法科大学院の学生や若手の弁護士に読むことを勧めたこともある。そこに登場する池永さんをモデルとする「池沼さん」という名のキツネ目の男は、受験生に宿舎を提供し、たまに監督と指導に訪れる人物として描かれている。仮名で登場する受験生の堀良一、名和田茂生、田中利美らは、キツネ目の男の指導よろしく、めでたく合格する。弁護士としての彼らの活躍は、改めて述べるまでもない。

池永さんは、自らの体験を踏まえ、二年間集中して勉強すれば司法試験に合格すると言い伝えてきたという。誰にでもできるとは言えないが、法学部時代に学生運動のために法律の勉強は十分でなかったものの、社会の動きに敏感に反応し、二年間という短い期間であるが国会議員秘書として社会の様々な面を経験してきた者としての自負があったものと思われる。いうまでもないが法が先にあるのではなく、社会があり、その社会をうまく動かすために法があるのである。社会のあり方から法のあり方を考える。そこに、息づいた法解釈が生まれると思う。この流れがうまく答案に活かされることにより、二年間で合格答案に至る。そのように思う。

池永さんの人使い――そして人の養成は、配慮に満ちている。修習生が、適切な法律事務所で働き、ＯＪＴ（オン・ザ・ジョブ・トレーニング：現任訓練）を受けるシステムを作ることである。そのシステムを阻害しているとして、やり玉に挙がったのが福岡第一である。

当時、入所九年目を迎えていた私の事務所は、所長の諫山弁護士を含めて弁護士十二名体制で、給与面はともかくとして、居心地の良さからか退所する弁護士が少なかった。池永さんは、若手弁護士の養成が重要であること、その役割を担うべき福岡第一は定期的に新人を採用すること、そのために一定の期間が過ぎた弁護士は速やかに独立することを私たちに説いた。この言葉に押されて、私と古原弁護士が独立した。池永さんも、九州合同法律事務所を小林弁護士らに託して、二〇〇四年には弁護士法人奔流を設立し、県内各地に支部を開設した。若手弁護士を大量に採用して、弁護士過疎の解消と若手弁護士のスキルアップを目指すシステムである。有言実行である。

法律事務所池永オフィス開設のころ

正しい道筋実現のための組織づくり

弁護団等の組織化も、池永さんの十八番《おはこ》であった。先に述べた博多湾埋立問題等での「まちづくり条例をつくる会」、「医療問題研究会」、「九州アドボカシーセンター」の他にも、建築問題研究会、中国人強制連行・強制労働国賠訴訟弁護団などの各種弁護団の結成で重要な役割を演じている。池永さんは、組織論で重要である経済的な基盤の確立も上手であった。「九州アドボカシーセンター」は大きな予算を必要としたが、各法律事務所等の協力を強力に仰ぎ、多くの法科大学院生が学べる仕組みを確立した。その流れは現在も途絶えることなく続いている。

私が池永さんと直接に仕事を共にしたのは、九州予防接種禍訴訟弁護団の一員としてである。馬奈木弁護士が団長、私が事務局長として、池永さん、中尾晴一、宇都宮英人、前田豊、稲村晴夫、名和田茂生、田中久敏、井上道夫、植松功の各弁護士らが常任弁護団員として闘った。この弁護団でも池永さんは、理論、そして運動のあり方について中心的な役割を担われた。

池永さんからの要請で、「まちづくり条例運動」、「医療問題研究会」、「アドボカシーセンター」の活動等に参加した。このような経過を顧みると、私は、人使いの巧みな池永さんに、背後から操られていたような気持ちになる。もちろん、正しい道筋の実現のためであるから悪い気はしない。池永さんと関係した多くの弁護士が同じ思いを抱いているであろう。

理論の緻密さも抜群であった。様々な観点での議論でも、一貫性のある理論を展開し、しかも、議論そのものを楽しむ余裕のある人であった。緻密さのみならず、特に医療、建築、行政の分野では高い専門性も備えていた。池永さんの著書『新 患者の権利――医療に心と人権を』（九州大学出版会、二〇一三年）は、医療問題の最先端の場で闘ってきた実務家の視点から患者の権利を理論化する著書であり、内容的にも高い水準のものである。

こうして見ると、池永さんは、社会の変革の方向性を失わずに、法律の専門家として法を駆使して、社会の不公正を是正し、人権を回復し、人々に自信と確信を持たせ、力を合わせる主体となるよう努力し続けてきた人であったということが一層明確になる。

私は現在、「安保法制違憲訴訟」福岡弁護団の共同代表の一人である。事務局長は、池永さんの愛弟子の名和田弁護士である。弁護団には優秀な若手弁護士が参加しているが、その数は少ない。憲法、国際法、政治学、軍事等の多様な側面を理解し、法廷闘争や運動を進めるうえで、現状では常任弁護団体制は不十分である。また、財政的基盤も十分ではない。池永さんが生きていてくれたらなとの思いが強くなる。得意の人使いで、ベストメンバーを組んでくれるのではないか。財政的な心配も必要なくなるのではないか。こんな思いにかられる。

唯物論を信じていたと思われる池永さんに頼むことはできないのは承知だが、天国から愛弟子、孫弟子、自称弟子たちに檄を飛ばして、弁護団への参加を要請してほしい。

哲理の人――人間性のひかりを照らす

九州・山口医療問題研究会福岡県弁護団代表　弁護士　八尋　光秀

患者の権利確立運動

私は、弁護士登録してすぐに先生が主宰される「医療問題研究会」に参加しました。今日まで医療過誤訴訟、「患者の権利宣言」運動、「患者の権利法をつくる会」、薬害ＨＩＶ訴訟、らい予防法違憲国家賠償請求訴訟、薬害Ｃ型肝炎訴訟を担当してきました。医療法制度が患者に与える人生被害と差別からの回復をめざすとともに、患者の権利を確立する仕事です。

先生は、私が弁護士登録したはじめのときから引き立ててくださいました。私は池永先生を中心に、また先生の教えを受けながら、これまで先生と一緒に仕事をさせていただきました。私をこのような道に導いてくださった、当時の先生のお考えを『医療に心と人権を』第一集（一九八一年刊）から引用します。

いま医療事故における責任追及が、「病める医療」に人間性のひかりを照らす重大な道義的役割をも果たしつつあると感ずるのは私だけだろうか。

医療事故における責任追及は「保身医療」を生むとの見解もあるが、むしろ医療過誤訴訟の前進が、人間の生命を扱う者としての「道義心」や医療事故における原因究明や相互批判等の「科学的良心」など、本来医師や医療機関が有すべき当然の「倫理」の不存在を鋭くえがきだし、医療界内部における「医の倫理」の確立への気運を高める積極的要因となっているのが現実ではないだろうか。

ところで「医の倫理」は単に「心」だけの問題ではない。私は、先日医学部の学生達と話をしているうちに一つのことに気がついた。医療の荒廃をなげいているかたわら、治療における医師の自由裁量権を当然の前提、「聖域」としていることである。病気と闘うのは患者自身であって、患者の主体性なしに治療は効果をあげえない。医療は本来患者自身のためにあるし、どのような医療を受けるかは患者自身が決定すべきことである。患者を単なる「対象物」とする「医療」は真の医療ではない。

その意味では、診断・治療における医師の「自由裁量論」自体が批判され、克服され、新しい「医の倫理」がうちたてられねばならない。真に患者のための医療を実現していくために、「健康権」を提唱した八〇年度日弁連人権大会は、医師の自由裁量論に対し医療における患者の「自己決定権」を対置している。いずれにしても、医療において決定的に患者の人権を確立すること、これが「赤ヒゲ」的倫理にかわる新しい医の倫理と論理ではなかろうか。そうした立場での責任追及は、必ずや、医療をになう人々自身の中に生まれている、患者の人権を確立しうる医療制度——患者を単なる「対象」とせず、対話しながら患者の納得のいく治療を現に実施できるような医療制度——の確立を求める運動と結合し、医療改善の闘いとして大きく発展するであろう。

私は、この考えに賛同して「医療問題研究会」に入会しました。「インフォームド・コンセント」という言葉さえ知らされない時代でした。国、企業、学校、官僚、政治家、専門家など、強きものに説明責任を義務付ける発想すらありませんでした。

この文章は、抑えた語調ではあるものの、よりよい医療への熱情がほとばしっています。医療事故被害に寄り添いながら、「病める医療」に弓を引く。その被害回復と再発防止の過程を経ること。そのことによって患者の人権、主体性を基軸としたあたらしい医療を作る。そのようなメッセージを読み取りました。

私たちは、一九八四（昭和五十九）年十月十四日、患者の権利宣言全国起草委員会（名古屋）で「患者の権利宣言案」を確定しました。同年十二月九日、東京集会で「患者の権利宣言」を発表しました。これらは、患者の権利推進運動の成果のひとつを社会に向けて発信したものです。

しかし、先生は「案」のまま患者の権利運動を展開すべきだ、とのご意見でした。運動の目的は「患者の権利宣言」を確定することではなく、地域に患者の権利を浸透させること。だから福岡では「案」のまま提示し、これを確定するための議論を展開しよう、と提案されました。

私たちは福岡における患者の権利推進運動として、「患者の権利宣言案――よりよい医療をめざしてアンケート調査」活動を展開しました。市民や医療関係者との対話を通じて、患者の権利を根のあるものにしたかったからです。

私にとって印象的な出会いがたくさんありました。その一つ、インタビューに行った先の病院経営者が末期がんで療養中だったことがあります。しばらく待たされて、院長室にガウン姿で入ってこられました。

「私は内科医だ。自分で末期がんであることは分かる。しかし、どの医師も私にがんの告知をしてくれない。その種類、位置、大きさ、進行度、余命など何も教えてくれない。私には逝く前にしておかなければならないことがある。ほんとうのことを教えてくれと言っても、知人の医師でさえ口を閉ざす。こんな医療は残念で残念でならない」と、患者として真実を告げられないことの痛みを訴えられました。

このような体験を経て、私たちは患者の権利法制定運動へと歩を進めました。

医療問題研究会

私は、いつの間にか「医療問題研究会」事務局次長、研究会活動推進本部長、患者の権利推進委員長などの肩書が付されていました。その間に、「医療問題研究会」は九州・山口全域に拡大し、「九州・山口医療問題研究会」へと名称を変えました。その後、福岡県弁護団団長、研究会代表幹事へと「出世」したわけです。池永先生は組織づくりが大好きでした。ある日いきなり提案されて、私は組織名や役職名が大仰だなと思うことがありましたが、その場の二つ返事で受け入れていました。説明を求めたことも、議論をしたことも、ましてやお断りしたこともありません。この研究会を池永さん手作りのいわば少年探偵団のように思って、楽しんでいたからかもしれません。

「医療問題研究会」の黎明期を担った弁護士は全国にたくさんおられるのですが、池永さんにもっとも近しかったのは、辻本育子さんをのぞけば鈴木利廣、加藤良夫両弁護士でした。患者の権利宣言運動が一段落したころ、鈴木弁護士は薬害ＨＩＶ訴訟へ、加藤良夫弁護士は医療事故情報センターへと進みました。池永さんは患者の権利法制定運動を経て「患者の権利オンブズマン」へと進みました。

患者の権利法制定運動をはじめられるころの先生のお考えを、同じく『医療に心と人権を』第三集（一九八六年刊）の「保険診療における審査と指導・監査の法的問題点」から引用します。

なぜならば、健康保険法の仕組みというのは先程も言いました様に、もともとは保険者と被保険者つまり国民との契約が基本にある訳です。それは被保険者つまり国民・患者の健康権を全うする為に、契約が結ばれています。そして、保険者が自ら療養の給付が出来ないから、それに代わってお医者さん達、或いは保険医療機関に療養の給付を担当して下さいというふうに言ってる訳です。とすれば、健康保険法に基づく療養の給付というのは、国民の健康権を全うする為に、それにふさわしい内容の契約にならなければいけない。

つまり、療養担当規則が、本当に国民や患者の最善の医療を受ける権利、健康や生命を維持するという憲法上の権利を満たすものになっているのかどうかという観点から健康保険法自体、或いは健康保険法に基づいて作られている通達、療養担当規則自体が見直されなければならないと思うわけです。

この講演録全体は医療行為の法的側面を分かりやすく解説したものです。

私もこの時期、ちょうど診療報酬減額問題に携わっていました。療養担当規則に基づく減額査定に関して法や通達を調べるうちに、偏頗《へんぱ》な法の運用がなされていることに気づきました。濃厚過剰診療への監査が跋《ばっ》扈《こ》する中で、過小、不適切、不合理な診療に対する監査が機能不全に陥っていました。公費の適正負担を問題とする前に、国民の健康の維持、適切で合理的で十分な医療の提供がなされているかどうかがまず問われなければならない。それなのに実態は前者ばかりが喧伝され、後者はあたかも傷害や殺人に匹敵する不正行為だけしか取り上げられない。不十分な医療については目を閉じている。そう指摘しています。

このような制度上の欠陥を踏まえて患者の権利法制定の必要性を議論しました。患者にとっても、医療者にとっても、「患者の権利法」は必須の法制度であると。その萌芽となる講演録といっていいと思います。

患者の権利法制定運動

一九九〇年代に入って、私は日弁連の人権擁護委員会医療部会に所属します。

そのうち「精神障害者」の人権、「脳死・臓器移植」の可否という二つの人権課題が社会問題として立ち上がりました。この二つはこれまで日弁連で意見の統一をみていない人権課題でした。人権擁護委員会と刑法委員会とがそれぞれに委員会意見を出し、両者の折り合いがいまだつかないという状態でした。日弁連執行部の提案で、執行部と両委員会のメンバーで組織するワーキングチームを立ち上げて、意見の統一を図ろうということになりました。

私は両方の委員会に所属しながらこの関連小委員会に参加して、相互の意見調整をスムーズにする役割を与えられました。

池永先生は、患者の権利法制定運動について、患者と医療者との真の信頼関係、相互に主体性を認めつつ協力し合う関係の構築を、その推進の柱としました。その具体的な課題として取り上げたのが、診療報酬制度と脳死臓器移植でした。水準以下の診療を許さない「患者の権利法」によらなければ診療報酬制度の適正化は図れない。医療政策に関する社会的合意やインフォームド・コンセントが成立するための前提となる「患者の権利法」なくして、脳死臓器移植治療は認められない。だから「患者の権利法」制定を基点とする医療法制度の改革こそ急務であると。

私もまったく同じ意見でした。患者の権利を法的に確立することなくして、精神障害者の人権も、脳死・臓器移植における生命倫理の維持もなしえない。そう考えました。患者の人権も生命倫理も「患者の権利法制」なくして保てることではない。生命倫理の基礎に生命法理とでもいうべき法制度を築かれなければ、ただの宣言にとどまってしまう。そのように考えたのです。

ハンセン病問題

一九九五（平成七）年十一月、池永先生と私は鹿児島にある国立ハンセン病療養所星塚敬愛園を訪ねました。

この年の夏、「らい予防法」によって隔離され続けてきた島比呂志さんから手紙をいただきました。それには「らい予防法」は患者の権利を剝奪する最たるものだ。「患者の権利法をつくる会」が「らい予防法」の廃止にあたり何らの総括をしない。法曹であるあなた方が「らい予防法」の存続に手を貸してきながら謝罪もしない。それは許されないことだというお叱りをいただきました。島比呂志さんも「患者の権利法をつくる会」のメンバーでした。この手紙を受けて九州弁護士会連合会に調査班を作り、実態調査を行うこととしました。そのためにまず島さんのお話をうかがおうということでした。

はじめて訪れた隔離施設の中で、池永さんは私に「憲法裁判をするしかないね」、そう言われました。ハンセン病問題はこうやってはじまりました。

ハンセン病問題は病気や治療の問題ではない。患者隔離によってもたらされた隔離被害を回復するための、

人間の尊厳 戻った

ハンセン病訴訟 原告勝訴

生の喜び かみしめ

原告団副団長 犠牲者の無念晴らす

報道陣に囲まれながら、取材に対応する原告団副団長の志村康さん（左）＝11日午前8時半すぎ、熊本市の熊本地裁前

「全面解決へ全力」

原告ら「勝訴」の幕に歓声

熊本地裁の判決を伝える記事（「西日本新聞」夕刊。2001年5月11日）

司法であり、政治であり、政策の問題だ。統治全般にわたる社会変革への課題だ。その突破口となるものが憲法裁判だという指摘でした。精神障害者を含むすべての患者隔離問題は、医療や福祉の問題である前に法律と政策の問題であると。

池永先生のこの時の考えを『緊急出版！　らい予防法の廃止を考える——九弁連調査とシンポジウムの記録』（一九九六年）「編集後記」から引用します。

昨年（一九九五年）一一月七日、私たちは緊張の中で鹿児島の星塚敬愛園を訪問した。九弁連への申立人である島比呂志さんと面談するとともに施設見学を行い、今後の調査方針を検討するためであったが、そこには思いがけず川邉さんをはじめとする患者自治会の役員の皆さんが待機されておられた。弁護士や弁護士会の方と会うのは生まれて初めてですとの歓迎の言葉に、改めて弁護士会としての行動の遅さに恥ずかしさを覚えつつ、一人一人の個人史を聞かせていただき、ただただ胸のつまる思いであった。

今更と拒否されるかもしれないと恐れながら、最後に、弁護士会として全在園者に対する調査を行うことの可否をお尋ねしたところ全面的に協力いただけるという。一一月三〇日、引き続き訪れた熊本の菊池恵楓園では、由布園長や患者自治会の役員の方達を始め更に多くの在園者や関係者からお話を伺うことができ、弁護士会の調査についても同様の対応をいただける見通しとなった。その他の各園にも調査委員がそれぞれ出向いて協力を依頼した。こうして九州五国立療養所の全在園者に対するアンケート調査が可能となった。

池永先生に導かれて私は九州弁護士会連合会調査――九州五療養所全在園者アンケート調査を行いました。このアンケートは、当時、訪ねあてることのできる隔離被害のすべてを掬いあげるものとなりました。短期間のうちにこれほど克明に隔離被害を調べ上げた調査は他にはないと思います。とりわけ自由記載欄には、三三〇人にのぼる人々が、今でも血を流し続けるという隔離被害をつづられました。私たちはそれを「在園者は訴える」として編集しました。

この調査が後の「らい予防法」違憲国家賠償請求訴訟の礎となりました。

人間性のひかりを照らす

その後、池永先生はイギリスに遊学され、帰国後は患者の権利オンブズマン制度の立ち上げと運営に邁進されました。私は薬害ＨＩＶ訴訟、「らい予防法」違憲国家賠償請求訴訟、薬害肝炎訴訟に参加しました。

これらの裁判では、被害者とともに司法判断を梃子《てこ》として社会変革を求めました。もちろん同時に個別の医療訴訟によって、過ちの臨床現場から医療システムの改善を訴えました。

池永先生は、私が弁護士となって医療における人権課題に突き進む始まりをつくり、その道を示してくれました。私は池永先生の哲理にふれ、尊敬し仰ぎ見ながら、弁護士としての道をたどってきました。それは私の弁護活動のあらゆるところにおいて「人間性のひかりを照らす」灯となりました。

私の心からの感謝とともに追悼の言葉といたします。

池永先生との二十二年

弁護士法人奔流事務局　新原　美紀

一九九〇年代 ―― 九州合同法律事務所時代

池永先生とは、私が二十歳で九州合同法律事務所に就職してから、先生が亡くなるまでの二十二年の付き合いでした。

私の最初の仕事は、福岡県に非核平和条例を制定しようという直接請求運動で、新聞に意見広告を載せるため賛同していただける方の集約をしたり、直接請求手続の準備をするというものでした。結局、望む成果は得られませんでしたが、法律実務をしているだけでは関わらなかったであろう様々な職種・立場の方々と触れ合う最初の機会となりました。

それから翌年には、池永先生は患者の権利を定めた法律をつくろうと全国の有志で「患者の権利法をつくる会」を結成し、九州合同法律事務所でその事務局を引き受けることになりました。当時はまだ安価で手軽に外注という環境ではなかったため、機関誌の印刷・発送作業も事務員の仕事です。だからと言って事務員が大勢いるわけでもなく、法律実務をこなしながらの作業でした。「患者の権利法をつくる会」の会員も千名に達するようになり、また機関誌である「けんりほうニュース」は毎月発行で第三種郵便物の承認を受けていたため、今月は忙しいからナシにというわけにもいきません。これに暑中見舞や年賀状も加わり、発送作業に追われた九〇年代でした。

法律実務についていうと、当時はワープロ全盛期で、現在のように弁護士がパソコンで書面を完成させてしまうという時代ではありませんでした。弁護士自身がワープロを打つことはまずありません。弁護士から手書きの原稿をもらって、事務員がワープロを打ち、弁護士が推敲し、さらに事務員がワープロを打ち直す、といった具合です。池永先生はこの推敲と、打ち直しの作業を何度も求めます。一日中この作業を繰り返すということも珍しくありませんでした。さらに裁判所へ出す書面は、今のようにファックスでオッケーとはいきません。県庁近くにある事務所から裁判所まで、書面を提出するため週に三、四回は出かけます。

時間と作業に追われる中、ついていけなくなる事務員も少なくありませんでした。私といえば田舎から出てきたばかりで、単純に「プライベートの時間を使ってではなく、仕事をしながら」、「社会正義の実現のために活動できる環境にいるなんて恵まれている」と池永先生の影響を受け入れたことが、事務員として長続きした要因の一つだったのかもしれません。ただ、よくよく考えると、仕事のためにプライベートの時間が削られてもいましたが。

さて、事務員が忙しいのですから、池永先生はそれ以上に多忙です。市民運動に積極的に取り組むのはもちろんのこと、弁護士としての依頼も数多く抱えていました。医療過誤や建築紛争といった特殊な分野のものを。その一方で、日弁連の法曹養成制度改革協議会の委員として、毎月のように上京していました。

このようなハードスケジュールでは、徹夜が続くのも当然です。心配した奥様・早苗さんが、池永先生の出勤よりも先に事務所に顔を出して「うちのお父さんは昨夜も徹夜しているから」と、私たちに変なプレッシャーをかけていきます。「いやいや、私たちも残業続きですから」と言えるわけもなくモヤモヤしていると、寝不足でハイになった池永先生が鼻歌をうたいながら出勤してくるわけです。

二〇〇〇年代——池永オフィスから弁護士法人奔流へ

九〇年代後半のイギリス留学を経て、ＮＰＯ法人「患者の権利オンブズマン」を設立した池永先生は、二〇〇一（平成十三）年に九州合同法律事務所から独立し、法律事務所池永オフィスを設立しました。この頃、中国人強制連行訴訟に力を注がれており、訴訟の経過をこまめに小冊子にまとめられていました。執筆者の振り分けと印刷業者との部数・費用の交渉を済ませたら、あとは事務員の仕事です。納品されたあとにミスが見つかったらどうしようと、いつもドキドキしながら校正作業をしていました。

しばらくすると、私は「患者の権利オンブズマン」に出向です。私以外は皆さんボランティアで、ここでもまた様々な職種・立場の方々と触れ合う機会を得ました。理事長は池永先生で、書籍の出版や講演会など次々と企画を立ち上げます。そしてやはり方針が決まったあとは、私の仕事です。会場、人員、備品の手配なども随分と場数をこなしました。私以外の事務員も、交代で一～数年単位でオンブズマンに出向し、それぞれが、校正作業と講演準備に追われた二〇〇〇年代を送りました。

二〇〇四年には池永オフィスを法人化し、弁護士法人奔流を設立。それにあわせて、私もオンブズマンから奔流へと呼び戻されました。

英国、コッツウォルズ地方を散策。左・筆者

イギリス留学でハイキングを満喫されていたらしい池永先生ご夫妻は、帰国してからは山登りを楽しんでいらっしゃいました。奔流を設立した初期には、私たちも福智山登山や、炎天下の万里の長城でトレッキングに付き合わされました。池永先生は仕事だけでなく、プライベートもきっちりこなし、毎年休みをとっては、早苗さんと海外旅行に出掛けておられました。

九〇年代に法曹養成制度改革に取り組んだ池永先生は、新人弁護士を受け入れ、弁護士過疎地域に弁護士を送り出すことを奔流の運営理念に掲げました。そして、人を育てることが好きな池永先生は、福岡大学法科大学院教授としてロースクール教育に携わるほか、ＮＰＯ法人「九州アドボカシーセンター」を設立し、「人権弁護士」を志す法科大学院生の研修支援などを行いました。

その他にも、行政事件を専門に扱う弁護士の研鑽の場を設けようと「ぎょうべんネット九州」を結成したり、福岡県弁護士会の会長に就任したりと、やるべきだと思ったことは必ず行動にうつす人でした。それでも一応は、私たちに意見を求める（いや、説得にかかる）わけです。そして大抵は「新原ちゃん、ご飯に行こう」という台詞から始まります。

二〇一〇年代

強い個性ゆえ他人に誤解されることもあったでしょうが、それでも池永先生の不思議な魅力にひかれて周りには人が集まり、さらには池永先生は人を使うのが上手でしたので、これだけ多くのことに取り組めたのではないかと思います。

バイタリティーにあふれた先生だったので、つねづね私たちの方が先に逝くのではないかと思っていました。ですから、池永先生との最後の数年は執務するオフィスが違ったため、会うたびに弱っていく池永先生の姿を受け入れられずにいました。池永先生のことだからきっと元気になると。それなのにこんなに早く見送ることになるなんて。その気持ちは池永先生が亡くなって五年が過ぎようとする今でも消化できないままです。

それでも、池永先生が残した奔流で次の世代の弁護士が活躍できるよう、池永先生の側で培った経験を活かせればと思います。

池永先生はこんなひとだった！

安部・北園法律事務所　弁護士　**安部　尚志**

組織を作り人を動かすひと

私は、一九八五（昭和六十）年に弁護士になり、同時に九州合同法律事務所に入りました。同事務所の所長が池永満先生でした。

池永先生は、市民運動・活動等の組織を作るのが大変上手で、私の知る限りでも、まちづくり条例運動、医療問題研究会、患者の権利運動、建築問題研究会、患者の権利オンブズマン、医療事故防止・患者安全推進学会、裁判員裁判市民モニター制度などたくさんの組織や制度の創設に関与されています。

それは、市民運動に限らず、法律事務所の展開にも及びました。北九州第一法律事務所の各区サテライト事務所の展開や女性協同法律事務所の設立にも池永先生のアイディアが入っていると聞いています。池永先生が九州合同法律事務所を出て作られた弁護士法人奔流は、当時の弁護士過疎地解消の先陣を切ったものでした。

池永先生は、とにかく思いついたら直ちに組織のシステム、人選、資金繰りを検討し、たちまち組織作りに着手します。

人集めが上手で、「この組織はこの人でいく」と決めたら最後、その人に猛烈にアタックして落としてしまいます。池永先生に私利私欲はありません。目指すところも全く正しいのですが、「聞いただけで大変そう」と思われる活動に、優秀な弁護士がコロッと口説かれてしまうのです。活動の社会的意義・必要性を切々と説いて、そのために君がどうしても必要だと、その人の良心や義務感に強烈に訴えておられたのだと思います。これも〝マインドコントロール〟の手法のひとつなのでしょうか。

そして、組織を立ち上げると、当初は自分が先頭に立って組織を運営されますが、軌道に乗ってきたらその組織を他の人に任せて自分はまた新しい組織作りを始めるという感じでした。人狩りをして市民運動に送り込んで、市民運動の火が燃え上がるといなくなる。私は、池永先生を「火つけ盗賊」と呼んでいました。

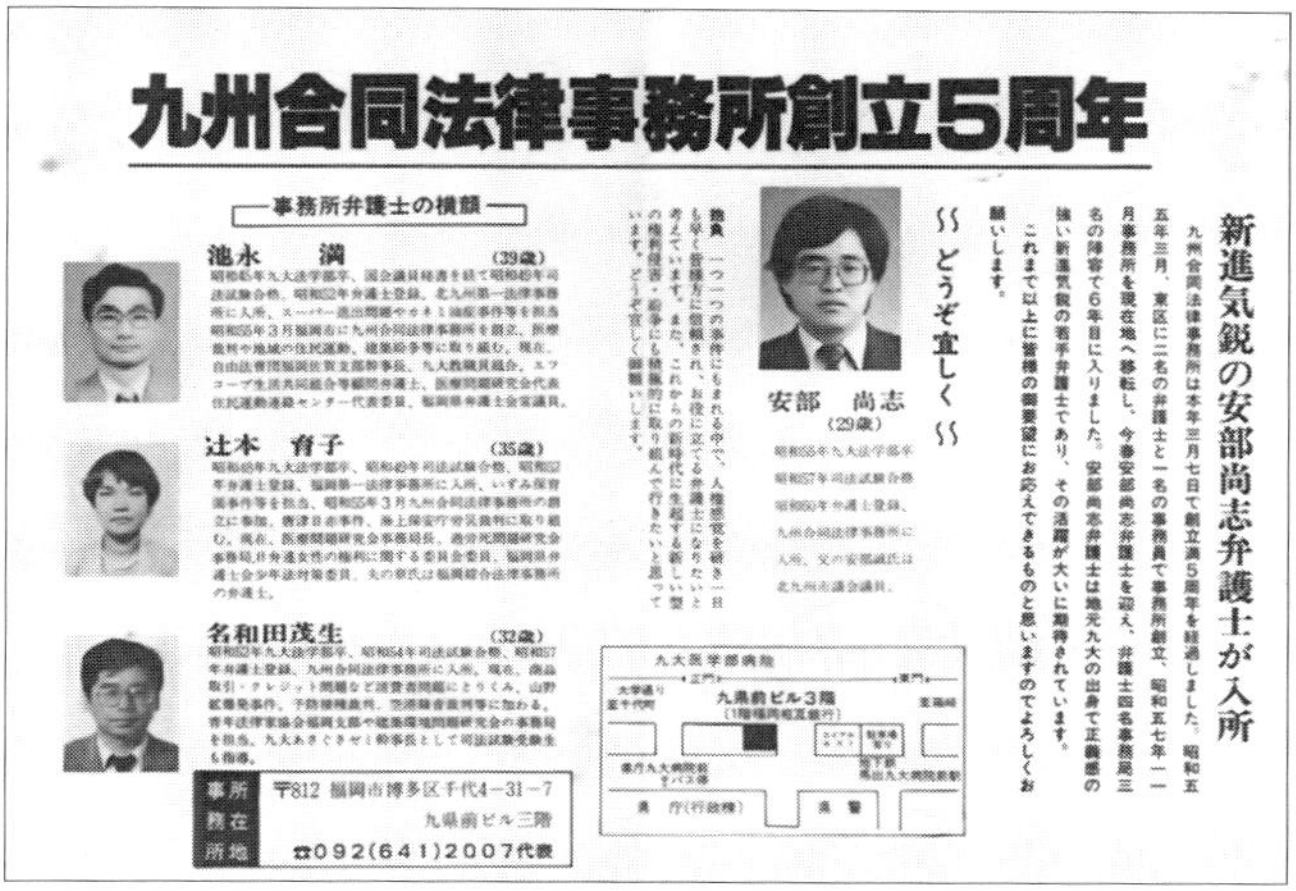
九州合同法律事務所創立5周年

新進気鋭の安部尚志弁護士が入所

九州合同法律事務所は本年三月七日で創立満5周年を経過しました。昭和五五年三月、東区に二名の弁護士と一名の事務員で事務所創立、昭和五七年一一月事務所を現在地へ移転し、今春安部尚志弁護士を迎え、弁護士四名事務員三名の陣容で6年目に入りました。安部尚志弁護士は地元九大の出身で正義感の強い新進気鋭の若手弁護士であり、その活躍が大いに期待されています。

これまで以上に皆様の御要望にお応えできるものと思いますのでよろしくお願いします。

〜どうぞ宜しく〜

安部　尚志（29歳）

昭和55年九大法学部卒

昭和57年司法試験合格

昭和60年弁護士登録、

九州合同法律事務所に入所、父の安部誠氏は北九州市議会議員。

抱負　一つ一つの事件にもまれる中で、人権感覚を磨き一日も早く皆様方に信頼され、お役に立てる弁護士になりたいと考えています。また、これからの新時代に生起する新しい型の権利侵害・紛争にも積極的に取り組んで行きたいと思っています。どうぞ宜しく御願いします。

―事務所弁護士の横顔―

池永　満（39歳）

辻本　育子（35歳）

名和田茂生（32歳）

事務所所在地　〒812 福岡市博多区千代4−31−7 九県前ビル三階 ☎092(641)2007代表

九州合同法律事務所創立5周年のお知らせ

入所当時の事務所の様子

そんな池永先生が所長をされている九州合同法律事務所に私は入りました。元来、私は頭脳不明晰・浅学非才・優柔不断・要領が悪い人間です。池永先生がなぜそんな私に声を掛けられたのか分かりませんが、とにかく私は池永先生に誘われて九州合同法律事務所に入りました。

当時、九州合同法律事務所には、辻本育子先生と名和田茂生先生がおられました。

辻本先生は、私の医療過誤事件の師匠ですが、とても頭脳がクリアで率直な方でした。私のことを「頭は冴えないけど粘り強い」とよく褒めてくださいました。

名和田先生は、あまり事務所におられず、突然帰って来て大声で電話を掛けて、猛烈に事件処理をして、またバタバタと出て行かれていました。名和田先生は、さすがの池永先生もコントロールがきかない珍しい人物でした。私は「糸の切れた凧」と陰口を叩いていました。

私を事務所に入れてから、池永先生も「こいつは使えない」と気づかれたのでしょう。私は池永先生に相当厳しく躾けられたように思います。もっとも、池永先生は私には「名和田君で失敗したから、君には厳しくいく」と言っておられました。が、結局は私でも失敗し、うまくいったのは、私の次に事務所に入った久保井摂先生だったと思っています。「三度目の正直」とでも言うべきでしょうか。

受けた薫陶の数々

とにかく池永先生が私に仕事を頼むときは有無を言わせませんでした。若干例を挙げればこんな感じです。

その１（民事編）

池永「安部君、裁判に行って和解をしてきて」
私「どんな裁判ですか」
池永「うん、主債務者が破産して私の依頼者が保証人になっていて裁判を起こされた。請求額の半額で和解してきて」
私「えっ、連帯保証ですよね。半分は無理ではないですか」（注：連帯保証は全額について支払い責任を負う）
池永「だって保証人でしょう！」
私「どうやって半分に値切るのですか」
池永「それを考えるのが弁護士でしょうが!!」

その２（執行編）

池永「医療過誤事件で勝訴判決をもらったから、仮執行に行って来て」
私「何を押さえるのですか」
池永「その医院に診療に来た患者さんが窓口で払う診療報酬を押さえてきて」
私「えっ、相手は医者なのにそんなことまでするんですか」
池永「とにかく行って来て」

仕方なく私は執行官と一緒にその医院に行きました。ところが土曜日で患者さんは来られませんでした。

執行官「どうしますか。帰りましょうか」

私（池永先生に電話して）「どうしますか」

池永「うん、自宅に踏み込んで金庫を開けさせなさい」

相手方は慌てて自分の代理人弁護士に電話をして、とにかく四百万円の現金を持って来ました。

執行官（ほっとした様子で）「とりあえずこれを押さえて今日は引き上げましょう」

私「そうですね」

執行官と二人で、そそくさと引き上げようとしたところ、
相手方（看護師に）「塩まけ！」

看護師が私たちの背中に向けて塩をまく。私は、生まれてこの方、他人に後ろから塩をまかれたのはこれが最初で最後です。それでも、帰って事務所に得意げに報告する私に、
池永「何？これ？セ〜ン、セ〜ン（注：全然）、タメ（注：駄目）、君は小遣い銭稼ぎに行ったのか？」

（判決は数千万円の支払いを認めていた）

その3（和議編）

池永「安部君、和議を申し立てた会社に行って来て」
私「何をすればよいのですか」
池永「明日保全決定が出る予定なので、それまで債権者に工場のものを絶対に持って行かせないようにして。

絶対に持って行かせたらダメよ」

私「ひ、ひとりで行くんですか。工場に一晩泊まるのですか」

池永「そうよ。私は行けないから。ただ、労働組合の人が入り口を封鎖してくれているから」

一日目は何事もなく会社の小さな事務所に一人で寝ましたが、翌日、事情を知った債権者が大勢押し掛けてきました。最初は、労働組合の人が止めてくれていましたが、「うちが加工を委託した材料がそのまま残っているから取りに来た」という債権者の言葉に押されて止めきれず、私のところに報告に来ました。

債権者「うちの材料だから持って帰る」

私「もうすぐ保全決定が出るからダメです」

債権者「うちのだろうが！」

私「ダメです。警察を呼びますよ」

債権者「警察なんか怖くない。うちの社長の方がずっと怖い！」

私（池永先生に電話して）「こんなこと言っていますが、どうしたらいいですか」

池永「何言っているの、あんた！　絶対持って行かせたらダメと言ったでしょう!!」

私「どうすればいいんですか？」

池永「あんた弁護士でしょう！」

私「……」（債権者に）「私のボスがダメと言っています」

債権者「それがどうした。うちはそんなんより社長が怖いんや」

私「何ですか、うちのボスはもっと怖いですよ！」

その4（刑事編）

池永「安部君、一緒に湯布院に行って温泉に入らない？」
私　「えっ、いいんですか」
池永「実は、記録が膨大な刑事事件があるので、温泉に入りながら検討しよう」
　二泊三日ということでした。
池永「木下事務局長と一緒に先に行っておいて」
私　「分かりました」
　木下事務局長が膨大な記録を車に積んで私を湯布院のホテルまで連れて行ってくれました。昼頃には着いたのですが、池永先生はなかなか来られませんでした。しかたがないので、私は一人で記録を読んでいました。夜八時頃になって池永先生はようやく来られました。
池永「ごめん、ごめん、遅くなった。飯を食いに行こう」
　その日は三人でご飯を食べて寝ました。ところが、次の日の朝。
池永「僕は福岡で用事があるから、君はここでもう一泊して記録をしっかり読んでくれ」
私　「えっ！　一人でですか？」
池永「そう。一人の方がはかどるだろう」
木下「僕も今日は大分で用事があるから、夜ここに戻って来ます。明日一緒に帰りましょう」
私は、その後、一日中一人で刑事記録を読んでいました。その日の夜は、湯布院の場末の大衆食堂で飯を食いました。実は、この事件の最終弁論作成の段階で、私は再び同じ手口に引っかかってしまいました。

その5（医療過誤編）

池永先生と一緒に医療過誤事件の事例検討会に出たときのことです。

池永「（カルテを見ながら）〇〇先生（医師）、このエログラフィというのは何ですか？　エログラフィ？」

私　「えっ、診療記録にそんな写真があるんですか？」（記録を見て）「池永先生、それ、ミエログラフィじゃないですか」

池永「そんなの、どっちでも関係ないでしょう!!」

私は、九州合同法律事務所にいる間は、ずっと、こんな感じで池永先生に厳しく躾けられました。池永先生は、私に、決してめげない不屈の根性を教えようとしてくれたのかもしれません。

独立後――裁判員裁判市民モニター制度

しかし、私は、池永先生のそのような教えに決して屈することなく、一九八九（平成元）年に九州合同法律事務所を出て独立しました。

その後、私はできるだけ池永先生を避けて、目立たないように弁護士生活を続けました。「無芸が身を助ける」という言葉があるのかどうか分かりませんが、池永先生から難しい要求（お願い？）はほとんどありませんでした。私は、「よし、これで〝池永先生の毒牙を免れた〟」と思っていました。

二〇〇九年五月に裁判員裁判が始まりました。当時、私は、ひょんなことから福岡県弁護士会の裁判員本部の本部長代行になってしまいました。本部長代行とは、本部長である県弁護士会会長の代わりに県弁護士会の裁判本部のやり繰りをする役回りです。結構忙しく仕事をしていました。
　ところが、ちょうどその頃、何と池永先生が県弁護士会の会長になられたのです。しかし、さすがの池永先生も裁判員裁判には手を出されないだろうと私は高を括っていました。
　そんなある日、池永先生から「安部君、一緒に飯を食おうか」という電話がありました。私も師匠の誘いを断りきれず食事に応じました。以下、そのときのやり取り。

池永「君、裁判員本部の本部長代行をしているようですね」
私「そうですが？」
池永「裁判員裁判を傍聴席から監視する市民モニターという制度をやろうと思っているのだけれど」
私「制度としてはいいですが、今裁判員本部はいくつも課題があって、そこまでとても手が回りませんよ」
池永「何言ってるの！　もう決めたんです！」
私「えっ、（心の中で、裁判員本部の意見も聞かないで）しかし、本部のメンバーが反対しますよ」
池永「だからあなたに話しているんでしょう」
私「分かりました。話してみます」

　そのとき、私も大人になっていたので、一応、本部のメンバーに話して反対してもらおうと思っていました。次の裁判員本部の会議で、私はメンバーに「池永会長が市民モニターをやると言っておられるけど、そこまで手は回りませんよね。反対していいですね」と提案しました。ところが、そこにいた先輩弁護士も含めて「会長がそう言っているのであれば、仕方ないんじゃない。あの会長は言い出したら聞かないから」と言うのです。私は「えー、もうここまで手が回されているのかよ」と思いましたが、後の祭りでした。そのうちに、また私に池永会長から電話がかかってきました。

池永「安部君、今度、市民モニター制度の説明会するから、君も出て挨拶をしてください」

私（上司の命には逆らえず）「はい。分かりました」

と答えたものの、乗り気でない私は、どうせ人も集まらないだろうからと、適当に「よろしくお願いしまッス」程度の挨拶をして降壇するつもりでした。もちろん原稿も作っていませんでした。

ところが、いざ会場の中央市民センターに行ってみると、大ホールに結構な人が集まっており、マスコミも来ていました。いよいよ私の挨拶のときが来ました。

私「本日はお忙しいところお集まりくださって有り難うございます」

本来なら、ここで「市民モニターを始めますのでよろしくお願いします」で終わるつもりでした。が、不覚にも私はさらに続けてしまいました。

私「裁判員制度は、刑事裁判に市民の意見を反映させようという日本初の制度です。しかし、裁判全般は裁判官が取り仕切り、特にその評議には、裁判員だけではなく裁判官も入ります。しかも、裁判員と裁判官の間には、情報も知識も格段の差があります。私ども弁護士は、もしかしたら裁判員とは名ばかりで裁判官主導で手続きが進んでしまい、裁判員の意見が裁判に反映されなくなってしまう可能性もあるのではないかと危惧しています。

そのようなことにならないように、傍聴席から市民が監視しようというのが市民モニター制度です。

この制度は、全国に先だって福岡県弁護士会が始める画期的な制度です。ぜひとも、多数の市民の皆さんがモニターに登録していただいて裁判員裁判が正しい方向に進んで行くよう監視していただきたい。よろしくお願いします」

その後、たくさんの市民が市民モニターに登録してくださり、その後二年間、裁判員本部は、忙しかったことは言うまでもありません。

このとき、なぜこんな挨拶をしてしまったのか、今でも分かりません。逃げ回ってはいましたが、私も池永先生の弟子だったのだなと、このときつくづく思いました。

最後に

もし私も池永先生の弟子に加えていただけるのであれば、私はいわゆる「不肖の弟子」ということになります。

しかし、私自身は、池永先生から「正しい生き方とは何か」、「それを貫くことがいかに難しいか」を教えていただいたと思います。そして、池永先生は、生涯、それを貫かれた方だと思います。

師匠、私もあと数年で、先生が逝かれた年になります。私はこの人生で何一つ先生を超えることはできませんでしたが、今は、先生より一日でも長生きをして先生を超えようと思います。

また、あちらの世でお会いするかもしれませんが、今度は先生の良きライバルとして渡り合いたいと思っています。

池永さんが生きた時間が黄金のように光る

後藤好成法律事務所　弁護士　後藤　好成

我々の心の中に今も住みつづける池永さん

「劫初《ごうしょ》よりつくりいとなむ殿堂にわれも黄金の釘一つ打つ」という与謝野晶子の歌がある。

池永さんは、「患者の権利」という新しい人権の殿堂に朽ちることのない黄金の釘を打った。そしてそれからまもなく私たちの手の届かないところへ旅立たれてしまった。

私は、私と同時代に池永さんがいたこと・なしたことを終生忘れないだろう。そしてこれからも彼を尊敬しつづけるだろう。

今年（二〇一七年）は、池永さんが亡くなってから五年になる。この機会に池永さんのことを少し語らせていただきたいと思う。

池永さんは今も私たちの心のどこかにしっかり残っている。

なぜ池永さんはいつまでも私たちの心に住みつづけるのか。

たしかに、彼の肉体は今はない。しかし彼が中心的に関わって築きあげ、私たちに残していった数多の運動――「九州・山口医療問題研究会」、「九大司法試験ゼミナール」、「患者の権利オンブズマン」、患者の人権宣言、「九州アドボカシーセンター」、ハンセン病問題等々が、私たちの人権と平和の未来へとつながるものとして、今も私たちの中にしっかり根づき脈々として動いているからだと思う。

池永さんが弁護士法人としての法律事務所を開設したとき、その事務所名を「弁護士法人奔流」とした。彼はそれまでにあった伏流・水流を集め、まさにほとばしる一本の奔流にしようと考えていたのではないか。池永さんが集め生みだしたその奔流の勢いは今も止まっていない。それどころか、未来への進歩の大きな可能性を秘めたものとして私たちに引き継がれ、さらに確かな流れとなって流れつづけているのである。

ここに、池永さんが不滅の存在として、今も私たちの心の中に生きつづける理由があると思う。

命をかけた最後の闘い――活動の集大成『新 患者の権利』の完成

池永さんの自身の生き方に対する考えと行動が最も鋭く明確な形であらわれたのが、彼が亡くなるまでの数カ月余の時間に彼が選択した生き方そのものであったと思う。

亡くなるまでの数カ月に彼がなそうとしたことは、自身のライフワークというべきものであった「患者の権利」に関する自身の活動の集大成とした本『新 患者の権利――医療に心と人権を』（九州大学出版会、二〇一三年、全六〇六ページ）の完成であった。

池永さんのベストフレンド（奥様）池永早苗さんの書いた「編集後記」によると、

池永は二〇〇九年に肝悪性リンパ腫と診断され、その後は、急性心筋梗塞のため心臓カテーテルによるステント留置術、早期胃がんのため腹腔鏡下の胃全摘術、肝細胞がんのため肝動脈化学塞栓術などの治療を受けてきました。二〇一一年七月、肝臓がんの治療を受けていた病院の医師から、「余命は早くて数カ月、長くて一～二年」と言い渡されました。二〇一二年一〇月、三センチメートル大の小脳転移と浮腫が見つかり、呼吸や心臓がいつ止まるかわからない状況だと医師から説明されました。たとえ命を削っても『新 患者の権利』を出版するというのが池永の強い意志でしたので、脳転移で思考力が衰えないうちにと、パソコンを病室に持ち込み深夜まで編集作業に取り組みました。一二月一日（二〇一二年）の深夜、穏やかに目を閉じました。その顔は全てやり遂げたという満足した表情でした。

とされている。彼自身も、自分の深刻な病状の中での本の出版について、『新 患者の権利』の「あとがき」でこう述べている。

私の病状は客観的には深刻なものでしたから、私は本書の出版を闘病生活がどんな展開を辿ったとしても必ずやりとげなければならない課題と位置づけて取り組んできており、私は半ば本気で、半ば冗談で私が想定する前に命がつきた場合には、本書を私の葬儀の引き出物にしてほしいということを妻に話してきました。

自分の一生の残されたわずかの時間を、しかも不治の病との闘いで体力も衰えようとする中で、彼は迷うことなく自身の活動の集大成としての『新 患者の権利』の完成に自分に残った全精力を注ごうとしたのである。

池永さんのまさに文字どおり命をかけた最後の闘いであった。

彼は本を完成し、これを世に出すこと（そのことは早苗さんに託した）によって、①自身が弁護士としての活動でめざしてきたことを整理・理論化し、まとめあげて世の広範な人々にこれを問い伝えること、②自分がこれまでになしてきた患者の権利の活動と自分の考え方を一冊の本に凝縮してまとめあげることで、これを後世に遺し、次の世代にバトンタッチするということであったろう。

池永さんは『新 患者の権利』の序文の中でこう述べている。

私は、このような諸課題（患者の権利オンブズマン等）へのアプローチも含め、わが国における「患者の権利運動」を今後どのように推進していくのかを模索することは、私たちより一層若い世代が担ってこそ、その前進が保証されるのではないかと考え、わが国における患者の権利運動が若い世代によって継承されることを願っています。本書がそのバトンのひとつになるようにという思いで綴りました。当初からこの課題に全国各地で挑戦してきた、患者の権利運動第一世代の人達も決して患者の権利運動からリタイアすることはないと思いますが、新たな発展を目指すためには新たな力が必要なのです。

自らが取り組んできた患者の権利運動について、自身の死後のことまで視野において考えたとき、自分の考え、活動の成果、理論等を本にまとめてこれを世に遺すことは、自分につづいて運動を受け継いでくれる

人々にこれを引き継ぐ上で極めて重要なことになる。しかし、そうであるからといって、誰もが命の瀬戸際に簡単に実践できることではない。

自分に与えられた最期ともいうべき時間に、まさにこれを全力で実践するという彼の行動に、池永さんの人間としての生き方に対する姿勢と考え方があざやかに示されていると思う。

彼のこのような思想と実践の仕方は、自身の死を前にした今回の彼の行動に限らない。私の知る限り、それは彼の人生とその活動のあり方を一貫して貫く彼の生き方の姿勢そのものであったと思う。

例えば、「医療問題研究会」、「患者の権利オンブズマン」の運動にしても、これらの運動を通して彼の思想と行動の中に、自身のことよりも全体の進歩のために自分の考えをどうまとめ、他に伝え、引き継いでいくか、そして、そのための運動を全体としてどのように発展させていくのかという思想、即ち、運動は本来多くの人々の手により進められ、そして必ず誰かに引き継がれ、さらに発展させていくものという考えが常に存在している。

それは、ものごとを真に進めるのは運動に加わる多くの人々の力であり、彼はあくまでその全体の中の一人として自分の力を出して役に立っていきたいという考えで一貫していたと思う。

彼はこの点について『新 患者の権利』の中で、「なお本書は、この三十年にわたり日本の患者の権利運動に携わってきた皆さんが、共に汗を流してきた成果を集約しようとしたものであって、私もその一員として活動してきたにすぎませんが、事務局的な役割が与えられてきた者の責任上、私の名前で出版することにしたものです」と極めて謙虚な形で述べている。

このような彼の人生を貫いてきた思想が、彼の最後の時間が迫る一時にもあらわれ、彼は迷うことなくこれを実践したというのが『新 患者の権利』の完成であったのだと思う。

組織力で目標を実現していくという池永方式

池永さんの行ってきた活動の特徴は、目の前の個々の細かな課題をやりあげるだけではなく、常にその課題の底流にあり、問題全体の本質を貫く解決すべき課題を提示し、自らその解決のための組織をつくり、志を同じくする仲間をひきいれて、その発展のために力を注ぐというやり方であった。

例えば、池永さんが考えだし立ち上げた組織の中に九司ゼミ（九大司法試験ゼミナール）と、その後に立ち上げた「九州アドボカシーセンター」がある（なお、このアドボカシーセンターは当初は、主にロースクール生を対象としていたが、今日では法学部学生や司法修習生にまでその支援の対象を広げている）。

これらは、司法試験の受験生の組織をつくってその合格を指導・援助することを通じて、司法試験受験生に対し、受験生の時代から社会的正義と人権のための活動、考え方を育んでもらい、将来司法試験に合格し、弁護士等の法曹になった際には人権、平和を重んじる法曹として活躍してほしい——換言すればそのような法曹を一人でも多く獲得していこうという遠大な構想のもとにつくられ活動をしてきた。

このような組織を司法試験受験生の中につくるという彼の発想は人権、平和の運動の中で弁護士が果たす重要な役割を十分認識し、一人でも多くの進歩的法曹を生みだそうということであった。

彼はそのことによって、歴史を進歩の方向に少しでも動かす力をふやしていく、という壮大な目標を実現しようとしたのである。

彼はこうして、自分一人ががんばればよいというのではなく、力になってもらうべき人々を組織し、そこに人を配置して仲間をつくって育てあげる、また、幅広い人々に組織に加わりあるいは協力をあおいで組織の活動を広げ、さらに発展させていくということに全力を注いできたのである。

「医療問題研究会」や「患者の権利オンブズマン」の立ち上げとその後の発展に力を尽くした彼の活動にも、彼の思想・考え方がよくあらわれている。

池永さんが、仲間の弁護士と医療専門家とともに一九八〇（昭和五十五）年に立ち上げた「医療問題研究会」（八九年に「九州・山口医療問題研究会」に改組）の結成アピールは、多発する医療事故問題の解決や「病める医療」と表現されていた日本医療の深刻な状況を克服するために、患者を人間として取り扱うこと、患者の尊厳、人格権、自己決定権などを尊重して患者の主体性を認めることが不可欠であり、それらのこと、とりわけ医療事故問題を適切に解決することができれば、患者と医療関係者の信頼関係を強化し医療の質を向上させることに通じるという確信を表明している。だからこそ、新進気鋭の研修医や、そのような問題の存在に憂慮していた医療関係者も、池永さんの呼びかけで当初から研究会に参加し、患者の立場に立って活動を始めようとしている弁護士らとともに肩を並べて研究会活動に取り組まれることになったのである（これは全国初めての試みであった）。

ここには、医療過誤問題を弁護士活動を通じた単なる被害患者を救済するにとどめるのではなく、人間としての患者の主体性を基本にすえて、患者の立場から我国の医療問題の解決をめざすこと。そして、単に医療過誤を生ぜしめた医療側の責任だけを問題とするのではなく、医療関係者・医師の協力も得て患者と医療関係者の信頼関係を強化し、医療の質を向上させるという医療問題の本質に根ざした視点を貫こうという池永さんの先見的な発想をみることができる。

彼はこのような考えのもとに、患者の立場に立とうとする弁護士のみならず、問題意識をもった若手医師・医療関係者をもまきこんで研究会活動を展開していった。まさにそのような中で医療がかかえる諸問題の根本的解決の途をさぐろうとしたのである。

そして、そういう活動の結実点の一つとして「与えられる医療から参加する医療へ」をスローガンとした「患者の権利宣言案」（一九八四年）を発表。そして一九九一（平成三）年に「患者の権利法をつくる会」を結成した。さらに八年後の一九九九年六月に福岡に我国初の「患者の権利オンブズマン」が池永さん達によって、設立され、活動が発展的に展開されていくのである。こうして彼は弁護士、医療関係者、市民等の多くの志ある人々の力を組織し結集をはかることによって、患者のための権利活動を現実に推し進める力をつくりあげていった。

彼のすごいところは、単に運動についての自己の考え方を述べたり批判したり活動に一員として参加するにとどまらず、その枠を越えて自らが先頭に立って動いてそのための組織をつくり、この組織の力によって単独では到底なしえない壮大な課題を実現しようとしていったことである。

このような池永さんの考え方の根底には人権・平和を推し進め、人々の権利を実現する力は一個人の力を出すだけではなく、志を共通にする個々の力を統一した組織にすること、その統一した力なくしては大きな課題・目標は達成できないという考えがあったのではないか。そして志ある人々の組織をつくり育てあげることにより、運動に拡がりと継続性を与え、その目標を実現していくことができるという思想が彼にしっかり存在していた。池永さんはこれを文字どおり自らが先頭に立って実践してきたのである。

激動の学生運動の中で育まれた池永さんの思想と発想

池永さんのこのような思想、そして次々とこれを実践していく彼の活動スタイルはどのようにして培われたのであろうか。

そのルーツは、彼の学生時代の大半をしめた学生運動の豊かな体験にあると思う。池永さんの入学した九州大学は彼の在学していた一九六五（昭和四十）年から一九七〇年にかけて、九州の学生運動の中心となった。全国的にはいわゆる東大闘争をはじめとする大学紛争があり、九大校内に米軍機が墜落し学内に大きな紛争が発生したのも一九六八年のことであった。

九大は全学連系（全日本学生自治会総連合）の学生と革マル・中核・反帝学評等の学生集団を含むいわゆる全共闘系の学生との間で紛争が絶えず、全共闘系学生による暴力や学内封鎖等、学内民主主義を破壊する理不尽な行為もくり返される異常な状況が続いていた。

池永さんは、九大法学部に在籍していたが、九大学友会（九大全学の自治会の上部組織――九大の学生を代表する自治組織）の委員長、さらには福岡県内の大学の各自治会の連合組織である福岡県学生自治会連合の委員長、そして全日本学生自治会総連合（全学連）の中央執行委員等の要職を務めた。

彼は、学生運動のリーダーとして多くの学生の前で演説することも少なくなかった。彼の話は明解で説得力があり、聴く者は誰もがひきつけられた。全共闘との論争も彼は決して負けることはなかったのである。

私は、東大に全国の学生が集ったいわゆる東大闘争のさ中、全学連中央執行委員としての彼の演説を聴いたことがある。彼は東大経済学部前の広場でアイボリーのコートで登場、数百人の学生を前に話をした。

「祖国と学問のためにここに結集した学生諸君！」

力強い彼の声が静まりかえった聴衆に響きわたった。彼は東大を暴力から守り、学内の民主主義をうちたてるために断固闘おうと訴えた。彼の話は聴き入る学生を魅了し、励ました。

我々は、九大の偉大な先輩である池永さんが全学連中執として全国の学生の前で話をし、指揮をとるのを誇りに思った。

学友舎中央執行委員会会議。当時は副委員長をしていた（右端）

多くの学生をまきこみ絶えず激動する学生運動の中では、個々人の努力や活動だけでは問題は解決しなかった。しかも、全学連に結集する学生がその活動の目標としてめざしたものは、目の前の目標・課題をやりとげるに止まらず、我国の人権・平和・民主主義を一層進め実現させるという理想の高いものであった。

そして、このような大学での活動を成功させるには、目的に向かって学生を組織し、その統一した力をあわせて目的を実現していくという活動が必須であった。

池永さんは、このように激動する学生運動に中心的・指導的役割を果たしていく中で、事をなす上では志を同じくする仲間を集めてそのための組織をつくり、これを拡げ発展させていくことがいかに重要であるかを体で学んでいたのではないかと思う。

目の前の課題・目標の達成だけではなく、常に我国の民主主義・平和・人権の発展という高い目標と課題に結びつけて様々な分野の活動に取り組んでいった池永さんの姿勢、思想も、彼の学生時代の貴重な経験が血肉となって育まれていたのだと思う。

一一・一〇　九大闘争弾圧事件──九大「四人を守る会」の活動

不当逮捕、裁判

学生運動といえば、私自身がかかわった学生運動の中で逮捕され、五年もの裁判を闘ったことで池永さんには一方ならないお世話になった。ここで、その話を少しさせていただきたいと思う。

私は大学四年の年に九大教養部構内で機動隊に逮捕された。

当時、いわゆる全共闘系の学生が九大教養部を事実上占拠し、自己の考え方と対立する学生を閉め出すという暴力支配を行っていた。大学側はこれになすすべもなく、彼らの暴力支配を放置していた。そのため、我々は自力でこのような暴力支配を排して学内に入り、民主主義を回復しようとした。しかし、私たちが入ろうとしたその時、学外で待機していた機動隊が突然一斉に大学に侵入、私を含め三名の学生（法四年後藤好成・法三年木下淑文・経三年中村達）を逮捕したのである。一九七〇（昭和四十五）年十一月十日のことであった。

逮捕の理由は、我々が集会のためのプラカード・旗をもって学内に入ったことが凶器準備集合罪にあたるということであった。我々は後日逮捕された一人（理四年、木下弘一郎）を含め四人全員が起訴された。

我々は九大の学生であり、全共闘の暴力支配に屈せずに学内に入る権利も学内で民主主義回復をめざす集会をなす権利も当然にあった。我々が手にしていたプラカードは彼らの暴力支配に反対し、学内の民主主義の回復を一般の学生に訴えかけるとともに、全共闘学生の鉄パイプ等による危険な暴力から身を守るためのものでもあった。なのに何故その我々だけが逮捕されなければならないのか（なお、我々三人が逮捕された時、現場に居合せた全共闘の学生は一人も逮捕されなかった）。

我々は、裁判で我々の行動は一部学生の暴力から大学の自治を守り、学内民主主義を回復するための正当かつ当然の行動であったとして、四人全員の無罪を主張して徹底的に争った。

裁判は九大教養部の安東毅教授が我々の特別弁護人として毎回法廷に立ち、大学自治問題の第一人者であった渡辺洋三東大教授も鑑定証人として証言する等、大学自治論をも大きな争点とした。こうして裁判は一審だけでも三十一回の公判を数えて四年、高裁の審理まで入れるとあしかけ五年にわたる大裁判となった。

「四人を守る会」

しかし、当時の仲間も次々と卒業していく中で、当時を知る学生たちも次第に減少していった。一方で我々は就職もできずに生活も楽ではなかった。我々は裁判の被告であると同時に自らが「四人を守る会」（以下、「守る会」）の中心となる他ない中で、必死の活動を続けていた。しかし、時を経るに従って事件を知る者も少なくなり、我々の裁判闘争はともすれば先細りとなって停滞を余儀なくされることもあった。

このようなさ中の一九七二年三月に池永さんはそれまでしていた国会議員秘書を辞して、司法試験の勉強をするために福岡に帰ってきたのである。

福岡に帰ってきて私たちが裁判闘争に苦労していることを知った池永さんは、早速親身に相談にのり、全面的に応援することを約束してくれた。

池永さんの素晴らしいところは、応援すると言って励ますだけでなくて、自分の力が必要だと考えたところには本当に惜しみなく力をさき、とことん実行に移すことである。彼は寸暇を惜しんで司法試験受験の勉強に集中すべき身でありながら、なかなか会長になってくれる人がいないとなると自ら「守る会」の会長を引き受け、我々とともに裁判に勝利し無罪をかちとるための活動を担おうとしてくれたのである。そして、私たちに裁判闘争のための細かいアドバイスや相談に常にのってくれた。

裁判が終わった後の裁判闘争をふり返る座談会で、池永さんは「守る会」の会長として裁判闘争に関わるようになった経緯と「守る会」活動についての考え方について次のように語っている。

（九大教養部の不当弾圧事件は）七二年の春福岡に帰ってきてから、僕が一番気になったことだった。本来こういう事件で救援するとなったら。当然、被告以外の人間が「守る会」をつくって救援していかねばならん。ところが実際は被告が自分達でね、守られる立場でありながら、自分で守ってると、こりゃおかしいじゃないか、少くとも形式的には救援するという側での「守る会」つくらないかんと、それが最低限の道義的な義務だということを感じたわけね。

自分も勉強するために帰ってきてるので、そう簡単に動けんけどもそういう方向で、だいぶ根回しをやったよね。まず、「守る会」の会長がいないというのはおかしいということで、いろいろさがした。

そうこうしているうちにもう日は経っていくし、こりゃまずい、ということで、結局僕が会長になった。

事務局長についても、これは会長になる前の話だけど、今まで被告が事務局長になったことがあるなんて聞いたことなかったし、これはやっぱりおかしいということで、結局、山本君（山本睦彦さん、卒業後、進学塾経営）に事務局長になってもらったんだよね。……まず中心的な部隊になってきた活動家の人たちがね、本当に被告たちを支援していくという姿勢というのかね、そこいらを明確にしていくという作業を僕なりにやったわけです。もう一つは、この裁判闘争の意味というのか、広範な大衆闘争や学生運動で一定の意味を持ちうるわけだから、それを明確にすると同時に大衆的に訴えていく作業これをやろうじゃないかという問題意識で、パンフレットを作成するという作業に入っていった。それが僕の会長としての最初の大きな仕事になってるわけです。どうすれば本当に事件の全貌が明らかになり、しかも、大衆的な支援を確立できるかと、つまり、大義名分をどれ程明らかにできるかと、しかもわかりやすくという形でね、そしてあの例の小型の写真入りのパンフが出来たわけよ。

パンフレットの発行

五年の間に行われた公判の毎回の傍聴、そして裁判費用や活動の費用は全て卒業生や学生からの支援やカンパに頼るしかなかったが、そのためにも我々の裁判を多くの人々にできるだけ広め知ってもらう必要があった。池永さんは裁判の節目、節目でその内容や活動をパンフにして広く配布し、裁判支援をアピールすることを提案してくれた。そこで我々は池永さんの指導の下に多くのパンフをつくり、配布することにした。

こうして我々はパンフとして「第十四回公判調書」に続いて「裁判闘争の報告」、「大学の自由の擁護と学生の責任」、「最終意見陳述書」、「守る会最終特別号　青春・裁判・友情」等のパンフを次々と発行（合計七種類のパンフを発行した）し、裁判の報告とともにその引き続きの支援を訴えることができた。
池永さんは先に述べた座談会でパンフレットと「守る会」の財政活動についても以下のように述べている。

こういうパンフレット発行を支えてきたものは、財政活動と結び付けてたからさ、こういうパンフレットをきちっと継続的に発行できたんじゃないかね。普通だったらね、こんなん出したらたいがい赤字が残るからね。……財政活動と結合してパンフレットを発行するってことを考えないときちっとしたパンフレットも出せない。だからこれを売って儲けるってんじゃなくてね、これを武器にしてカンパ集めるというね、しかも、中身も知らせないことには、カンパ、集まらないからね。そういう点では、出版活動というか、運動における出版活動という面でもいい経験じゃないかね。

池永さんの指導によるパンフの作成と配布は、我々の裁判を理解してもらい、その支援を勝ち取る上で大きな力を発揮した。
その力もあって、五年間続いた裁判は毎回の多くの裁判傍聴と支援を維持し続け、五年間で一六〇万円余り（今日に換算すると八〇〇～一〇〇〇万円にも上ると思われる）のカンパが寄せられたのである。

結　審

池永さんは一九七四年に司法試験に早々と合格し、七五年四月から司法修習生になったが、修習生になっても「守る会」の会長として支援と指導をつづけてくれた。驚いたことに、裁判（高裁）の最終審において弁護人が作成する最終弁論要旨（案）も池永さんが試みに書いてみてくれた。池永さんはこれを最終弁論の参考にしてくださいとして弁護団に提出したが、これは修習生当時の書面ながら裁判で明らかにされた問題点を全面的に明確にし、我々の行動の正当性を鋭く指摘した秀作であった。木梨吉茂先生等弁護団もこれを高く評価し、そのほとんどが最終弁論要旨として採用され、弁護人の最終弁論とされて陳述されたのである。

さすがは池永さんだと思った。

一九七四年十月十一日、私を含む三人の被告に罰金二万円、残りの一人（木下弘一郎）に罰金五万円の第一審の有罪判決がなされた（この判決は控訴審でも維持されたが上告しなかったのでこれで確定した）。無罪にこそならなかったが、公判請求され懲役刑の求刑に対して裁判所が罰金刑（しかも二万円〜五万円という極めて低額）を選択したことについては、我々は事実上無罪に近いものが勝ち取れたのではないかと考えている。

このように我々が控訴審も含めて五年間という長期の裁判を途中で挫折することなく常に多くの傍聴と絶えることのない財政支援をえてがんばり続けられたのも、また、判決を低額の罰金刑にとどめることができたのも、司法試験受験生の身でありながら自らが「守る会」会長を引き受け、我々の裁判闘争に一貫して惜しみない力を注いでくれた池永さんの力に負うところに大きいものがあった。

そういう意味では、我々四名の被告は池永さんにいくら感謝してもしきれないのである。

池永さんが我々に遺した遺言

池永さんは文字どおり彼の最期の仕事となった『新 患者の権利』の完成をはじめ、彼がこれまでに提し築いてきた様々な運動を私たちに遺してくれた。彼は彼のなした仕事（運動）の全てを未来へ引き継ぐべきバトンとして私たちに託したのである。

彼はその著書『新 患者の権利』の序文の終わりにこう述べて結んでいる。

この『新 患者の権利』を、患者の権利オンブズマン全国連絡委員会（共同代表・鈴木利廣弁護士）の一員として、或いは協力者としてわが国における患者の権利の確立と促進のために共に汗を流して運動してくださった皆さん、患者の権利法をつくる会に結集して活動を継続してこられた皆さん、このバトンをひきついでこれからの患者の権利運動を前進させてくださる皆さん、この書物を読んで自らバトンを拾い上げ患者の権利運動を推進する仲間に加わってくださろうとする多くの市民の皆様方、海外から日本の患者の権利運動の発展に誠意溢れるご支援・ご協力を頂いた皆様方に捧げます。

文面では、この本を患者の権利確立の運動に加わってくださった皆さんに捧げるという表現になっているが、これは患者の権利運動に携わってきた人々、そしてこれからその仲間に加わろうとする人々に対して、彼のライフワークでもあった患者の権利運動のバトンを引き継いでもらいたいという彼の遺言に他ならなかったのではないだろうか。そして彼が死を覚悟して書きあげた『新 患者の権利』そのものが彼の遺言といってよいのかもしれない。だとしたら、私たちは池永さんのこの遺言どおり、彼が『新 患者の権利』に書き遺したことをはじめ彼が私たちに託した数多の運動をしっかり受け継ぎ、これらをさらにほとばしる奔流となして歴史の確かな流れの一つにしていかねばならないだろう。

そのことが、池永さんが自身の最期の命をかけて私たちに伝え、託したかったことだろうと思う。

最後に、村野四郎の詩を一つ紹介させていただきたい。

鹿

鹿は　森のはずれの
夕日の中に　じっと立っていた
彼は知っていた
小さい額が狙われているのを
けれども　彼に
どうすることが出来ただろう
彼は　すんなり立って
村の方を見ていた
生きる時間が黄金のように光る
彼の棲家である
大きい森の夜を背景にして

池永さんが、彼の生涯の最期の闘い—『新 患者の権利』の完成に挑んだとき、彼の生きる時間が黄金のように光り輝いたにちがいない。
彼の仲間とともに生きた大きい森を背景にして。

私たちは忘れません
池永さんとともに生き活動した時間が
黄金のように光っていたことを！

5章

おくることば

弔辞

津野豊臣

ここにご紹介する弔辞は、満さんが、自身の葬儀でぜひとも弔辞を読み上げて欲しいと、かねてより連れ合いの早苗さんに伝えていた津野豊臣さんが、その希望に応えて葬儀の席で読んだものです。津野さんの満さんに対する思いがあふれていて、確かに津野さんにしか表すことのできない、若き日本共産党員としての満さんの、ひとつの原点が浮かびあがる語りとなっていますので、そのまま掲載することといたしました。

（池永満弁護士追悼集編集委員会）

池永満さん。十一月三十日午後、早苗夫人から連絡を受け、大急ぎで千鳥橋病院に駆けつけました。早苗さんが「お父さん、津野さんが来たよ」とよびかけ、僕が大きめな声で「津野です。池永君、津野ですよ」と呼びかけたとき、貴方は、意識朦朧の中でも目をはっきり開け、僕が握った手を握り返してくれたことがわかりました。僕は、こみ上げてくるもので、もう何も言えませんでした。そして、傍らで早苗さんから「津野さんに、葬儀で共産党員としての弔辞を頼んでくれ、と言われているので、お願いします」と告げられました。

貴方と私は、二年違いの同じ二月七日が誕生日で、若い頃はそれにかこつけ一緒に飲んだり、歌ったりしましたね。ともに、半世紀近くを共産党員として生き、社会進歩の事業のためにと、それぞれの場で精一杯頑張ってきました。親友として、生涯、脈打ち続けてきた貴方の原点について若い頃のことを少し語りたいと思います。


池永さん。あなたとの出会いは、一九六五年、貴方が入学した年の四・二八沖縄返還デーでアメリカ領事館までのデモに取り組んだときではなかったかと思います。それ以来、貴方は、「一致する要求での団結」という全員加盟制学生自治会の原則にたった自治会活動を再建させようと、いわゆる「にせ左翼暴力集団」の蛮行が荒れ狂った中でも、闘いぬきました。そして、学友会の民主化や県学連の結成をなしとげ、福岡県の学生運動のリーダーとしての役割を存分に発揮されました。

警察が九大祭の仮装行列の市中パレードを不許可にしたことに対する抗議のデモに学生数千人が参加しましたが、その先頭には貴方の勇姿がありました。また、ベトナム攻撃のジェット戦闘機の九大墜落に抗議し、板付基地撤去を求める学長先頭の全学デモが組織されましたが、この成功にも貴方の尽力がありました。

このような貴方の献身的な活躍の背景には、入学の翌年早々、科学的社会主義を理論的基礎とし、日本変革の綱領をもつ日本共産党に入党したことがあったと思います。貴方は、「父が国鉄労働者だったことも大きい」と言ってましたね。

貴方と僕たちは、「人間による人間の搾取もなく、抑圧も戦争もない、真に平等で自由な人間関係からなる共同社会」の実現を夢見て、それへの接近の道を、リアルな日本社会の現実の中から切り拓く努力を、それぞれ自分を生かす場で実践することをモットーにしてきました。そのために、マルクスやエンゲルスから学ぶ努力もしてきました。

例えば、熱く論議したことの一つに、マルクスのフォイエルバッハに関するテーゼの中の「哲学者は、世界をただいろいろに解釈しただけである。しかし、大事なことは、それを変革することである」。これがありました。「変革の立場でこそ真実がわかる」。この結論として「変革者の立場で」というのを合言葉にしようということになりましたね。

貴方は、九大卒業後、諫山博弁護士のすすめもあって共産党国会議員団秘書として活動。その中で一念発起、弁護士となり、基本的人権の擁護と社会正義の実現に使命感を燃やして大活躍されるとともに、例えば、法律事務所開設初期に、早速「まちづくり条例制定直接請求運動」をスタートさせたり、やがてＮＰＯ法人患者の権利オンブズマンを立ち上げるなど、ご自身の社会的立場も生かして、社会が一歩でも前進するよう一貫して挑戦してこられました。昨年は、直鞍地域の革新懇結成に協力されるなど、その生涯を通じて最後まで日本共産党員として社会進歩の事業につくされました。その貫かれた精神は、学生時代に学びとった「変革の立場で」だったと強く、強く確信します。

さて、いよいよ明日から総選挙です。六十年間つづく「アメリカいいなり」「財界中心」という「自民党型政治」を断ち切る本物の改革ができるかどうか。このことが、政党選択のモノサシとなる歴史的選挙です。また、憲法を変え、戦前の暗黒政治に逆戻りする動きを、国民の皆さんと力を合わせてくいとめる選挙です。

明日の公示日に、くしくも、学生運動時代から貴方と親交が厚かった日本共産党中央委員会副委員長で国際局長の緒方靖夫さんが福岡入りします。一日、福岡市と北九州市を走ります。僕も同行します。道中、貴方との思い出話になるでしょう。池永さんの分もがんばって必ず勝つ。この決意を固め合うことになるでしょう。

池永満さん。私は、貴方が、自由と民主主義のためにがんばりぬいた日本共産党の九十年の歴史の中に確かな足跡を残されたことを、誇りとするものです。いっそうの前進をお誓いし、お別れの言葉といたします。安らかにお眠りください。

二〇一二年十二月三日

「六八年世代」のフロント・ランナー池永満くん

久留米大学客員教授・九州大学名誉教授　石川　捷治

はじめに

人はみな「歴史の旅人」である。ある歴史的条件のなかで生き、考え、楽しみ、闘う、そして次の世代にバトンを引き継いでいくのである。

「六八年世代」は、一九六八（昭和四十三）年前後に世界的な「若者の反乱」の主体となった人々を表す。日本でも多くの問題提起がなされ、今日に続く「大転換の起点」となっているものも多い。その「六八年世代」の当時の若者もすでに鬼籍にはいり、もう会えなくなった人も少なくない。青春の群像を想いだすとき、フロント・ランナーとして、時代のたすきを握りしめた池永満くんの決意と息づかいを感じるのである。

別れのことば

池永さん、あなたの遺影の前に立ってみて、あまりにも早いお別れを、あらためて本当に残念に思います。

池永さん、あなたは、法人の名前である「奔流」のように、人生を全速力で走りぬかれました。

私が池永さんと知り合ったのは、今から四十五年前、一九六八年六月二日の米軍ファントム戦闘機九大墜落事件を通じてでした。四十五年前のその日、午後十時四十五分、そのファントム機はベトナムから沖縄、嘉手納《かでな》基地を経由して板付基地に帰ろうとしていました。「故障した」のであれば機をコントロールして博多湾に着水させる努力をするはずのところを何もせず、そのままパイロットは、「どうせジャップの住むところ」とでも思ったのか、そのままカタパルト装置により脱出し、機はそのまま九大構内へ墜落しました。

夜空を焦がす紅蓮の炎を見たとき、「ベトナム人の血の色だ」と感じました。あの瞬間以来、あなたは世界的規模での「若者の反乱」、「六八年世代」のリーダーとして学生運動にまい進されました。一生が「学生運動」の延長だったと言えるのかもしれません。

板付基地撤去闘争は、九州大学の学生・教職員、市議会、市民、県民、県議会、全員一致の文字通り「統一の力」によって、アメリカ政府を動かし、日本の他のところではなかった米軍基地撤去が実現しました。今日では在日米大使館が本国に送った「情勢報告」を読むことができますが、それによると「いわゆる革新勢力だけでなく、保守勢力を含めて一致している」ことに最大のポイントを置き、「移転以外に方法がない」、そうでなければ七〇年代日米安保体制に風穴があく危険ありと報告しています。

これは、私たちが実際に経験した「統一戦線」の実例と力です。現在この教訓が皆の胸にしっかりと刻まれていないことを、私としては残念に思います。また、板付基地が撤去されたことが、今日までアメリカによる「第二次朝鮮戦争」の抑止力として作用していることが充分認識されていません。

その後、池永さんとは、反核・平和を目指す活動でご一緒させていただきました。

「福岡県非核と平和のつどい」、「非核平和条例制定運動」、「米軍ファントム九大墜落四十周年記念フォーラム」、そのどれもが池永さん無くしてはあり得なかったと思います。池永さんの発想の豊かさ、構想力の大きさ、これまで大風呂敷のひとに会ってはいますが、池永さんのすごさは考えを行動に移して、実現させてしまうところです。誰も真似はできません。その思想の根底には、統一戦線の思想があったと思います。いい意味での統一戦線の「仕掛人」でした。

池永さん、あなたは九州大学を本当に愛しておられました。そしてこの地域も愛されました。弁護士事務所を開設するとき、「九大合同法律事務所」と名付けたいと言って、人から反対された、と笑っておられましたね。

「もう一つの九大」という言葉があります。普通、官僚、経営者、学界人など九大出身者が評価されますが、それは一つの九大で、他に、「社会の進歩と革新のために力を尽くす九大出身者」という意味で、そう呼ばれているようです。池永さんはその一人に違いありません。マラソンコースを一〇〇メートル競走するように、人生を走りぬかれました。

むこうでは、ゆっくりされて、若い人にバトンタッチしたのだと、バトンはしっかり受け継がれているのだと信じていてください。

池永満くん、ありがとう！

今日に立って

先の「別れのことば」は、実際には声に出して発言したものではない。口のなかでつぶやいただけだ。五年前の「お別れの会」では、弁護士池永満くんの多方面の活動が振り返られ、参加者の感動をよんだのを思い出す。いま、あれほど精力的に活動できた池永満くんの「原点」をさぐってみたいと思い、「再現」してみた次第である。

私たちは、池永くんを失ったことの大きさを日々感じている。誰もが感じているように、私たちを取り巻く状況は厳しくなっている。ただ五年前には「統一戦線」はほとんど現実的には「死語」であった。ところが今日では、生きた「希望の言葉」となりつつある。こんなとき、「池永くん、どうすればいい？　君の分析と知恵を！」と訊けないのが本当に残念だ。

「一九六八年」が問いかけたものの「原点」に立ち返り、私はもう少し頑張ってみようと思っている。

一九八一・夏・福岡——池永弁護士を偲んで

福岡大学法学部名誉教授　石村　善治

池永満弁護士とお別れして、満五年が過ぎました。永い五年のような、また一方では、あっというまの五年のような気持ちもしています。早すぎたお別れだったという気がしてなりません。あれから五年、世界も日本も激変の様子を示しているからでしょう。今、お元気だったら、平和と民主主義の先頭に立って、貴重な示唆と行動に励まれているからだろうと思うからです。さりとは言え、ご子息、池永修弁護士には、とくに「梅田裁判」では並々ならぬご支援を当初からいただき続け感謝しています。

生前の満弁護士とのお付き合いの中で、記録が残り忘れられないのは『一九八一・夏・福岡　まちづくりと住民』「まちづくり条例をつくる会」です。私も、この会の「請求代表者」（十名）の一人として参加しましたが、池永満弁護士は代表委員並びに「本部事務局長」として、この会の運営を最後まで担当されました。その結実が前述の「記録」として残っているのです。

この冊子の中で、池永さんは、「まちづくり条例運動をになったもの」として、「一　署名運動をリードした住民団体と主婦の力　二　専門家の役割と協同の力　三　まちづくり運動の友人達」、そして「終始一貫して、まちづくり条例運動を見つめ、的確な報道で私達を励ましたジャーナリストの皆さん。まちづくり条例運動は本当に多くの良き友人達によって支えられた運動であった」と述べています。

この住民運動に参加した私は、池永弁護士の周到にして情熱的な活動を、あれから三十七年近く経た今でも鮮明に覚えています。私たちの住む福岡市は「市政」も「地勢」も残念ながら「市民」の期待とは全くかけ離れたものになってしまっていることを残念に思っていますが、「心」は燃える「あの時代」を想っています。そして、同時に満弁護士の熱い「思い」を抱き続けています。

「奔流」の名を掲げられて、福岡の、日本のいや世界の平和と民主主義の荒波に乗り出しておられる次世代の皆さんに、私も心からの声援を送り続けたいと思っています。

〈座談会〉池永満先生を偲ぶ会――「患者の権利」の遺志を継ぐ

二〇一三年六月二十九日十七時より　（於）弘済会館四階「桜」

この偲ぶ会は、東京の医療問題弁護団が中心となった「池永満先生を偲ぶ会実行委員会」の主催で開催されたものです。案内状には、「池永満弁護士の功績を偲び、その遺志を引き継ぎ、患者の権利に関わる問題に取り組む決意を新たにするため」と記載されていました。当時の音源をもとに活字に起こし、各発言者のみなさんに目を通していただき、ここにご紹介させていただきます。

□司　会　笹川麻里恵弁護士

□発言者

鈴木利廣弁護士

小林洋二弁護士

久保井摂弁護士

〈患者の権利オンブズマン東京ボランティアのみなさん〉

重村奈津代さん、小坂富美子さん、久光弘子さん、山本悠一さん、根岸亞麗朱さん、宮本聰さん

飯田伸一弁護士

川端和治弁護士

日野秀逸さん

池永早苗さん

安原幸彦弁護士

池永満弁護士のこだわり――「医療に心と人権を」

鈴木　池永さんとは長い間、医療事故対策や患者の権利運動を共に行ってきました。志は同じですが、よきライバルでもありました。

池永さんの「こだわり」を象徴するいくつかのエピソードをご紹介したいと思います。

東京の医療問題弁護団は、活動を始めた頃はどちらかというと医療現場への告発運動的色彩を有していました。最初の問題提起的タイトルは「医療に巣くう病根」でしたが、池永さんたち「九州・山口医療問題研究会」のパンフレットは「医療に心と人権を」でした。正直、「やられた」と思いました。

活動組織づくりも、東京や各地では弁護士集団による弁護団や研究会でしたが、池永さんは医療者も巻き込んだ「研究会」とし、その中に弁護士集団的部会もつくっていました。多少の弁明をすれば、我々も一九七八年に協力医集団と共に医療問題研究交流集会をやって、四つの医療事故の温床（医療に巣くう病根）について問題提起を、お医者さん達と一緒にしてきたので差はあまりないとも思えますが、彼は医療者とも信頼関係を基礎にして、闘いを形成していくということを忘れてはいけないと言ったのだろうと思います。だから、弁護団セクションと、医療者と一緒にやる研究会セクションをつくったのだと思います。

七七年に医療問題弁護団ができて、八〇年に東京弁護士会で、『医療過誤訴訟の手引』を渡辺良夫先生をリーダーに発刊しました。私はそこで、いまだ一冊も証拠保全手続の実務書がない時代に、証拠保全の章を書きました。医療過誤の証拠保全の実務書がないのは実務をやったことがある弁護士が少なかったからです。わずかに書記官研修所で、法律の条文を書いて「調書の作り方」みたいなマニュアルみたいなものがあっただけです。

そういう時期に証拠保全マニュアルを作って、診療情報を入手して分析しなければならない、そのためにはカルテ改ざんの恐れがあるから証拠保全が必要で、証拠保全のやり方を開拓していったわけです。

そのときに、池永さんは「証拠保全が原則ではおかしい」と。「病院と話し合いをして、診療情報を開示させたらいいじゃないか」というわけです。「そんなことをしたら、改ざんを防止できないじゃないか」と言うと、「証拠保全したのに改ざんが防止できなかった例としていくらでも判決の中に報告されており、証拠保全で本当に改ざんが防止できるというエビデンスは何処にあるんだ」と、そう言ったわけです。「改ざんされたら後で見破ればいいじゃないか。やっぱり病院に行って、診療情報を開示してくださいと説得をして、そこから始めるんだ」ということを池永さんは言っていたわけです。

まあ、今から振り返ってみると、池永さんと会って最初の数年の中で本当に熾烈な議論をしました。

次は、『医療事故と患者の権利――判例評釈』（一九八八年）というエイデル研究所からの出版のときにでした。

我々が編集して、全国の患者側弁護士に原稿依頼して玉石混淆の原稿を受け取りましたが、我々が「直してくれませんか」と言っても直してくれない原稿もありました。予定の原稿量の五倍も書いてきた弁護士もいました。申し訳ないけど三分の一にしてくれないかと言うと、「もうあの原稿を見るの嫌だから勝手に直してくれ」と言われ、三分の一だか四分の一だかに減らしたものもありました。修正の依頼に応じていただけない原稿には「編者コメント」をつけました。池永さんの原稿に「編者コメント」をつけたら、「そんなものにするなら原稿を撤回する」と言ってきたので、かなりの意見交換をして、このときは了解していただきました。

ものすごく頑張り屋でこだわりがある人でした。非常に堅いところでこだわっているものもあれば、非常にソフトな面を強調してこだわっているところもある。すごい人だなあと思います。

医療問題弁護団の創立三十周年のときには、過分なお褒めをいただきました。「患者の権利運動があったのは、医療問題弁護団が提起したからだ。患者の権利宣言が提起されたときは衝撃だった」、「医療過誤事件を一件一件やって疲弊していたときに、未来が見えたような感じになった」と言ってくれたんです。三十周年のお祝いですから、お世辞は言ってくれると思うんですけれど、しかし、池永さんはそのど真ん中で自分も一緒にやってきた人です。そういう人だったのです。

今の若い人たちには、池永満はもう歴史上の人物ですから、忘れられていくかもしれませんが、「池永満」を是非知っていただきたい。これからも若い人たちに伝えていっていただきたいと思います。ありがとうございました。

すぐれた運動家にして戦略家

司会　ありがとうございました。続きまして「患者の権利法をつくる会」の小林洋二先生、お話しいただけますでしょうか。

小林　「患者の権利法をつくる会」の小林です。初代の事務局長が池永先生、二代目が辻本育子先生、私が三代目になります。池永先生が、極めて優れた運動家であったことは異論のないところですが、同時に端倪《たんげい》すべからざる戦略家でありまして、身近にいる者にとってはまことに油断のならない先輩でした。

手練手管を繰り出して、いろんなことに人を使う。よく使ったのが、ポストをつくるという方法です。私も弁護士五年目くらいで、「九州・山口医療問題研究会」の福岡県弁護団の事務局長というものになりまして、十七、八年やりました。でも実は、「九州・山口医療問題研究会」の中にそれまで福岡県弁護団なんて組織はなかったんですね。もちろん、事務局長というポストもなくて、単に私を医療研で使うために彼がつくったポストなんです。そのおかげで今の私があると、感謝はしています。

もう一つ、池永先生の常套手段として、「これとこれとどっちがいい?」という選択肢を提起して、選んだ人間に、あたかも自分がそれをやりたいと言ったかのように錯覚させるという手法がありました。

二代目事務局長の辻本先生は九州合同法律事務所を一緒につくった人ですが、その後、彼女は独立して女性協同法律事務所という女性の権利を守る事務所をつくります。このときも、辻本先生は池永先生からどっちがいいかと二つの選択肢を示されたのだそうです。そのうちの一つが女性の権利を守る事務所をつくるという選択肢だったらしい。もう一つの選択肢はあんまり嫌だったんで覚えてません、言えません、みたいな話を、池永先生のお葬式ではじめて聞きました。

何がそれほど嫌だったのか、今度聞いてみたいと思っています。

私も、何年か前、「小林さん、久保井さんか小林さんのどちらかが、九州合同から奔流に来て、奔流の本部をやってもらうのと、九州合同と奔流が合併するのとどっちがいい」と言われて、それはさすがに「すみません、どっちも勘弁してください」ということで、希望には応えられなかったんですが。

私が最後に彼から電話をもらったのは、「患者の権利法をつくる会」が出した、医療分野における個人情報保護法が必要だという意見書に対するものでした。池永先生の意見は「この問題については、慎重に取り組んだ方がいい。なぜならば今は個人情報保護法の枠内だから医療関係者も医療情報の特殊性を主張できないでいるんだ。医療関係に特化した個人情報保護法ができるとするならば、その制定過程においては、日本医師会をはじめとする医療関係団体の意見も立法に反映させざるを得ない。とするならば非開示事由というものをかなり広範に主張してくる。そこでまた闘わなければならない。だから、今の個人情報保護法に不自由なところがあるにせよ、その枠内で闘う方がいいのではないか」という、極めて実践的な戦略でした。そのときはもう小脳転移があって、呂律は回らなかったんですが、視点は極めてクリアで、最後まで優れた戦略家でありました。

そういった池永先生から学んだことをいくらかでも生かしていきたいと思っております。

ありがとうございました。

オンブズマンの理事長を引き受けたのは

司会　ありがとうございました。続きまして「患者の権利オンブズマン」の理事長を務めていらっしゃいます久保井摂先生、お願いします。

久保井　先ほどのスライドは、私が原稿をつくったもので、あれで十分述べさせていただいたのではないかなと思っています（この日、座談会に入る前に、池永満弁護士の活動をスライドで紹介した）。

私は医療過誤事件をやりたいと思って池永先生の事務所に入ったんですが、その年に、医療問題研究会を九州・山口の各県弁護団のセンター的な組織にしたんですね。それで、各地を行脚して各県弁護団を立ち上げ、それぞれに協力医療関係者の組織をつくろうという旅に付き添ったりしてたんです。

そのときに「あなたはこの研究会の事務局次長」と、たぶん、そのとき初めてつくった役職だと思うんです。辻本育子弁護士が事務局長で、私は事務局次長、そして気づいたらいつの間にか事務局長になっていたんです。それで、新人なのに、事務局次長なら何でも知っているだろうと、いろんな弁護士から専門的なことを尋ねられるようになって、自分でも役割を与えられたからにはやらないといけないと思って、させられちゃう。まあ、いわば千尋の谷に突き落とすような育て方をする方でした。

オンブズマンの理事長を引き受けるにあたっても、実は生前には一切そんな話はありませんでした。ただ、二〇〇九年に池永先生が福岡県の弁護士会会長を思いがけず引き受けることになったらしいと聞いたときに、嫌な予感はしてたんです。

池永先生は、時々、電話をかけてくるんです。「せっちゃん、ちょっと時間、いいかな」。すると、ものすごく恐ろしいことが降りかかるんじゃないかと思って、会うんですね。こっちは身構えているんですよ。そしたら、「弁護士会会長になったら忙しくなるので、これまでのようにオンブズマンの苦情調査報告書を相手方医療機関に出向いて読み上げることができなくなる。その場合、ちょっと代わって行ってほしい。そのために『理事長代理』を引き受けてもらえない?」こちらはもっと怖いことを想像していたので、「なあんだ」と思うわけですよ。で、引き受けました。

後にご病気を明らかにされた際には、「副理事長になってね」と言われ、これも断れなくって、引き受けたんです。結局そのまま逝かれてしまいまして、そしたら早苗さんから、理事会の席で、

「池永は生前、せっちゃんにこの仕事は継いでもらいたたって言ってましたから」って言われた。そしたら、もう天の声になってるから断れない。そのようにして、今は理事長をやっております。

先ほどのスライドも、巻き込まれてばかりの皆さんを代表してつくらせていただきました。こうした中で、それなりに成長できて自分なりの活動ができているという意味では、池永先生にとても感謝したいと思います。

それから、私、池永先生が亡くなる前の日にお別れに行ったときには涙が出たんですが、亡くなった後どうも涙が出なかったんですね。何かぽかーんとした感じだったんです。私、最初に泣いたのはあのスライドをつくっていたときです。で、そして次に泣いたのが、スライドを最初に上映したときで、それと、この間、偲ぶ会の実行委員会の打ち上げで再生したときだったんですね。

その後は、今日のためにこれを何度も何度も再生して練習したので、今日は泣けませんでした。そういうわけで、私なりの思いのこもったスライドを皆さん、味わっていただけたようだったので、今日は池永先生のために務めを果たせたのかなと思っています。

「患者の権利オンブズマン」活動のボランティアとして

司会　久保井先生、ありがとうございました。温かいスライドの意味が改めて感じられました。理事長に就任されたのは天の声だったということで、天の声にしたがってよろしくお願いいたします。続きまして、「患者の権利オンブズマン 東京」の市民相談員の方よりご挨拶いただきたいと思います。

重村　今、久保井先生のお話を聞いて、私は今日は泣くまいと覚悟を決めてきたのですが、ちょっとスタートから涙腺が心配です。

本日、このような会で池永先生の思い出をお話しするようなことになるとは、夢にも思っておりませんでした。池永先生というと、まず思い浮かぶのがニコニコとした優しい笑顔と、とても早口で、患者の権利についてですとか、いろいろな話を私たちにも情熱的にしてくださったお姿が思い浮かびます。池永先生に初めてお会いしたのは「患者の権利オンブズマン 東京」が立ち上げの前にボランティアの応募者の研修会を行ったときでした。私が参加したのは二〇〇二年の十一月三日だったんですが、午前十時から午後五時まで研修がありました。

中央大学の駿河台記念館の大きな会場にいっぱい応募者の方がいらして、その前で池永先生が熱心に本当に情熱的に話してくださいました。私は何も分からない状態でしたが、お話の中ですごく印象に残っていることは、「市民相談員は患者の目線で、市民感覚で、普通の人でいいんですよ」っていうことと、「患者が病院に説明を求めて行くときは、一人では変な患者だとか、うるさい患者だと思われるかもしれないけれど、十人、百人となったとき、病院側がこれはどういうことだと考えを変えてくれるのではないか。医療の現場を市民が変えていく。その説明を求めるということは、本当は当たり前のことなんですけれど、それが本当に当たり前になるように」。このようなお話をうかがいましてすごく心に響き、この気持ちを胸に現在も活動を続けさせていただいております。

「患者の権利オンブズマン 東京」も今年で十年を超えまして、次に新たな十年に向かっているのですが、始めた頃に比べてカルテ開示も進みましたし、患者の意識もずいぶん変わってきたと思います。池永先生が、ずっと前から目指されていたことがやっと後からついてきたというように思います。

　池永先生はいつもいつも大きなたいまつを私たちの前に掲げてくださって、私たちが後からついて行くという感じでした。私たち市民相談員はいつも池永先生の後を必死で追いかけていく、カルガモの親の後をついてく子ども達のように、分からないながらも必死で後を追いかけてきました。

　全国連の初めての合宿、東京からたくさんの市民相談員が参加したのが柳川でしたが、福岡では本当に活気ある活動をされていて、参加した市民相談員はびっくりしたり、勇気をいただいたり、感心したりいたしました。合宿終了後、池永ご夫妻が「御花」（福岡県柳川市にある旧柳川藩主立花家別邸）を案内してくださいました。御花の玄関のところで池永先生が「こっちこっち」と手招きしてくださって、すごく歓待してくださったことを覚えております。

　これは言っていいのかどうか分かりませんが、京都のときは早苗さんと南禅寺の美味しい豆腐料理に連れて行ってくださったり、ほかの市民相談員が参加したときには福岡で美味しい旬のお魚をごちそうしていただいたりしました。一人で心細く参加したときもありましたが、私が泊まっていたホテルに早苗さんと池永先生が来てくださいまして、ワインを飲みながらいろいろ話をしていただきました。本当に楽しい思い出がいっぱいです。

　感謝の言葉を言い尽くせないくらいに尊敬しておりますし、すばらしい先生に巡り会ったと思っております。いつまでもご指導いただけるものと甘えてばかりでおりましたけれども、ご遺志を継いで、池永先生のようにニコニコと笑顔で活動を続けていこうと思っております。

　弁護士の先生方も、今後ともどうぞご協力の程よろしくお願い致します。

小坂　私が一番最初に池永先生を知ったのは、『患者の権利オンブズマン』（二〇〇七年、明石書店）

という本を通してです。その本の「あとがき」に出版企画から三カ月で刊行したと書いてあって、すごく熱意が凝縮された本だなって、自立支援というやり方についても共鳴を感じたので、その頃から知っています。

その当時、医療機関に勤務していたものですから、地元の人達から患者の権利についての文章を作りたいという声があって、地元の患者さん、二、三十人と「患者の権利委員会」というのをつくって、そのときに『Q＆A』の本をテキストにして、一年以上かけてみんなで勉強会をしました。で、八項目からなる患者の権利宣言というものをつくりまして、八項目すべて「私たち患者には」という言葉に始まって、最後に「の権利があります」としめました。

そのとき地元の人達とやった勉強会が有意義で、並行して「患者の権利オンブズマン 東京」の活動が始まったのでそれにも参加しましたが、そういうことを通して自分自身の人生がすごく豊かになったと思っております。

ありがとうございました。

久光 私も初めからなので十年になりますが、未だに、市民相談員として適切なアドバイスが出来ているのか？ 相談者が一歩前に踏み出せたのかと不安に思うことがあります。

池永先生には十回ほどお会いしていると思います。人なつっこい笑顔に癒やされて、悩みと言うほどでもないんですけど、突き当たったなあと思うときに、「草の根運動は長く静かにいけばいいんだよ」というふうに言っていただいたのを覚えています。

早過ぎると思います。なぜなら私よりも三歳も若くていらっしゃる。どうしてそんなに生き急いだのだろうと思いますが、これからも先生の教えを忘れないように少しずつやっていきたいと思います。

山本　私が先生と初めてお会いしたのは、目黒スクエアの講演会が「患者の権利オンブズマン 東京」のボランティア募集といっしょになっていたものに参加したとき時です。そのときに先生が話されたことに、よいことが始まるような、手品が始まるような新鮮な感じを受けたのを覚えています。

病院で何かあったときに、医師に何か言うということが全然ないから目新しいものというのがあったんですね。

でも、これはできるのかなと思ったんですが、池永先生のやさしく、包み込むようなお人柄と前進していくオーラを感じて、信じてみようかなという感じでこの活動に参加しました。

昨年の夏の全国連の合宿でたまたま先生のお隣に座りまして、病院のことなどをゆっくりお話しできたことが私の宝になりました。これからも先生の起こした患者の権利の活動を継続してやっていく決意です。

根岸　二〇〇九年の頃から活動しています。先生とは福岡の合宿で一度だけお会いしているだけなんですが、とても素敵な先生で、早苗さんとの出会いとかをちょっとうかがったりしました。これからの東京の方でも頑張っていきたいと思います。

宮本　先生と出会ったのは熊本の研修合宿の折でした。患者の権利について訥々《とつとつ》と皆さんに語りかけるようにお話しになっていたのが私の心の中に残っております。

実は私は長らく製薬会社に勤めていたのですが、リタイアしましたので、ボランティアとして何かできないかと思いまして市民相談員をさせていただいております。先生の遺志を継いで、これからも微力ながら頑張っていきたいと考えています。

最後ですが、実は「患者の権利オンブズマン東京」が十年を迎えました。これからさらに十年活動していくためには大きなクリティカルファクターがございます。それはお金です。幹事長が今日おっしゃっておられますが、それこそお金があっての活動となると思いますので、是非、先生方のご協力をよろしくお願い致します。ありがとうございました。

神奈川の医療問題弁護団として、池永先生との出会い

司会　オンブズマンの活動は市民相談員の皆さんあってこその活動です。どうもありがとうございました。続きまして池永先生と同期の弁護士で神奈川医療問題弁護団に所属しておられます飯田伸一先生からお願いします。

飯田　ご紹介にありましたとおり、私は神奈川の医療問題弁護団ですが、最初は東京の弁護団に参加してその後に結成したということで、神奈川というとことですので、池永先生とは距離があるんですが、神奈川でやはり患者の権利法についてのシンポジウムをやったことがあって、そのときに彼にパネリストの一人として来ていただいて、話をうかがったということがありました。

それから、あと印象に残っていますのが、北欧の調査にご一緒させていただいて親しく過ごさせていただいた。昼はいろんな施設の見学の予定を入れていただいて非常に良く学んだんですけれども、夜はまたがらりと変わりまして、ワインをたらふく飲んで食べてということで、夜もすごく楽しくて、おかげで北欧旅行から帰ってきたときにどうも二、三キロ太ったみたいで、飛行機のベルトが中々うまく締まらなかったということを覚えています。もう一つ趣味の点では彼と共通する趣味がございまして、登山をやっていまして、彼とお酒を飲んだときにでも、趣味の山談義をやりたかったなと思っております。

神奈川でも池永さんの業績をニュースで送っていただいて凄まじい闘病生活もあのニュースで見

まして、これは神奈川でも偲ぶ会をやろうと、私と、先ほどのスライドにもありました森田明弁護士が中心になって池永先生の思い出を語る偲ぶ会をやりました。やはり逝くのは早かったなと思いまして、山の話を酒を飲みながらやりたかったなと思っています。

ありがとうございました。

海外の研修旅行で出会った池永先生

司会　続きまして池永先生とは海外視察にご同行なさった霞ヶ関総合法律事務所の川端和治先生、お話しいただけますでしょうか。

川端　今までは池永先生と関係が深くていろいろな意義深い活動を一緒にされている方々が挨拶されたのに、ここに私が登場するのはちょっと場違いな感じもしますけれども、私も年をとってから、同じ法律家の偉大な人を偲ぶ会には出ておかなければならないと思い、参加を申し込んだら挨拶まで頼まれてしまったということなのです。

池永先生と最初にお会いしたのは、「ニュルンベルク綱領五十周年」というシンポジウムが一九九七年にフライブルクであったときのことでした。九州の医療問題研究会の弁護士が企画したツアーになぜか東京の医療事故研究会の弁護士が何名か参加したのです。日本語の同時通訳があると聞いていたのにそんな設備はなくて、日本からついてこられた通訳の方がいたのですが、隣に座っている人にしか通訳できないという事態になりました。そこで辻本先生が「不幸になる人は一人でいい。せっちゃん、あなた残ってメモ取りなさい。我々は観光に行きます」と敢然と宣言されて、観光に行かれてしまいました。私は英語なら一応わかると思って残ったので、「せっちゃん」とそのときからお呼びしているのですが、久保井先生と親しくなるチャンスができたのです。

ニュルンベルク綱領は皆さんご存じと思いますけれど、ナチスが人体実験を行ったことに対する医学界の反省として、人間に対する生体実験は、本人の同意をとらなければならないことを決めた宣言です。このときのシンポジウムで一番印象に残ったのは、いろいろな発表があった後、ドイツの方が出てきて、「今、アメリカではインフォームド・コンセントをやればそれでいいんだという形でニュルンベルク綱領は受け取られている。しかし重要なのは、コンセントを受けるということじゃなくて、コンセントを求める側が、『本当にこの患者のためにケアを尽くすんだ』という心を持っているかどうかだ」という話をされたことでした。弁護士も同じような立場にありますので、深い感銘を受けた記憶があります。

そのときに、池永先生が留学先から会場に奥さんと一緒に駆けつけられたのですが、九州の方がわっと駆けよってお話しをされていました。私はそのときは直接お話ししなかったのですけれど、九州の弁護士の方に非常に慕われている方なのだなあという雰囲気が伝わりました。

その次にお会いしたのがまた海外で、やはり九州の研究会の企画で、二〇〇六年に、フランスでできた医療事故について無過失の損害賠償の制度の視察に参加させていただきました。このときは池永先生ご夫妻とずっとご一緒だったんです。

この旅で一番感心したのは、フランスの、日本で言うところの厚労省ですけれども、その官庁の入口の上に「リベルテ、エガリテ、フラタニテ」って大きな文字で刻まれているんです。「自由、平等、博愛」ですけれども、やっぱりフランスって違うんだと。しかもそのとき会った官僚の方はみんな女性ばかりで、女性がそういう重要な仕事を担って溌剌として働いているというのも違うなあと、行ってみて初めて分かることがあると思ったものです。

こういうヨーロッパの視察旅行では、九州の方は前半は真面目な仕事、後半は観光というスケジュールを組まれていまして、最初にフライブルクに行ったときも、皆さんはその後ライン下りを楽しまれたようですが、私は仕事の都合でシンポジウムの終わりと同時に帰りました。フランスのときには、私も観光の方もフルに参加したのです。これも非常に楽しくて、そのときしみじみ思ったのは池永先生と早苗さんが本当に仲のいいご夫婦で羨ましいなあということでした。

実はこのとき、池永先生のお知り合いのＷＨＯの高官がトゥールーズで同時に開かれていた世界医事法学会の総会に参加されているので、その方に来ていただいてお話を参加者一同が聞こうということで、ホテルに会場を用意したのです。その旅行中で一番高いワインと豪華な食事を用意してお待ちしていたんですけど、肝腎のＷＨＯの高官の方が全然現れないんですよ。

私とせっちゃんは医事法学会にも参加していたのですが、翌日、学会の会場にちゃんとご本人がいるんですね。それでどうしていらっしゃらなかったのかとお訊きしたら、悪びれた様子もなくて、「あら、皆さんお待ちになっていたんですか」という感じでした。それでせっちゃんが詰めが甘いからこういうことになるんだとすごく怒って、私もあきれた、ということがありました。

ということで、池永先生とは単に外国で二度お会いしただけで、私も医療事故研究会の創立メンバーで医療事故事件はやっていますが、そんなに熱心にやっているわけでもないし、患者の権利法をつくる会やオンブズマンもただ会費を払っているばかりなのですが、今日は、池永先生のような偉大な法曹にオマージュをぜひ捧げさせていただきたいと思って、参加させていただきました。

医療労働の主体は患者自身という考え方

司会　続いて日本医療福祉生活協同組合連合会の日野秀逸先生お願いします。

日野　私は日本医療福祉生活協同組合連合会の政策室長、先日までは副会長理事をやっていました。

私は、東北大の医学部を卒業した医者です。その後大阪大学の医学部で大学院、助手時代を過ごした後、厚生省の国立公衆衛生院で八年間仕事をして、その後東京都立大学の教授、その後東北大学の経済学部の教授として十二年勤めて定年退職して四年になります。

池永さんとは一九六八年の七月に初めて会いました。ちょうど四十五年経ちました。その間、直接会ったのは八回、トータルで二十一日です。量的にはそれほど深いつながりがないとも言えます。彼は九州大学および九州ブロックの学生運動を代表して全日本学生自治会総連合（全学連）が再建されて三年目のときでしたが、中央執行委員でした。私は医学生運動を基盤にしてこの年に中央執行委員、書記局員になりました。彼が退任し、私が就任した全学連大会が初めての顔合わせです。その後、それぞれ彼は法律の道、私はまず医者になり、その後社会科学に進んで、しばらくは会うことがなかったのです。

池永さんから突然、講演依頼がありました。九州・山口医療問題研究会の二回目の総会だと思います。大阪大学医学部の汚い研究室に、池永さんと久保井さんがいらっしゃいました。それが初めて会ってから八年経ったときです。

その後、医療問題研究会でさらに一回、オンブズマンで二回、それから九州法学会熊本総会で一回、あとは患者の権利法をつくる会で一回会って、ほとんどが彼に広い意味では巻き込まれていたと思います。全学連のときは別ですけど、それ以外は巻き込まれるがままだったというのが適切です。なぜ巻き込まれたのかというと理由ははっきりしていまして、私は大阪大学にいた頃に、一九七五、六年頃にいくつか医療に関する基本的な枠組みを書いて七七年に『医療論序説』（医療図書出版社、一九七八年）という本を出しました。ちょうど、医療問題研究会が立ち上がった時期と重なっていると思います。池永さんはそれを読んで、声をかけてきたのです。

後で話をしてはっきりしたのは、二つの点で池永さんと私は一致しているというか、偶然ですけど、医療に対する考え方が、同質であるということです。

一つは、自分の命や身体や健康の主人公は本人自身だということ。私はこれはジョン・ロックから直接引き出せるものとして、随分ロックを研究して論文も書いています。ロックは外科医ですから、彼の書いたものの中には、命や健康をテーマにしたものがかなり多く出てきます。その中では自己決定権を、一六八九年の『市民政府論』でも明快に書いています。

私は、生命と健康を自らが主体として、決定することが近代の医療のあり方の原点だと主張しました。池永さんはそれを読んでくれていて、やはり主人公は患者自身だという点で一致しました。

それからもう一つは、私の今に至るまでの仕事の基本的な枠組みは医療労働論というものです。医療も労働でありますから、労働力と労働主体と労働対象から成り立つ。どんな労働とも全く変わりない、一つひとつ吟味すると特殊性はあるんですが、労働としての骨格は、教育や福祉なんかとも共通します。医療労働の独自性はどこにあるか。それは、労働対象とみなされる人、患者さんが、実際には労働主体とならないと合理的な効果的な医療労働は遂行されないというのが私の論理でした。

診察を受けているときは、医師ないしは看護師等々が直接患者さんに働きかけていますけれど、そのあと「食事療法しなさい」とか「こういった薬を飲みなさい」とか指示しても、家に帰ってからご本人がそうしないと動かないわけで、そういう意味では医療労働の延長で実際に労働を進めていくのは本人という現実があります。そのようなことを書いたものを『医療論序説』に収録しています。それを池永さんはお読みになられて、医療労働全体をどうやって変えていくかというときに、医療労働の主体となる資格を持った人を中心とした医療から、労働対象とみられているけれども医療主体でもある患者さんが一緒に取り組む方向に変えなければ、日本全体の医療労働の水準を上げることはできないのでないか、日本の医療を変えることができないのではないか、こういうことで意気投合しました。

具島（兼三郎）先生について一言。私の研究領域にファシズムの元でのドイツの医療政策というものがあります。ファシズムとは何であるかということを押さえないと定義のところで足踏みするので、そのときに具島先生が戦前書かれた『ファシズム』（岩波新書、一九四九年）という本を読んで、いい本だよという話を池永さんにしたら、彼が、「いやあ、具島先生は私の恩師だ」ということで、これまた盛り上がったこともありました。

最後に、つらつら考えてみると、「医療に心と人権を」というスローガンというか、そういう文言が彼の一面を表していると思います。同時に私は、彼は「人に勇気と情熱を」という、もう一つの本のタイトルになるような、そういう生き方をしたのではないかと思っています。彼は私よりも若いですけれど、私自身これから仕事をするときに、肩の上に池永さんが乗っかっているような気持ちでやっていこうかと思います。

幻の小説「二十一日間」

司会　ありがとうございました。ほかの方々にもご発言をお願いしていたんですが、お時間の関係でお話しいただけないこととなってしまいそうです。申し訳ありませんでした。ここで池永早苗さまからお話しいただきたいと思います。

池永早苗　皆さん、こんばんは。まず今日の偲ぶ会を開催していただきまして、ありがとうございました。また、たくさんの方に参加していただき本当にありがとうございました。

おかげさまで彼が命を縮めて編集に頑張った『新 患者の権利』が九大出版会から発行されましたので、本日、皆様に贈呈させていただきます。患者の権利運動のバトンと思っていただいて、どんどんほかの方に勧めていただきたいと思っております。どうぞよろしくお願い致します。

実は私、『新 患者の権利』の校正過程で七回くらい読んだのですが、章立てを変えたところがあります。最初は第七章までしかなかったのですが、原稿を読んでいく中で、これは第八章をつくろうと思ったのです。第八章を「患者の権利運動――次世代へのバトン」としました。それは彼が本の前文で書いていることです。

自分がたまたま患者の権利運動を担ってきた関係で、その役割としてこの本を出す。あとは是非、次世代の皆さんでつないでもらいたいと書いていました。そうか、こういったメッセージがないといかんと思い、第八章をつくりました。第八章の第二節は、二〇〇二年の二月、尼崎医療生協での池永の人生最後の講演内容が入っています。自分自身の病気のことも併せて話していますので、是非そのことも加味して読んでいただきたいと思います。

今日、初めて公開するのですが、彼は『新患者の権利』以外にもう一つ本を出そうと言っていました。彼は二〇一一年の一月に九大病院で胃を全摘しました。その後につくったメモがありまして、「お母さん、僕ね、小説書くけんね」って言ったのです。私が「なん書くと？」って訊いたら、「二十一日間」を書くと言いました。

何で二十一日間かといったら、前の年の十二月に急性心筋梗塞で小倉記念病院に入院した期間と、九大病院での入院期間を併せて二十一日、そのことを題材にして自分のことを書くと言っていました。この場をお借りして、どういう内容かをご紹介してよいでしょうか。（拍手）

幻の小説「二十一日間」を貫くモチーフ（二〇一一年二月十三日付け）の基本構造は、一気に襲ってきた病との格闘、治療方針の自己決定と妻の支援、医療機関の紹介と医療従事者に対する感謝と連帯のメッセージとなっています。

序章は、生い立ち、それから二〇〇九年一月福岡県弁護士会会長立候補の挨拶、二〇一〇年六月の転居の挨拶、直方オフィスに移ったことです。第一幕は、二〇一〇年十二月小倉記念病院の八日間の闘い。第二幕が二〇一一年一月の九大病院十三日の闘いです。次に再生、二〇一一年六月の少し早めの暑中お見舞い挨拶状です。この中味の一つのテーマは、ＪＲ直方駅旧駅舎の保存再生運動に取り組んでいることを書いていました。

実は、九大病院を退院した翌日から、彼は署名用紙をもって直方商店街を回ったのです。満は青白い顔をしており、退院したばっかりでした。私は「やめなさい」と言ったのですが、「いや、絶対今やらんと間に合わん。自分は一度決めたことは絶対守る」と言い張りました。

当時、直方には弁護士は二人しかいませんでした。直方駅舎保存運動を始めた樋口さんが、「なんか、弁護士さんで署名活動をしよる人がおるて聞いた」ということで、直方駅舎保存運動を住民運動と結びつけるきっかけになりました。

暑中見舞挨拶状では、六十五歳前に二回手術を受け体重が一〇キログラム減りスリムになった。残念ながら腫瘍が増大しているが頑張るというメッセージも送りました。

「二十一日間」には、それからサブドキュメントが五つあります。一つ目が自分の人生、幼少時の生活、小中高の転校と浪人、お父さんが旧国鉄職員だったので二、三年おきに転校していたらしいです。それから、九大時代と学生運動、議員秘書、司法試験受験時代、司法修習生です。

二つ目のドキュメントが、弁護士業務、医療過誤事件、認知請求事件、交通事故、行政事件、これには中国人の強制連行事件とか中国残留孤児事件とかあります。あとは破産管財人などの企業再生です。

三つ目のドキュメントが、妻や家族との絆、四つ目が患者の権利運動、患者の権利宣言、患者の権利法、患者の権利オンブズマン、五つ目が、司法改革と事務所運営、後継者養成です。

後継者養成についてはずっと昔から頑張っておりました。合格者増員と法科大学院、福岡大学の法科大学院の教授を三年ほどしておりました。司法過疎地への事務所展開、事務所経営の課題ということです。

このような内容で小説を書こうと言っていましたが、残念ながら命の時間が足りませんでした。

この小説を書くために小倉記念病院と九大病院にカルテ開示請求したのですが、病院の実態が分かったと言っていました。小倉記念病院は、心臓カテーテル手術件数が多い有名な病院です。彼がカルテ開示請求したいって言ったら、事務窓口の人が「えっ、なんでですか?」って言ったらしいです。そこで「いや、カルテ開示請求ですよ」と言ったら、「ちょっと待ってください」と言われ、当日はいないことになっていた主治医が慌てて飛んできて、「池永さん、どうしましたか」と訊かれたそうです。「いや、自分のカルテがほしいだけです」と言って、後日開示してもらいました。「あんな有名病院でも開示請求がスムーズにいかない」と言っていました。

九大病院の事務窓口で請求したら、「いや、自分は担当でないので、二階のなんとかいう部屋に行ってください」と言われたそうです。「あんな二階のどこにあるか分からんような部屋まで行かんと開示請求できんかったら、普通の人だったら請求できん。こんなふうじゃつまらん。九大病院たるもの、もっと患者に近いところで対応せないかんよと、担当者に話をした」と言っていました。

胃の全摘手術をした九大助教授によると、若い臨床医がびっくりして自分のところに来て、「先生、池永弁護士が何か開示請求したみたいですよ」と言っていたそうです。九大病院でも開示請求があったら、医師は飛んでいってびっくりするような状況ということが分かったと言っていました。「個人情報保護法が制定されても医療の現場の実態はこうらしい、オンブズマンが変えていかんといけんね」と池永は言っていました。

こうして開示された池永のカルテコピーを積んでおくだけではもったいないと私は思いました。患者の権利オンブズマンの相談員は面談相談のときに、患者家族が持参したカルテを見て「記録検討支援」をします。相談員はカルテを読む力がないとできませんから、池永のカルテコピーを参考に記録検討支援の能力を高めてもらいたいとお願いして、相談員に活用されることになりました。池永が死んだ後も彼のカルテが役立っており、嬉しい限りです。

皆様には、今後とも患者の権利運動のバトンをつないでいただきますよう、よろしくお願い致します。本日は本当にありがとうございました。

池永満弁護士が、今、取り組むであろうもの

司会　ありがとうございました。
では、閉会のご挨拶を医療問題弁護団の副代表、池永先生と同期でいらっしゃる安原幸彦先生にお願いします。

安原　皆さん、池永満先生を偲ぶ会、最後の記念撮影までご参加いただきありがとうございました。

今ご紹介いただいたように、私、池永さんとは二十九期、同期です。一九七五年に司法研修所に入ったときに、彼の話を聞いてさっきの話じゃないけど衝撃を受けました。雄弁というのを絵に描くとしたら彼だなというふうに思いました。

これは恐らく学生運動で彼が培ったものだと思いますけれども、単にアジテーターではなく、非常に説得的だったというのが印象的です。それは同じクラスの任官志望、また任官した人達が、「おまえ達の話はちっとも聞く気にならんが、池永の話は聞かせる」と言っていたことで、つくづく思いましたし、先ほどご紹介のあった強制連行の事件で、福岡地裁で勝訴判決をとられましたけれども、やっぱり彼のもっている独特の説得力であろうと。言ってみれば雄弁ではあるけれども、じゃあ、それでいいというようなものの言い方をしないということじゃないかと思います。

で、一方で非常に大きなこだわりと、頑固さをもっているのは、先ほど鈴木利廣さんがご紹介された通りなので省きますけれども、鈴木さんが言ったことで一つだけ訂正するとですね、彼の逆鱗に触れた編者コメントは鈴木さん自身が書いたものです。これは明快に覚えております。

一番思うのは、彼はゼネラリストっていうことなのだと思うのですが、私も自称ゼネラリストなんですけれども、広く浅くを信条にしている私か

らすると、彼は広くしかも深くということなんだなぁと思います。

そのゼネラリストたる彼がもし今広く、元気にこの場にいたら、何を考えるだろうかというふうに思うのですけれども、私はある確信を持って言えると思います。

彼が長く取り組んできた人権活動、その基盤を今、最も掘り崩すものは何か、といったら、やっぱり憲法改正だと思うのです。彼は恐らくこの憲法改正を阻止するために人生を捧げたであろうと思います。そうした彼の信念、そして同時にそれは、けしからん、いかん、と言うだけじゃなくて、その憲法改正の最も軸となっている自民党改正草案、この自民党支持者の人達が自民党はいいけど改正草案はまずいよねというふうに彼は説得する論理と、そして組織と戦略をもったであろうと思います。

我々がいろいろな課題に取り組むときに彼がもっていたそういうものも是非今後胸に思いながら今日の一日があれば、とても有意義だったなあと思います。今日はどうもありがとうございました。

池永満弁護士　年譜

年月日	年齢	できごと	社会情勢
一九四六（昭和二一）年	誕生	二月、福岡県築上町に生まれる。国鉄マンであった父の転勤のために県内を転々とする。	
一九五三（昭和二八）年	7		八月、らい予防法成立。
一九六二（昭和三七）年	16	福岡県立鞍手高等学校入学。	
一九六五（昭和四〇）年	19	九州大学へ入学。社会正義に目覚める。	十一月六日、衆議院日韓特別委員会において日韓条約強行採決。
一九六六（昭和四一）年	20	弁護士をめざして大学に入ったはずが、学生運動に夢中になる。日韓条約、米軍機Ｆ４ファントム墜落抗議、米軍板付基地撤去、米海軍原子力空母エンタープライズ入港反対等を行う。全学連中執となり五年間大学に在籍。	
一九六七（昭和四二）年	21		八月、公害対策基本法制定。
一九六八（昭和四三）年	22		一月十九日、エンタープライズ佐世保港へ寄港。六月二日、米空軍のファントム偵察機が九州大学大型計算機センターに墜落。
一九六九（昭和四四）年	23		一月十九日、東京大学安田講堂封鎖解除。
一九七〇（昭和四五）年	24	九州大学法学部卒業と同時に早苗と結婚して上京。参議員議員の政策担当秘書として二年間働き、復帰前の沖縄へも調査に行く。	
一九七一（昭和四六）年	25	長女・玲子、誕生。	
一九七二（昭和四七）年	26	議員秘書を辞め、福岡に戻り司法試験の勉強を開始。議員秘書時代に法律の持つ力を改めて実感し、弱者救済のために弁護士を目指し受験勉強を開始する。九州大学教養部で不当逮捕された学生の裁判を支援する「四人を守る会」の会長を引き受ける。	五月、沖縄返還。六月、自然環境保全法制定。九月、日中共同声明により中国との国交回復。

年月日	歳	できごと	社会情勢
一九七三（昭和四八）年	27	長男・敦、誕生。 受験勉強の傍ら、不当逮捕された四人の「九大学友を支援する会」の事務局長としても奮闘する。	
一九七四（昭和四九）年	28	わずか二年で司法試験に合格。	
一九七五（昭和五〇）年	29	第二九期司法修習生になる。 この期間は薬剤師である妻・早苗が家計を支える。 九州大学司法試験ゼミナール設立。	
一九七六（昭和五一）年	30	二男・修、誕生。 修習生時代に生まれたのが名前の由来。	
一九七七（昭和五二）年	31	弁護士登録（二九期） 北九州第一法律事務所に所属。	東京で医療問題弁護団発足。
一九七八（昭和五三）年	32		『医療過誤訴訟の手引』（東京弁護士会）刊行。
一九七九（昭和五四）年	33	福岡四区から北九州第一法律事務所より三浦久弁護士が出馬。選挙対策本部の事務局長となる。	十月七日衆議院選挙で、日本共産党が十七議席から三十九議席へと躍進。
一九八〇（昭和五五）年	34	福岡市東区にて九州合同法律事務所設立。 同期の辻本育子弁護士と一緒に設立し、所長弁護士になる。県庁と九大病院の前にあるビルを事務所の場所に選ぶ。 九月、医療問題研究会結成（のちに九州・山口医療問題研究会）、代表幹事に就任。 医療事故被害の救済と再発防止、医療における人権の擁護と医療制度の改善を目的として、弁護士と医師、薬剤師など医療関係者により結成。	九月、朝日新聞による富士見産婦人科事件のスクープ。医療の閉鎖性に対する市民の不信感が高まる。

一九八一（昭和五六）年	35	**機関誌『医療に心と人権を』第一集を出版し、以降、十一集まで発行。まちづくり条例（環境アセスメント条例）制定直接請求運動に取り組む。**福岡市による博多湾埋立計画に反対する市民や建築家などが集まって、「まちづくり条例」を福岡市に提案するため多くの市民の署名を集めた（一カ月で七万余）。条例自体は否決されたが、博多湾を守る住民運動に発展し、会でつくった小冊子『一九八一・夏・福岡　まちづくりと住民』はアメリカ国務省からも注文が来るなど注目された。	世界医師会患者の権利に関するリスボン宣言採択。
一九八二（昭和五七）年	36	**建築環境問題研究会結成、初代代表世話人に就任。**	
一九八三（昭和五八）年	37		四月十日、福岡県知事選挙、社会党と共産党の共闘により奥田八二氏当選。選挙後、「お布施事件」発生。
一九八四（昭和五九）年	38	**六月、千代町再開発反対運動弁護団結成。十月に第一次訴訟を提訴。全国起草委員会のメンバーとして「患者の権利宣言案」を発表。**これ以降「患者の権利」運動がライフワークの一つとなる。	八月、「環境影響評価の実施について」閣議決定。
一九八五（昭和六〇）年	39		エフコープが「自然と人とのよりよき関係」をテーマとした「くじゅう高原ファーム計画」への参加を決定（「レゾネイト問題」の発端）。
一九八六（昭和六一）年	40	三月、県民を対象とする「患者の権利宣言案」意識調査アンケート活動に着手。十二月、シンポジウムを開催。	

年月日	歳	できごと	社会情勢
一九八七（昭和六二）年	41	四月、日弁連法曹養成制度問題委員会委員、作業部会長に就く。 七月、「私のノートその一」出版。 弁護士活動十年と人生八十年の折り返しの節目に、残る人生を目的意識的に展望する手がかりとして作成。	
一九八八（昭和六三）年	42		
一九八九（平成元）年	43	「医療問題研究会」を「九州・山口医療問題研究会」に改組。	一月、全国保険医団体連合会が「開業医宣言」を採択。
一九九〇（平成二）年	44	非核平和条例直接請求運動に取り組む。 「私のノートその二」を出版。	一月、日本医師会生命倫理懇談会「『説明と同意』についての報告」を発表。
一九九一（平成三）年	45	法曹養成制度案改革協議会委員（日弁連選出）に就任。 最高裁・法務省・日弁連の法曹三者が大学関係者等とともに設置。 十月、「患者の権利法をつくる会」結成、事務局長に就任。 患者の権利を定めた法律をつくろうと、全国の患者、医療関係者、市民、研究者、弁護士などが集まって結成。当時はまだ「インフォームド・コンセント」という言葉を知る人は少なく、実践するのは難しい状況だった。	五月、日本医療生協医療部会「患者の権利章典」を採択。
一九九二（平成四）年	46	五月、『患者の権利法をつくる』（患者の権利法をつくる会編：明石書店）出版。 日弁連が人権大会において「患者の権利に関する宣言」を満場一致採択。	日本弁護士連合会人権擁護大会で「患者の人権―インフォームド・コンセントを中心として」がテーマとなる。

一九九二（平成四）年	46	九月、資料集『国会論戦―インフォームド・コンセント』を刊行。 十一月、『あなたが医療の主人公―患者の権利国際比較』（患者の権利法をつくる会編：大月書店）出版。	七月、第二次医療法改正、改正附則によりインフォームド・コンセントが検討課題に挙げられる。
一九九三（平成五）年	47		
一九九四（平成六）年	48	四月、福岡県弁護士会副会長就任。 十月、『患者の権利』初版出版。 二千五百冊からの出発だったが好評につき増刷、改訂増補を繰り返し一万冊近い出版となり在庫切れ状態となる。	三月、WHOヨーロッパ会議の「ヨーロッパにおける患者の権利の促進に関する宣言」発表。 六月、NHKスペシャル「カルテは誰のものか―開かれた医療への模索」放映。
一九九五（平成七）年	49	四月、九州弁護士会連合会人権擁護に関する連絡協議会委員長就任。 七月、島比呂志氏の手紙「法曹の責任」を「けんりほうニュース」に掲載。 星塚敬愛園に在園していた島比呂志氏より九弁連に人権救済申立があり、ハンセン病問題に取り組むこととなる。 十月、「患者の権利法をつくる会」として、WHOヨーロッパ地域事務所『ヨーロッパにおける患者の権利の促進に関する宣言』を原文対訳のパンフレットとして出版。	六月、厚生省「インフォームド・コンセントの在り方に関する検討会」、報告書「元気の出るインフォームド・コンセント」を発表。
一九九六（平成八）年	50	九州弁護士会連合会人権擁護委員会委員長に就任。 医療記録開示法要綱案公表。 ハンセン病問題の解決に向け在園者への調査を行い、シンポジウムを開催。	三月、「医療記録の開示をすすめる医師の会」結成。三月二十九日、薬害HIV訴訟和解成立。 三月三十一日、らい予防法廃止。 四月、「医療記録の公開・開示を求める市民の会」結成。 六月、九弁連シンポジウム「らい予防法廃止問題に関するシンポジウムと音楽の夕べ」開催。

年月日	歳	できごと	社会情勢
一九九七（平成九）年	51	**二月、『カルテ開示―自分の医療記録をみるために』（患者の権利法をつくる会編：明石書店）出版。** 二月、『患者の権利』改訂増補版を出版。 英国留（遊）学（〜一九九八年）。弁護士生活二十年を迎えて二年間の休暇をとる。患者の権利の研究のため、英国エセックス大学人権センターに特別研究員として在籍。	五月、第三次医療法改正により、インフォームド・コンセントに関する条項が新設される。 六月、環境影響評価法成立。
一九九八（平成一〇）年	52		六月、厚生省「カルテ等の診療情報の活用に関する検討会」がカルテ開示法制化の提言を含む報告書を発表。 七月、熊本地裁にらい予防法違憲国家賠償請求訴訟提訴。
一九九九（平成一一）年	53	**六月、ＮＰＯ法人患者の権利オンブズマン創立。理事長就任。** 帰国後、大学病院での患者取り違え事故が報道されているのをみて、夫婦で決意し、英国での調査研究の成果を活かして、患者の権利オンブズマンの設立準備を始めた。 **『イギリスと、ちょっぴりオランダでの２４カ月』**出版。海外生活での記録として二千冊印刷して友人知人へ無料配布、各方面から好評を博した。	一月、横浜市立大学医学部附属病院で患者取り違え事故。 二月、東京都立広尾病院で消毒薬誤点滴事故。
二〇〇〇（平成一二）年	54	**五月、中国人強制連行・強制労働事件福岡訴訟第一陣提訴。** 中国人強制連行被害者の権利回復のための弁護団が結成され、弁護団幹事長に就任。弁護団の活躍により第一陣の一審は画期的な勝訴判決を得た（控訴審敗訴）。第二陣の控訴審においては、福岡高裁が全国で初めて「和解による解決をすべき」との意向を示した。	

二〇〇〇（平成一二）年	54	『患者の権利オンブズマン』（NPO法人患者の権利オンブズマン編：明石書店）出版。	
二〇〇一（平成一三）年	55	二月、九州合同法律事務所から独立し、法律事務所池永オフィスを設立。 一月、『医療事故・カルテ開示・患者の権利』（NPO法人患者の権利オンブズマン編：明石書店）出版。 四月、福岡県弁護士会精神保健委員会委員長就任。国会に心神喪失者等処遇法案が提出されたため、委員会として、法案の問題点や新しい精神医療のあり方を考えるための市民シンポジウムの開催や出版を行った。	五月、らい予防法違憲国家賠償請求訴訟熊本地裁判決、ハンセン病隔離政策の違憲性が認められる。 六月、ハンセン病補償法の成立。
二〇〇二（平成一四）年	56	四月、日本弁護士連合会行政訴訟改革等検討委員会副委員長就任。国民のための制度として行政訴訟制度を設計し直すことを目指し、行政訴訟改革要綱案をまとめるなど改革の推進役を担う。 十二月、『Q&A　医療・福祉と患者の権利』（NPO法人患者の権利オンブズマン編：明石書店）出版。	三月、「司法制度改革推進計画」閣議決定。 四月、中国人強制連行・強制労働事件福岡訴訟第一陣判決、三井鉱山の責任が認められる。 十二月、「患者の権利オンブズマン 東京」が発足。
二〇〇三（平成一五）年	57	九弁連人権擁護委員会委員の中国残留孤児人権救済申立事件調査委員会責任者となる。	五月、個人情報保護法成立によりカルテ開示制度化。 十一月、九弁連大会で「中国帰国者に関する実効性ある施策を求める決議」採択。
二〇〇四（平成一六）年	58	三月、法律事務所池永オフィスを法人化し、弁護士法人奔流へ。弁護士法の改正により法人化が可能になるといち早く法人化を進めた。	

年月日	歳	できごと	社会情勢
二〇〇四（平成一六）年	58	四月、福岡大学法科大学院教授としてロースクール教育へ携わる。設立とともに教授に就任し、人権弁護士としての幅広い経験を後進に伝えた。 四月、福岡県弁護士会行政問題委員会委員長就任。 四月、日本弁護士連合会行政訴訟センター副委員長就任。 六月、ＮＰＯ法人「九州アドボカシーセンター」設立。理事就任。 各分野における人権課題に従事する後進の系統的な養成のための組織づくりに尽力した。 十月、『患者の権利オンブズマン・レポート　苦情調査報告書集』（患者の権利オンブズマン全国連絡委員会編：株式会社エピック）出版。 十二月、中国残留孤児福岡訴訟第一陣訴訟提訴。	四月、法科大学院制度始まる。 四月、ハンセン病問題に関する検証会議「公衆衛生等の政策等に関する再発防止のための提言（骨子）～ハンセン病問題における人権侵害の再発防止に向けて」を発表、患者・被験者の権利の法制化を提言。 四月、九弁連シンポジウム「中国人残留孤児は今　我是誰」開催。 五月、中国人強制連行・強制労働事件福岡第一陣、福岡高裁で逆転敗訴。
二〇〇五（平成一七）年	59	二月、エフコープ「レゾネイト経営再生委員会」委員長に就任。	
二〇〇六（平成一八）年	60	七月、『新・患者の権利オンブズマン』（ＮＰＯ法人患者の権利オンブズマン編：明石書店）出版。	十月、「医療事故防止・患者安全推進学会」設立。 十一月、中国残留孤児訴訟神戸地裁判決、国の責任が認められる。
二〇〇七（平成一九）年	61	四月、ぎょうべんネット（行政関係事件専門弁護士ネットワーク）九州結成。 行政事件を専門に扱う弁護士集団をつくり相互研究・研鑽しようという全国組織の結成に参画し、全国理事・九州ネットワーク幹事長に就任。 全国組織の一環としてぎょうべんネット九州を設立し、市民による行政に対するコントロールの向上に貢献した。	

二〇〇七（平成一九）年	61	福岡県弁護士会法科大学院運営協力委員会委員長就任。 夫婦で一緒に九州百名山に挑戦し、七一山を登頂。九州百名山を目指し、二〇〇七年からスタート。最後の山は二〇〇八年二月に屋久島と考えていたが、弁護士会の業務多忙のため途中断念。 八月、『患者の権利オンブズマン勧告集―苦情から学ぶ医療・福祉を目指して』（患者の権利オンブズマン全国連絡委員会編：明石書店）出版。 十二月、患者の権利オンブズマンで組織した翻訳チームが三年がかりで翻訳したジョージ・アナス『患者の権利』三訂版の全訳を明石書店出版。	十一月、改正中国残留邦人等支援法成立。
二〇〇八（平成二〇）年	62		
二〇〇九（平成二一）年	63	四月、福岡県弁護士会会長就任（～二〇一〇年三月）。 ①特別人権調査室を設置し、人権救済申立の滞留案件の処理を迅速化 ②裁判員裁判の市民モニターを募り、裁判の見守り監視 ③医療ＡＤＲの創設 ④中国の大連弁護士会と提携調印 ⑤新人会員の研修強化 等数多くの業績を残した。 秋、悪性リンパ肝腫と診断される。既に進行していて治癒不能として、化学療法を勧められたが、これを拒否し、食事療法により自己免疫力を高めることを選択する。体力強化に努めた結果、腫瘍は一時期主治医が驚くほどに小さくなった。 『いのちの格差社会―「医療制度改革」と患者の権利』（ＮＰＯ法人患者の権利オンブズマン編：明石書店）出版。	三月、エフコープ、レゾネイトからの清算・撤退終了。 五月、裁判員裁判が始まる。

年月日	歳	できごと	社会情勢
二〇一〇（平成二二）年	64	四月、福岡県弁護士会常議員会議長就任（〜二〇一一年三月）。 七月、主たる執務場所を弁護士法人奔流直方オフィスに異動。 所属変更に伴い、母校・鞍手高等学校があり青春を共にすごした友人がいる直方に転居。 十二月、心筋梗塞で手術を受ける。その後次々と病魔に襲われる。 心臓カテーテル術後に消化管出血が続き、噴門部に胃がんが発見され、胃全摘手術を受ける。その後肝細胞がんと診断され、繰り返し肝動脈塞栓術を受け、肺転移、小脳転移と、二年間に及ぶ闘病生活が続いた。しかし本人は動じることなくいつも前向きだった。	
二〇一一（平成二三）年	65	直方駅舎取壊し工事差止仮処分申立、住民訴訟提訴に弁護団代表の一人として参加。	三月、東日本大震災。その影響による福島第一原子力発電所事故。
二〇一二（平成二四）年	66	一月、「原発なくそう！」九州玄海訴訟第一陣提訴に弁護団代表の一人として参加。 十二月一日午前二時二十一分、逝去。家族に見守られながら息をひきとる。 通夜と告別式に六百名を超える参列者があり、葬儀会場を埋め尽くした。	
二〇一三（平成二五）年		六月二日、偲ぶ会開催。 七月、『新 患者の権利―医療に心と人権を』（九州大学出版会）を出版。 病室に資料やパソコンを持ち込み、痛みに耐えながら夜遅くまで編集を行い、亡くなる直前に完成させた『新 患者の権利』が出版され、遺族より「偲ぶ会」参加者へ贈呈された。	

あとがき

恩人であり師である「弁護士池永満」の軌跡をたどり、「未来へのバトン」をしかと刻む本を編まなければならない。そんな宿題をずっと身のうちに抱えつつ、遺された課題のほんのいくつかではあれ、取り組んでいてなかなかままならぬ日々。立ち止まり、深く物思いとまもなく、ここに至ってしまったように思います。

そんな私たちがようやっと重い腰を上げたのは、去年の春。

名和田、小林、久保井の三名でまずは集い、「はじめに」にもあるような名和田弁護士の懸念を受け止めつつも、やはり、つくらなければならない、その思いを深くしました。

本書を編むにあたり、どなたに声かけすべきなのか。まずは、池永満弁護士の、生涯にわたる活動の全容をできるかぎり明らかにしなければならない。そして、各分野のいずれの領域についても、もっともふさわしい執筆者は誰かを選び出さなければならない。それはそうそう簡単な作業ではありませんでした。

原稿依頼させていただいた中には、残念ながら健康状態などを理由にお引き受けいただけなかった方や原稿が間に合わなかった方もいらっしゃいますが、私たちがうっかり取りこぼしてしまった課題もきっとあるのではないかと思います。後藤好成弁護士の原稿が飛び抜けて長くなってしまったのは、池永早苗さんからの「九大闘争の『四人を守る会』の活動について触れられていない」との指摘を受け、加筆いただいたからです。これに象徴されるように、私たちの知らない「池永満の仕事」もあったであろうと思うのです。

私たちが把握していた課題の中では、これまた池永満弁護士がその独自の切り口でアプローチし続けた「建築問題」に関する寄稿が欠けてしまったことが悔やまれます。おそらく、二〇一六年に亡くなられた幸田雅弘弁護士がご健勝であれば、真っ先に手を上げてくださっていたことでしょう。

私自身も、九州合同法律事務所、「九州・山口医療問題研究会」、「患者の権利法をつくる会」、「NPO法人患者の権利オンブズマン」などの活動を通じ、最も長く傍らで関わらせていただいた者として、本来ならば改めて稿を起こすべき立場なのですが、力及ばず。この分野については本書の第2章にそれぞれ関わりの深い皆さんが原稿を寄せてくださっています。

ここでは、満さんの跡を継いで私が理事長に就いた「NPO法人患者の権利オンブズマン」について、思うところを少し述べさせていただきたいと思います。

池永満弁護士が「患者の権利オンブズマン」の設立を呼びかけたのは、イギリスとちょっぴりオランダでの二年間の留学から戻って間もない一九九九年四月のことです。その帰国を見計らったかのように、この年、立て続けに信じがたい医療過誤事件が大きく報じられました。医療の安全性に対する人々の信頼が大きく揺らぎ、医療不信が高まっていました。当時の「けんりほうnews」に、彼は、オンブズマン結成をよびかけるとともに、このよびかけは、「最近の連続的な医療事故報道と医療事故の教訓が何ら生かされず同様の事故が多発している日本医療の抜本的な改革・改善を求める患者市民の強い要求」と「患者の権利法制定運動の到達点」を検討した結果の、「患者市民の主体的運動を背景とした患者の権利擁護システムの構築に向けての第一歩」であると記しています。

改めて読み直すと、なるほど、当時から、権利擁護システム、それも「上から」のものではなく、「患者市民の主体的運動」が結実したものとしての取り組みでなければならないという意識を強く持っていたのだと気づかされます。後に理事長を引き受けることになる私ですが、実はオンブズマンの立ち上げにはほとんど関わっていません。もっぱらボランティアとして苦情相談を担当するのが自分の役割だと割り切っていました。ですから組織的なことは分からないまま、毎月の相談事例検討会で市民相談員のボランティアのみなさんと顔を合わせ、言葉を交わすものの、みなさんが一体どういう動機やきっかけでこの活動に参加するようになったのかも知らぬままでした。

あれだけの活動を持続していくためには、相当のレベルの人材も資金も必要です。本書に収録されている東京の偲ぶ会でのボランティアのみなさんの発言からもうかがい知れるとおり、彼は強引な側面がある一方で、本当に心遣い細やかであたたかい「てあて」を欠かさない人でした。多様な活動を通じて形成され、たゆまぬ心配りによりつないできた絆を通じて、資金集めを呼びかけ、彼なくしては実現不可能な活動を可能にしていったのでした。

それにしても、ボランティア、ことに市民ボランティアに課せられた責務は重いものでした。たとえば市民相談員を例に取ると、何回かに分けた研修をみっちりと受けた後に、まずは実際の相談を傍聴し、次は相談に同席し、月二回開催される相談事例の検討会に参加し……、密な研鑽を修了した上でようやく認められて、はじめて相談を受けることができます。相談記録を入力するのも市民相談員の業務です。その上で、二カ月に一回開催される相談員会議、ボランティア全体会議に参加、事例検討会では厳しいピアレビューに晒され、しばしば相談記録の記載の変更を求められます。

まったくの無償で、厳しい守秘義務を課され、長大な時間を必要とする、しかも常に研鑽を求められるこのボランティア活動を、どうしてかくも多くの方が継続することができているのだろう、と、ずっと不思議に思っていました。

思いがけずも理事長を引き継ぐことになった私は、地に足のついた実践者ではありませんでした。どうしてもどこか「借り物」の、形だけの理事長のような位置づけから踏み出すことができず、何とかそれまでのスケジュールをこなそうと、そればかりに追われていました。つい先日、福岡県ＮＰＯ・ボランティアセンターから患者の権利オンブズマンの経緯にこそ学びたいとの取材を受けて、改めて振り返ったとき、自ずと口をついた答えは、『『理念』や『思い』まで引き継ぐことが本当の意味での世代交代」という言葉でした。私にはそれができていなかったと実感したからです。しかし、「池永満」の役割をある個人がひとりで引き継ぐことなど、到底不可能です。組織としてどのように有機的に引き継ぐのか、ゆとりをもって議論する機会を持つべきであった。しかしそんな余裕もないほどに、ボランティアのそれぞれが懸命に対応していたのが、彼を失った後の五年弱であったのです。

本書は、池永満弁護士が築き上げた実績の「バトン」を、遺された私たちがいかに引き継ぐか、その志を、彼に捧げるためのものでもあります。私について言えば、彼が患者の権利オンブズマンという営みに託した願いを実現するために、これからも「医療基本法」制定を求める活動の中で、公的な苦情調査手続の設立を国に求めていくことを、改めてお約束したいと思います。

全編を読んでいただければ、各分野において、それぞれが彼の業績を振り返るとともに、しかと現在取り組んでいる、そしてこれから取り組んで行く、そういう姿を描き出し得ているものとなっているのではないでしょうか。
池永満先生、とどいていますか？

二〇一八年五月

池永満弁護士追悼集編集委員会　弁護士　久保井　摂

池永満弁護士追悼集編集委員（50音順）

代表・名和田　茂生
池永　修
井下　顕
木下　淑文
久保井　摂
小林　洋二
佐多　佳奈子
新原　美紀
平田　孝
藤江　美保
山本　哲朗

未来を拓く人《あしたをひらくひと》

弁護士池永満が遺したもの

2018年7月1日　第1刷発行

池永満弁護士追悼集編集委員会

発行者　古野たづ子

発行所　図書出版木星舎

〒814-0002　福岡市早良区西新7丁目1-58-207

tel　092-833-7140　fax　092-833-7141

http://www.mokuseisya.com

印刷・製本　シナノ印刷株式会社

ISBN978-4-909317-01-8